瑞雲 吳宣姃

江山에 지는 노을

題字 : 金聖國 서예가
清州大 法大 92학번

表畵 : 春雨 송승진 사진작가
재능기부

오선주 수필집

月刊文學 출판부

인생 황혼 米壽에 이르러 내가 살아온 歲月을 돌아보며 쓴 글들을 엮어 『江山에 지는 노을』을 펴낸다. 感動을 자아내는 표현은 삼가고 기억에 각인된, 내 삶 속을 흐르는 眞實을 썼다. 내 삶의 작은 조각들일지라도 내 子孫들에게 備忘錄으로 남기려는 글이지만 이를 읽어주시는 분들께 행여 온고지신(溫故知新)하실 기회가 된다면 영광이겠다.

돌아보니 일생을 치열하게 살았다. 내게도 꽃다운 청춘이 있었을 터인데 인생 황금기를 청춘인 줄도 모르고 일에만 매달려 살아 왔다. 心身을 酷使하며 살아 온 오늘에 한 가닥 悔恨이 없을 수 없다. 고난들을 이 글에 담아 삭혀 보려는 심사가 없지 않다.

부모 형제, 은사, 의사, 친구, 고마운 제자들, 알게 모르게 정성을 베풀어주신 분들, 내가 감사 올리고 싶은 분들이 많이 계신다. 항상 그 분들의 행운을 빌며, 諸行이 無常한 자연의 섭리를 순순히 수용하면서 낙엽에 물들 듯 곱게 늙다가 가고 싶다.

우리 세 母子女는 무엇이던지 잘 통한다. 衣食에서부터 世上事에 이르기까지, 종교관이나 교육관에 정치관까지 서로 어긋남이 없다. 누군가의 아픔에 함께 아파하는 마음이 닮았고, 자잘한 유머일지라도 동시에 웃음을 터트리는 감각을 공유하고 있다. 반려견(伴侶犬)을 사랑하는 마음도 以心傳心으로 상승작용을 일으킨다.

내 삶의 가장 큰 기쁨은 아들 딸 각 하나씩 점지 받은 것이다. 며느리가 첫 아이 낳고, 육아를 위해 전업주부로 돌아왔다. 손녀 셋이 건강하게 자라니 나의 저녁노을이 황홀하다. 始終 이 책 원고를 정리해 준 며느리 朴知恩에게 고마운 마음 여기에 남긴다.

우리 6남매 기르시느라 고생하신 어머니와 어려운 살림에도 딸 차별 않으시고 학교에 보내주신 아버지께 무한 감사드린다. 철이 들어 효도할 수 있게 되었을 때는 부모님은 이 세상에 계시지 않았다. 밤하늘에 별이 되어 반짝이실 부모님께 이 책을 바친다.

2022년 3월

오선주

序詩 ●●●

瑞雲

廣大無邊의 푸른 하늘에
祥瑞로운 흰 구름 한 자락이 널리 퍼져 있어
그 곳에 아침 햇살 노닐고
때론 저녁노을 벗 삼아
무지개는 높이 솟아 춤추듯 붓질하니
마침내 한 세상의 自畵像이 燦然하게 그려졌습니다
더할 나위 없이 성스럽고 고마운 어느 인생은
여기 이렇게 炯炯한 흔적으로 남아 감격스럽습니다

不肖 後學은 삼가 마음으로 새겨 읽으며
淸淨한 反面 거울로 삼아 기쁘게 모시겠습니다
부디
日常 平安 누리소서.

우암산 자락에서 한 시절 함께한 인연으로
庚子 2020年 가을
宋在國 합장

나의 사랑하는 가족

1986년 3월 14일 어머니의 생신 날. 아들딸 육 남매, 사위 셋, 며느리 둘을 두신 부모님(앞줄 가운데 두 분).

딸 석사학위 취득 축하. 가운데는 나의 보배로운 아들.

이화여자대학교 학생 시절

1956년 개교70주년기념일 전교생의 예복. 梨大生된 긍지를 만끽하다.

1957년 360도 후레아 치마가 멋쟁이던 시절. 법학을 이해하며 정의를 생각하다.

1958년 아버지 사랑이 담긴 정장. 법대 학생회장으로 사회성을 쌓다.

1959년 梨大 신축 도서관을 내 집 삼아 법률을 널리 알리리라 다짐한 독서광.

세월은 江물처럼 흐르고

32세의 신부. 키158cm, 체중45kg.

두 아이 엄마.
인생살이 배우는 새댁시절.

안면도. 칼바람 거센 파도에도 낭만이.

2015년 설날. 세배 받고 덕담 내리며.

청주대학교 정년퇴임

嚴父 같으신 金鍾源 선생님과 慈母 같으신 鄭盛根 교수님을 비롯
역대 형사법학회 회장님들이 멀리 청주까지 대거 왕림하셔서
나의 퇴임식을 빛내시고 격려해 주시다.

나의 자랑스러운 여덟 명의 형사법학 박사.

은사 김종원 교수님. 만수무강을 빌며.
—2017년

고려 수월관음도(일본 소장).
오선주 模寫

나의 家寶 —花盤

영국 도자기공예의精髓
꽃다발 높이 19cm
접시 직경 15cm

은사 金鍾源 교수님께서 나의 정년퇴임을 축하하는 뜻을 담아 이 아름다운 도자기 꽃을 下賜하셨다.
스승님의 영원한 정표로 모시고 있다.

—2001년 2월 16일
청주관광호텔에서 열린 나의 퇴임식에서 받다.

백문이 불여일견 —미국 소련 동독 프랑스

미국 수도 Washington D.C.에서. 미국 연방대법원 통계국장 출신 Dr.Shafroth 안내로 연방의회, 연방대법원, 국가문서보관소, 국립미술관 견학. —1974년

모스크바 〈붉은 광장〉의 종 박물관. 노천에 전시된 세계에서 가장 큰 鐘. 가까이에서 밑변에 조금 깨진 것을 보니 밑 둘레의 두께가 50cm 넘어 보였다. —1991년

동 베를린 훔볼트 대학 본관 정문 계단에서. 칼 막스의 사상적 詩句 배경으로. 좌로부터 이진영 교수, 오선주, 이재희 교수 —1991년

프랑스 파리. 노트르담 성당이 보이는 세느江 다리에서. 성당 木材 尖塔은 화재로 燒失. 오선주. 이진영 교수(右) —1991년

축복 받은 날

나의 팔순 잔치를 열어준 고마운 제자들. —2014년

주말 마다 本家로 돌아와 어미 문안 하는 아들 내외와 내 사랑 세 손녀. —2020년

"지금은 다 무얼 하는고"

〈英陽중학교 4回〉

좌로부터: 민춘자 방경옥 금영자 김순자 신수자 강효숙 生物담당 南선생님 오선주 김미경

앞줄 주영숙 김화자 권필혁 강양숙 권길순.

영양중학교 2학년 수료 기념 —1951년

며느리 맞이 기쁜 날 _2006년 12월 19일

좌로부터: 탁효정 오선주 탁진우(아들) 박지은(며느리) 사부인 사돈.

二姓之合을 이루는 날. 의젓한 아들과 행복해하는 며느리를 축복하며.

亡夫追慕. 法住寺에서 탁희준 교수의 1주기 천도제 올린 감회를 담아.

梅香千里. 딸이 매향처럼 품위 있게 자라며 학업에 매진하길 기도하다.

日月星虹 家和 三胎 花穀漁果 풍요. 며느리 맞이 기쁨과 축복을 담아 그리다.

飛翔-비상. 첫 손녀 뽀기 첫돌 날의 기도. 삼형제 해 달 별 책 진주 다이아 등 담다.

어진 짱구(1974~1991년)
어린 아들딸에게 엄마 같은 위로를 준 고마운 친구.

세 살된 골든 리트리버 Rex(2003~2017년)
물결치는 황금 털이 환상적인 나의 반려. 그립고 그립다.

자유와 평화가 보장되는 나의 안식처. 1980년 신축.
東向 大門 위 청기와 지붕을 뒤덮은 능소화.
왼쪽 편백나무에는 참새 대가족이 살고, 지붕 아래 다정한 비둘기 몇 쌍이 常住하고, 철따라 온 갖 새들이 날아들어 춘하추동 종일토록 지저귄다.

여름 끝자락 바람결이 시원해지면 피어나서 뜰 안 가득히 기품 높은 향기를 풍겨 주는 옥잠화.

잎과 꽃이 영원히 서로 만나지 못하는 비련 ―悲戀의 相思草. 모습마저 애잔하다.

연꽃은 지고 蓮子가 익어가는
연못 가에서. ―2010년

〈오선주를 사랑하는 모임〉이 열어준
팔순 잔치에서. ―2014년

1981년, 2년생 어린 紫木蓮 묘목이 2021년엔 하늘을 가리게 자라고 있다.

자목련나무가 실하게 자라더니 꽃잎 길이 20cm를 넘는 아름다운 대륜(大輪) 꽃을 피웠다.

1992년의 행복했던 우리 가족.
남편 卓熙俊 교수는 1999년 78세로 壽를 다 하였다.

탁 교수의 영정 앞에 선 우리 세 母子女.
서울 아산 병원에서 발인 날 아침.
—1999년

남편이 마지막 입원하기 전날.
하얀 모란이 만개한 정원에서.
—1998년

고향 영양 어머니 산소 참배한 卓 교수 父子. —1987년

청주대학교로 출근하는 오선주. —1981년

아들 같은 제자 柳兌政 교수와 金德容 교수.

나의 '큰아들'이 되어준 崔秉錄 소장.

우리 새 가족으로 맞이한 Prof. David W. Straub. 한국을 사랑한 유능한 외교관이다.

사돈 朴承植님 칠순 축하연.
兩家 한자리에.

사랑스런 미녀 며느리와 셋째 손녀.
꼬맹이는 날로 예뻐지고 똘똘해져 간다.

연인 사이 같았던 진우와 Rex.
14세 Rex의 활짝 웃는 행복한 모습.

무사히 停年 퇴임 맞이하기까지 사랑으로 나를 도와준 고마운 가족.
—2001년

안면암 지장대원 7층대탑과 月滿 摩尼珠 男妹 탑 아래 모셔진 나의 영원한 歸依處.
〈不二如來佛〉

둘째 손녀의 榮華를 기원하며 그리다.

어질고 英特한 내 사랑 스랭이.

北漢山자락 佛光동 집 書齋에서. 87세

CONTENTS 강산에 지는 노을

3부

4부

5부 단편소설

1부

길(道)을 열어주신 석지명 큰스님

우리나라는 오랜 역사가 흐르는 동안 불교를 숭상해왔다. 조선왕조에서 배불숭유(排佛崇儒) 정책을 펴기는 했지만 이는 중국의 부당한 간섭을 피하려는 의도였던 것으로 보인다. 조선 왕실 내명부(內命婦)들은 절을 찾아 백일기도 올리고 절을 지어 승하한 왕의 명복을 빌기도 하였다. 현재에도 전국에 2000만여 명의 모태 불교신자들이 있다고 한다. 정식으로 승적(僧籍)에 이름을 올린 스님도 많이 계신데 대한불교조계종은 한국 정통 불교의 자리를 굳건히 지켜오며 가장 많은 승려와 신도들을 품고 있다.

무릇 사람과 짐승이 이동하는 곳에 길이 난다. 이 길을 道路라 한다. 그러나 道와 路는 엄연히 다르다. 道는 形而上學的 개념으로 무한으로 뻗어난다. 路는 形而下學的 개념으로 유한하다고 표현해도 될 것이다. 불교는 道의 범주 안에 있다고 나는 감히 말할 수 있다.

내가 영적 스승으로 모시게 된 석지명 큰스님께서는 동진출가(童眞出家)하신 분이다. 스님의 법명은 불가에서 흔히 쓰지 않는 갈 之자에 울 鳴자를 쓰신다. 미확인 설화 같은 이야기지만 스님은 어느 시골 암자에 계시는 노스님이 길을 가시다가 애기 울음소리가 들려서 사내아이면 데려가리라 마음 정하고 살펴보니 건강해 보이는 사내아이였단다. 울고 있어서 '울 鳴'자를 데려갈까 말까 망설여서 '갈 之'자를 합해서 '之鳴'이라 이름 지어줬다는 전설을 지니신 분이다.

釋之鳴 큰스님께서는 위 이야기처럼 천진무구(天眞無垢) 동자승으로 법계에 드셨다. 부산 범어사 강원과 영천 죽림사에서 불경 공부를 하신 후 동국대학교 불교학과에서 학사 석사 박사과정을 이수하고 미국으로 건너가서 필라델피아 템플대학 종교학과에서 논문「천태의 불이철학」과「하이데거와 히사마쓰 시니치의 無사상 비교」두 편을 내어 종교학 Ph.D를 취득하셨다. 귀국 후 스님은 불교가 단순히 복을 비는 기복(祈福) 宗敎化된 경향을 바로잡으려는 신념으로 소규모 불교 연구회를 여럿 구성하셨다. 성철 큰스님의 불교계 정화 선언과 나란히 불교계에 맑은 물꼬를 트는 첫걸음이 아니었을까 생각된다.

스님의 역저인『허공의 몸을 찾아서』와『깨침의 말씀, 깨침의 마음』도 불교연구회 활동 시절의 기록이다. 전자는 석지명 큰스님께서 조계종 제5관구 속리산 법주사 주지로 계실 때에 "불교는 다경전(多經典) 다방편(多方便)의 종교이며 이 경전들이 서로 통하는 맥이 있다는 사실들을 불교방송을 통하여 가르치신 강의 원고를 모은 저서(불교시대사. 1993년)이고 후자는 불교방송 강의안으로 전반부는 불교 기초교리이고 후반부는 선(禪) 입문이다. 기초교리에서는 불교의 기본적 사유자세, 근본교리, 불상과 불경 등에 대한 상식을 다루고 선 입문에서는 선사상의 핵심, 수행방법, 선사상의 문학적 내지는 예술적 활용 등을 기술하고 있다. (불교시대사 1994) 그 외에도『죽음의 법신. 1995년』,『진흙이 꽃을 피우네. 2007년』, 『그것만 내려놓아라. 2008년』, 『똥 속의 과일 줍기. 1999년』 등 수 많은 저서를 남기셨다. 지명 스님의 글은 문장마다 명문이고 철학적이고 짙은 감동과 감화를 안겨주고 있다. 조선일보, 동아일보, 중앙일보 등의 고정 칼럼니스트로도 활약하셨다. 중앙일보의 「無로 바라보기」는 오랜 동안 매우 두터운 독자층을 확보하고 있었다.

석지명 큰스님께서는 청계산 청계사 주지를 거처 속리산 법주사 주지를 지내시고 현재는 충남 태안 안면도에 임해사찰(臨海寺刹) 안면암(安眠庵)을 창건하시고 指導法師로서 많은 신도들의 존경을 받고 계신다. 서해 천수만 안의 작은 언덕에 기본 법당인 무량수전(無量壽殿)과 산신각을 짓고 이어서 나한전과 비로전을 지으셨다. 스님께서는 새로운 임지에 도착하자마자 하시는 일 두 가지가 있다. 사찰 주변에 나무 심기와 탑 짓기이다. 안면암 各 전각 안에 지어 올린 小塔의 수는 헤아릴 수 없이 많고 안면암 마당에도 손수 동탑(銅塔) 지으시고 서대탑을 짓고 안면암 본마당에 오여래삼쌍탑을 짓고 최근에는 지장보살대원(地藏菩薩大願)

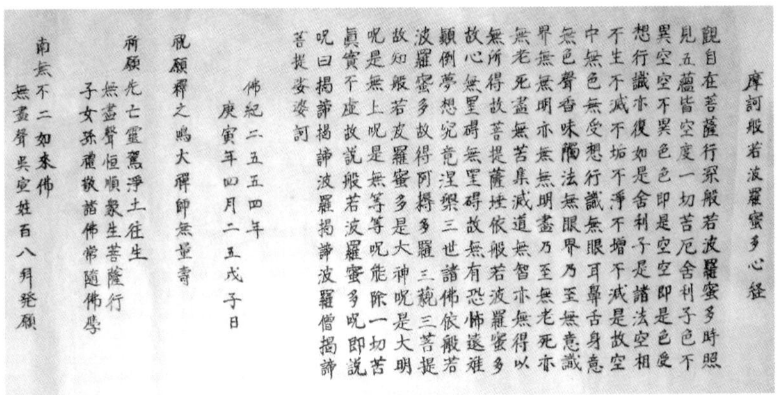
摩訶般若波羅蜜多心経

觀自在菩薩行深般若波羅蜜多時照
見五蘊皆空度一切苦厄舍利子色不
異空空不異色色即是空空即是色受
想行識亦復如是舍利子是諸法空相
不生不滅不垢不淨不增不減是故空
中無色無受想行識無眼耳鼻舌身意
無色聲香味觸法無眼界乃至無意識
界無無明亦無無明盡乃至無老死亦
無老死盡無苦集滅道無智亦無得以
無所得故菩提薩埵依般若波羅蜜多
故心無罣碍無罣碍故無有恐怖遠離
顛倒夢想究竟涅槃三世諸佛依般若
波羅蜜多故得阿耨多羅三藐三菩提
故知般若波羅蜜多是大神呪是大明
呪是無上呪是無等等呪能除一切苦
眞實不虛故說般若波羅蜜多呪即說
呪曰揭諦揭諦波羅揭諦波羅僧揭諦
菩提娑婆訶

佛紀二五五四年
庚寅年四月二五戊子日

祝願釋之鳴大禪師無量壽

祈願先亡靈駕淨土往生
無盡聲恒順衆生菩薩行
子女孫禮敬諸佛常隨佛學

南無不二如來佛
無盡聲吳宣姓百八拜発願

지장대원7층탑에 복장하기 위해 오선주가 쓴 般若心經과 恒順衆生菩薩行 祈願文

7층탑을 지으셨다. 탑은 부처가 現身하는 집이라 한다. 아들 며느리 딸은 조립하기가 지난(至難)한 금속 초정밀 탑을 지극 정성 밤을 세워가며 만들었고 손녀 셋은 종이로 마련된 재료로 각각 탑을 만들고 나는 금강경(金剛經)을 필사하여 지장대원7층대탑 상륜부에 복장하는 佛恩을 입었다. 큰스님께서 안면암 뒤편 언덕 잡목을 걷어내시고 불도저로 가파른 경사지를 평평하게 다듬어 새로 심은 나무들이 지금은 꽃 대궐 장관을 이루고 봄이면 상춘객들이 넘쳐나고 있다.

석지명 스님의 영적 감화 감동은 끝이 없다. 나의 설익은 신심 속에 스님을 인격적으로 존경하게 된 것은 안면암 창건 후 스스로 지도 법사를 자처(自處)하면서 절 운영 재정에 일체 관여하지 않고 운영위원회를 구성하게 하고 예결산 총회에서 감리 평가 지도만 하시는 것을 현장에서 보게 된 감화이다. 절대 다수의 사찰 주지 스님은 혼자서 일체를 관리한다는 관행을 뛰어넘어 밝은 본을 보여주고 계심이다.

석지명 스님은 충북 괴산군 오지에 있는 각연사(覺淵寺) 도량 정리 불사를 마무리하고 운전하기에 너무나 비좁고 험한 각연사 진입로 정비공사도 마무리하고 각연사를 열반에 드신 은사 혜정(慧淨) 큰스님을 기리는 본찰(本刹)로 삼으셨다. 석지명 큰스님은 혜정 스님의 맏 상좌로서 은사께서 열반에 드시기까지 극진히 모셨다. 은사 스님의 다비식(茶毘式)을 마치신 후 슬피 우시는 모습에서 석지명 스님의 인간적인 면모를 보았었다.

석지명 큰스님의 수행에 대한 간절함과 모험을 향한 도전정신은 버금가는 분을 찾기가 사실상 불가능할 것이다. 2004년 봄, 스님 스스로 苦

行이 부족하다 하시고 〈제망찰해(帝網刹海)〉의 뜻을 몸소 이해하고 싶다며 전장 58m 안팎의 무동력 일엽편주를 타고 북태평양을 횡단 항해하셨다. 미국 샌디아고를 출항해서 하와이를 거쳐 성공적으로 부산항에 입항하셨다. 스님께서 무사히 태평양을 건너 일본 열도의 남쪽 바다를 항해하실 무렵 스님은 내게 SOS를 보내셨다. 강력한 태풍의 진로가 스님의 항해 진로와 거의 X자 형태로 교차한다는 예보가 있으니 스님의 현 위치에서 가장 가까운 항구에 입항할 수 있도록 큐슈〔九州〕 남쪽 항구 정박 장소를 알아보라 하셨다. 즉시 큐슈 지방 해양 관계 기관과 연락하여 오오이따〔大分〕 쿠니사키의 작은 항구를 예약하였다. 배 수리 등을 위한 통역이 필요하다 하셔서 나는 바로 일본으로 날아갔다. 스님과 불자 세 분이 출항하여 하와이에서 세 분이 합승하여 일행 여섯 분이 오이타에 무사히 상륙하였었다. 내가 큐슈에 도착 직후 스님 모시고 일행의 먹을거리를 사러 슈퍼마켓에 갔다. 스님의 머리는 삭발이요 태양에 거슬려 얼굴은 까맣고 기골은 장대하고 옷은 낯선 한국식 승복이라 누가 봐도 이상한 모습이다. 궁금증을 못 이긴 한 여성의 질문에 나는 스님의 항해 이야기를 해주었다. 감동 받은 얼굴로 열심히 듣던 여인이 서둘러 버스를 내려 앞장서서 매장으로 가더니 일본 청주인 정종(正宗) 큰 것 한 병을 사서 내 밀며 큰스님께 존경한다고 열 번 넘게 절하고 돌아서 갔다.

스님께서 부산항으로 입항 하실 때 해군 군악대가 환영식을 알리고 부산시장의 환영사가 있었다. 불교계의 대대적인 환영이 있던 것은 물론이다. 당대의 명칼럼니스트 조선일보의 李圭泰 선생은 "석지명 스님의 해양에의 도전 정신은 신라 불교 사상의 재현"이라고 극찬하고 있다. 동국대 불교대학원에서 마련한 "석지명 스님의 행해 보고" 모임에서 스님은 "潮流와 바람의 흐름을 거스를 수 없다는 사실을 깨닫는 것이 空 思想이라" 하시고 "외로움을 끊임없이 닦아내는 수행을 하였다"고 하셨다.

스님의 공덕을 이루 다 알지 못하는 것이 아쉽다. 어리석은 이 중생의 눈에 띈 것도 모두 외적인 것들뿐, 스님의 세계관이나 우주관 등 내면적인 세계는 감히 짐작조차 할 수 없다. 다만 내가 상배(喪配)하고 거의 같은 시기에 평생 삶의 터전으로 삼던 대학 강단에서 정년퇴임을 맞이하여 내 마음이 가장 허허로웠을 때 석지명 스님을 만나 감화 감동을 받으며 나의 제2인생을 〈지혜와 자비〉를 조금씩 깨달으며 살게 되었다. 석지명 스님의 불자로서 스님의 생애에 쌓으신 공덕에 대하여 다 알지 못하고 아는 것들조차 제대로 밝게 기술하지 못하여 자괴감이 일뿐이다.

석지명 큰스님께서는 조계종 입법기관인 중앙종회 의원직을 3회에 역임하셨다. 석지명 큰스님은 2020년 9월 25일 조계종 元老회의에서 만장일치로 원노의원에 선출되어 대종사의 지위에 오르는 영광을 누리시게 되었다. 조계종의 최고 의결기구인 원로회의 의원이 되신 석지명 大宗師께서 지난날에 쌓으신 공덕보다 더 큰 미래를 창조해 나가실 것을 기대하고 믿는다.

우리 속담에 "이슬비에 옷 젖는 줄 모른다."는 말이 있지만 나는 내 옷이 이미 촉촉하게 젖어들고 있는 중임을 알고 있다. 2000년 4월, 法住寺에서 석지명 주지스님을 처음 뵙고 바로 佛戒를 받고 〈無盡聲(무진성)〉이란 佛名도 받았다. 不知不識間에 큰스님의 자비로우심에 감화받고 스님의 空과 無(Nothingness) 그리고 不二思想(Non-dualism)을 감각적으로나마 차츰 이해하게 되었다. 2004년 스님께서 태평양 횡단 항해에 나가시기 전에 나의 회색 염주 주머니에 〈생사불이(生死不二)〉라는 휘호를 남겨 주셨다. 이 글이 나의 평생의 부적(符籍)이다. 나는 그 후 죽음을 자연스럽게 맞이할 마음의 준비가 되어 있음을 깨닫는다.

어느 해 달 없는 캄캄한 그믐날 배를 타고 밤바다 한가운데 나가서 "절대 암흑(絶對 暗黑)은 없음"을 자연 현상 속에서 깨닫게 해주셨다. 서해 바다 서쪽은 중국 대륙과 맞닿는 해역이어서 눈에 보이느니 파도 치는 검은 물결뿐이었다. 그 수평선 넘어 에는 지구 반대편에 비치는 태양광을 느낄 수 있었다. 이 자연 현상을 들어 스님께서는 눈에 보이는 것이 다가 아닌 불타의 깨우침의 세계에의 눈을 뜨게 해 주셨다.

안양교도소에서 한국형사법학회가 열린 날이었다. 점심 식사 후 쉬는 시간에 청계산 청계사에 올라갔었다. 누워계신 부처님, 와불상(臥佛像)과 〈제행무상(諸行無常)〉이란 커다란 네 글자가 눈에 들었다. 제행무상. 알듯 하면서도 의문이 뭉게구름처럼 일어서 생각을 거듭하였다. 변하지 않는 것이 있다면 〈만물이 끊임없이 변화한다는 사실〉이다. 온갖 想念에 잠겨 있는 나를 깨워 준 것은 맑은 풍경소리였다. 나중에 알고 보니 나에게 무언 중에 깨우침을 준 그 〈諸行無常〉 네 글자는 석지명 스님께서 청계사 주지 시절에 남기신 작품이었다. 석지명 스님 뵙기 전부터 스님과의 인연이 시작된 셈이었다. 어쩌면 그날의 감화는 화엄경을 깊은 관심을 갖고 읽게 된 계기가 되었던 것 같다.

현실에서 스님께서는 내 삶을 바꾸어 놓으셨다. 대학에서 30년 가까이 "罪와 罰"을 논하던 나에게 글을 쓰게 하셨다. 안면암 홈페이지를 개설해 놓고 나더러 안면암에서 진행되는 면면과 격년으로 나간 외국 불교성지 순례기 등을 기록으로 남기게 하셨다. 이 글들이 쌓여 책이 되었고, 나는 한국문인협회와 국제PEN한국본부의 회원이 되었다. 〈한국형사법학회〉에는 고문이라는 명예만 남겨놓고 오늘도 나는 후인에게 남기고 싶은 이야기들을 쓰고 있다.

스님의 사상 저변에 백초불모(百草佛母) 믿음이 깔려 있음을 은연중에 알게 되었다. 미국 민주주의의 본질이며 기초 사상인 Grass Roots와 다르지 않다. 아울러 스님께서 개유불성(個有佛性)을 인정하시고 불자 하나하나를 소중히 여기시고 존중하시는 사실도 알게 되었다. 지아비의 영가를 법주사에 봉안하러 갔을 때 처음 뵌 스님께서 "절에서는 오는 사람 막지 않고 가는 사람 잡지 않는다."고 말씀하셨다. 처음 들을 때 단순하게 개신교보다 매우 자유로울 것이라고 생각했었다. 해를 거듭하면서 그 말씀 속의 오묘한 이치를 풀이해 보려 애쓰지만 아직도 생각 속을 헤매고 있다.

깨달음의 불확실성에 대한 고뇌가 없지 않다. 깨달음이란 나 같은 범인의 입장에서는 사람이 죽는 날까지 짊어지고 가야할 숙제와 같은 것이라고 생각하고 있었다. 지금은 "깨달음"에 다가가려는 마음이나 "비우라"는 불교의 가르침에도 속박되지 않고 나 있는 그대로 善을 따르려 한다.

사람의 생명이란 눈 깜짝할 사이에 피었다 지는 꽃과 같다. 사람도 사라지기에 아름다운 것이다. 꽃이 아름다운 것은 피었다 곧 지기 때문이다. 사계절 피어 있다면 눈길 주는 이가 드물 것이 아니겠는가. 해도 아니해도 주어도 받아도 텅 빈 사랑과 외로움은 본질적인 것이리라. Agafe도 Eros도 모두 虛像인 것을 흐르는 세월과 함께 깨달아 간다.

석지명 큰스님께서 아미타불로 再臨 하시기를 간절한 마음으로 기도 한다.

南無大慈大悲 救苦 救難 觀世音菩薩 摩訶薩

사냥하기를 멈추신 나의 아버지

——人性은 원래 佛心

1946 병술(丙戌)년 흉년의 봄은 끔찍했었다.

그 해 그러니까 광복 이듬해 5월, 나는 열 살까지 살던 일본 동경을 떠나 부모님과 함께 아버지의 고향 경북 영양(英陽)으로 돌아왔다. 일본 큐슈 시모노세끼 항에서 관부(關釜) 페리를 타고 부산항으로 들어와서 부산에서 화물차 같은 낡은 기차를 타고 安東역에서 내려 역 앞에서 전세 낸 트럭에 이삿짐을 싣고 영양으로 들어가는 여정이 내겐 엄청나게 공포스러운 여행길이었다.

뿐만이 아니었다. 눈앞에 보이는 소나무들이 밑둥에 껍질이 없어 희끄무레 해 보이는 것이 마치 산기슭에 유령이 나열해 있는 듯한 착각을 일으키게 하고 있었다. 사람들이 소나무 껍질을 벗겨다가 송기(松肌)떡을 해 먹어 치운 흔적들이라 했다. 고향 마을에 도착하니 일가친척들이 모여들었다. 코 밑에 두 줄기 콧물 흘린 자욱이 난 어린아이들이 윗도리만 입은 채 바람이 가득 찬 배를 내밀고 애잔한 눈빛으로 이 낯선 외래인인 우리 가족을 물끄러미 바라보고 있었다.

아버지는 문중 회의가 열리는 기회에 일가친척들이 굶어죽는 이 판에 문중에서 무슨 대책이 있어야지 않겠냐면서 각성을 촉구하셨다. 부잣집 몇몇이 고방(庫房)에 감춰둔 곡식을 내놓겠다는 서약이 있는 것은 성과

지만 그 이상은 아무 묘안이 나오지 않았다. 아버지는 젊은 청년 몇 사람에게 멧돼지 사냥을 제안했다. 고갈된 단백질 보급을 위해서 낸 제안이었는데 마을 사람들은 해마다 감자밭을 요절내는 돼지를 잡는다는 기대에 반색을 하였다. 아버지는 읍내 장터 대장간에 가서 몇 종류의 무쇠창(槍)을 만들어 오셨다. 아버지는 험한 산등성이를 오르내리며 애 쓰셨으나 매번 빈손으로 하산하셨다. 나는 아버지의 허탈해 하시는 표정에 울컥해서 몰래 숨어서 울었다.

우리 외가는 큰 과수원 농장을 지키기 위해서 셰퍼드 개 몇 마리를 기르고 있었는데 아직 과일 열매가 자라지 않아서 개들은 쉬고 있었다. 아버지는 훤칠하고 용맹스런 개 두 마리를 데리고 오셨다. 아버지가 이 개들을 데리고 산에 가시는 날은 매번 노루나 돼지 아니면 못해도 산토끼 오소리 몇 마리는 잡아오셨다. 온 마을이 잔치가 열린 듯 떠들썩해졌다. 우리 마을이 집성촌(集姓村)이어서 이웃 모두가 일가친척이었다. 노인들을 모시고 사는 집에 고기를 한칼씩 떼어 보내고 나면 우리 집에는 뼈다귀 등 허접스런 것들만 남곤 했다. 어린 마음에 야속하기도 했었다.

그런데 그 날은 사정이 달랐다. 아버지가 잡아온 노루가 태중이었다. 말씀을 듣고 달려 나오신 할머니가 노루 배 안에서 나온 물 보자기 같은 것을 채반에 얹어서 부엌 부뚜막에 올려놓고 그 옆에 정화수를 한 사발 떠놓고 기도하기 시작하셨다. 나는 부엌 대문 뒤에 서서 틈새로 안을 들여다보며 할머니의 기도 소리를 들었다. "부처님께 비나이다. 천지신명께 비나이다. 칠성님께 비나이다. 산신령님께 비나이다. 삼신할머니께 비나이다. 부처님께서 이 일을 용서 하옵소서. 이 늙은 어미를 봉양하려고 저의 큰 아들 ㅎㄷ가 산에 가서 살생하기를 거듭하다 오늘에 와서 새끼 밴 노루를 잡았으니 이는 분명 부처님께서 가르침을 내리신 것이오니… 어쩌고…." 할머니는 그 야윈 손을 비스듬히 마주 비비며 수도 없이 절을 하셨다. 그리고는 할머니는 이것을 안 마을 오랜 병고에 시달리는 석천댁(石泉宅) 큰아드님에게 약 삼아 드시라고 보내셨다. 할머니는 이왕지사 사람 손에 잡힌 것을 유익하게 보시한다 하셨다. 이 일 이후 아버지는 사냥 나가기를 사절하시고 사냥용 창도 디딜방앗간의 가로지기 서까래 위에 꽁꽁 묶어 숨겨버렸다. 노루의 배를 가르면서 이 노루가 잉태하고 있었다는 사실에 가장 크게 충격을 받은 사람이 바로 아버지셨다. 사냥을 성공적으로 도와주었던 충성스럽고 용맹한 개들과의 이별을 나는 슬퍼했다.

그 날 할머니의 기도 소리를 유심히 들어서인지 어느 결엔가 나는 고기를 먹을 때는 죽어간 짐승을 위해 마음속으로 기도하는 것이 습관이 되어 있었다.

나는 아버지의 달라진 모습에서 아버지의 佛心을 보았었다고 믿는다. 그 때 내가 감지(感知)한 아버지의 불심이 어린 내 가슴에 감화로 고여 있다가 수 십 년이 흐른 후 나를 부처님 앞으로 가게 해주었다고 믿으며 오늘에도 감사하고 있다.

경자년 불탄일에 無盡聲 吳宣姓

나무관세음보살 시아본사 석가모니불 마하살

어매,
울 어매

"다시 한 번 그 얼굴이 보고 싶구나~!"

언제 어떤 계기로 내 의식 속에 자리잡게 되었는지 기억은 없어도 나는 가끔, 어떤 때는 종일토록 이 노래를 입에 올린다. 그런데 애석하게도 내가 아는 구절이 딱 이 한 소절뿐이다. 어쩌면 그 이상 아무 말도 필요 없기 때문에 더 알려고 하지 않는지도 모르겠고 이 노랫말 한 마디에 내 모든 감정을 실을 수 있고 어머니를 그리워하고 사모하는 애틋함을 조금이나마 삭힐 수 있어서이기도 하다.

아버지는 남자로 태어나셔서 가정과 사회에서 일정 권위를 누리셨다. 그러나 어머니는 여자라는 이유만으로 인간적인 자유는 커녕 그 아까운 재능을 마음껏 펼쳐보지 못하시고 온갖 궂은일을 다 도맡아 고생만 하다 가셨다. 광복 이듬 해, 1946년 귀국 후 마주친 흉년은 온 가족에게 가히 충격적이라고 할 정도로 굶주림의 큰 고통을 안겨주었다. 동남아 등지에서 귀국하는 동포들이 말라리아를 전염시켰고 이 유행병을 이기고 난 후 또 습격해 온 호열자(cholera)는 사람이 이 병에 걸렸다 하면 모두 죽어나가는 무서운 병이었다. 이런 상황 속에서 우리는 부모님의 각별한 위생 관념 덕에 정말 용케도 살아남았었다.

그 흉년에 어머니는 가족을 위해 배고픈 내색도 없이 견디신 것을 철이 나서야 어렴풋이 깨닫게 되었다. 흉년에 산나물 등 거친 음식으로 배를 채우시더니 섬유질이 장에서 굳어버려 변비를 얻어 평생 고생하셨다. 원로 가수 진성 선생이 부르는 노래 〈보릿고개〉를 듣고 나서 어머니가 "찬물 한 바가지"로 허기를 달래시며 얼마나 굶주리셨을까를 생각하며 눈물을 쏟으며 소리내어 울었었다. "恨 많은 보릿고개여어~"라고 이 노래를 목청껏 부르면 이 애닮은 마음이 풀릴까. 지금 내 집 대형 냉장고와 김치냉장고 그리고 고방(庫房) 안에 먹을 것이 가득 찬 것을 보시면 어머니는 영혼이라도 기뻐하실 것이 틀림없지만 나는 어쩐지 죄송스러운 마음이 들어 슬퍼질 때가 많다.

어머니는 젊은 시절 언문(彦文=한글)은 물론 한문을 읽을 줄 아는 드문 여인이셨다. 외삼촌 두 분이 한문 배울 때 창호지로 가린 문 뒤 골방에서 함께 한문 공부를 하였기 때문이다. 내가 아는 사실만으로도 어머니는 吳가 집성촌에서 없어서는 아니 될 존재였다. 아들 장가보낼 때 혼서지(婚書紙)와 예법상 필수 요소인 사돈지(査頓紙) 문안 편지를 쓰는 그 관습에 따라 마을 혼사가 있을 때마다 늘 어머니가 代筆하였다. 韓紙가 귀한 시절에 종이 아끼기 위해서인지 멋이었는지 일단 바른 위치에 글을 쓰다가 끝맺을 무렵에는 윗 켠에 여백으로 남겨 두었던 자리에 덧쓰고 마무리하시던 일이 내 어렸을 적 기억으로 남아 있다.

꽃피는 春三月이 오면 마을 아낙네들이 뒷산에 올라 참꽃(진달래꽃)을 따다가 하늘과 땅이 탁 트인 듯 드넓은 낙동강 상류 반변천(半邊川) 강변에 솥뚜껑을 걸고 화전(花煎)을 부쳐 먹는다. 이때의 즐겁고 기쁜 일과 그날의 기록을 화전가(花煎歌)로 남긴다. 이 화전가 쓰기도 어머니 몫이었다. 이른바 내방가사문학(內房 歌辭文學)이었다. 따라서 이 화전가는 한 장만 쓰는 것이 아니고 여러 장 써서 딸네가 있는 집에 나누어 주고 그 딸네들이 시집 갈 때 화전가 두루미를 버들가지로 엮은 작은 상자 "편고리"에 가득 담아 간다. 새색시가 시집가면 시댁 어른들이 모여 그녀가 혼수로 갖고 온 화전가 꾸루미를 돌려가며 읽고 친정 집안사람들의 수준을 가늠하고 평가하기 때문에 어머니의 글 솜씨는 돋보였고 어머니는 존경 받았다.

어머니는 음식 솜씨도 좋으셨다. 경북 안동 문화권에서는 밀 추수가 끝나는 무렵 칠석(七夕)에는 칼국수를 해 먹는다. 생콩가루가 들어가야 국시가 쫀득하고 오래 두어도 풀어지지 않는다. 대개 콩가루와 밀가루 비율을 2:8로 섞어서 소금물로 간을 해서 반죽을 하고 매우 치대다가 물기가 스며들고 굳은 반죽이 누굴누굴 해지면 커다란 안반에 놓고 기다란 홍두깨로 가장자리부터 늘려 나간다. 반죽 가운데만 소복하게 남았을 때쯤 밀가루를 살살 뿌려가며 홍두깨로 반죽을 말아서 늘리기를 거듭한다. 그렇게 넓고 얇게 밀어도 터진 데도 하나 없고 칼로 썰어서 가지런히 놓은 모양새는 "한석봉 어머니의 떡"처럼 그 모습에는 들쭉날쭉이 있지 않다. 어린 나는 그것을 신기하게 바라보곤 했었다.

우리 고향에서는 김치를 '짠 지'라고 했다. 전라도 來蘇寺에 갔을 때 양념 없는 물김치를 '싱건 지'라고 하는 것을 듣고 대칭되는 이름이 있다는 사실에 흐뭇한 미소를 지은 적이 있다. 월동용 김치를 담글 때에는 '김장 한다'고 했다. 김장에는 고춧가루 마늘 갓 생강 미나리 청각 등 기본 재료 외에 대구 아가미와 커다란 방어 대가리를 주먹만 하게 썰어서 디딜방앗간에 퐁퐁 찧어서 넣는다. 세전(歲前)에 먹을 김장에는 양념을 듬뿍 넣어 깊은 맛을 내고 세후에 먹을 것은 군내가 나지 않게 기본양념만 한다. 부엌 문 밖 한갓진 텃밭 한편에 큰 독 두 개를 묻어 각각 세전 세후 김치를 담고 그 옆에 빈 독 하나를 더 묻는다. 동치미 담글 독이다. 마을 앞을 흐르는 반변천에서 퍼온 물은 농사가 끝난 늦가을이라 맑고 깨끗하다. 물이 달아서 우리 마을 이름도 달 甘자에 내 천 川자, (감천)이다. 이 물을 길어다가 독을 채우고 어머니는 절인 배추와 무 그리고 약간의 쪽파와 소금 생강 붉은 통고추 몇 개와 노란 고추씨 두어 사발을 삼베 주머니에 넣어서 띄워 둔다. 땅 속에서 느긋하게 발효한 이 동치미 국물이 어찌나 시원하고 맛이 있었는지 설날 떡국 먹을 때와 정월 대보름 오곡밥 먹을 때는 인기 만점이었다. 집성촌 일가친척들의 마을이어서 "서리"도 성행해서 윷놀이 끝의 회식 때는 우리 집 동치미가 항상 노획 표적이 되었다.

어머니의 손길에는 복도 많으셨던 것 같다. 봄에 박을 심으면 지붕 위에 둥근 박이 많이 맺혀서 동네 부러움의 대상이 되곤 했었다. 박을 타서 쪄내면 그릇이 귀하던 시절에 살림살이가 되었고, 바가지에 여름 보리밥을 담아두면 밥이 바가지에 눌어붙어 쉬지 않았다. 집 경계를 이루는 돌담 아래 양지 바른 곳에 구덩이를 여러 개 파고 호박씨를 심고 소나무 가지 몇 개를 옆에 두면 호박 싹이 나서 줄기는 소나무 가지를 타고 올라서 돌담 위에서 옆으로 뻗어나간다. 여름 내내 애호박을 따먹고도 남아서 가을엔 늙은 호박들이 담 위에서 누렇게 익어갔다. 겨울 양식에 보탬이 될 정도였다.

내가 긍지를 갖고 기억하는 '들은 이야기'도 있다. 아버지가 일본 동경에 가 계실 때 할아버지께서 손자를 보아야 하니 새 애기를 동경에 보내라 하셨다. 남편의 초청장이 있어야 해서 아버지는 편지를 써 보내셨다. 어머니가 이 편지를 들고 부산항에 도착하니 승선 감독자가 거주지 면장이 발급하는 도강증(渡江證_ 일종의 여권 같은 것) 제시를 요구하였다. 이 조건을 몰랐던 어머니는 먼 길 되돌아갈 수도 없어 진실로 난감하였다. 생각 끝에 도강증은 없어도 남편의 초청장이 있다고 내 보였다. 주로 한문으로 쓰여진 아버지 편지를 보고 짓궂고 못된 일본 놈이 '히야

카시(희롱)' 삼아 "어디이~. 이 편지 읽으면 배 태워주지"라고 말하면서 네가 이를 읽을 수야 없겠지 하고 야릇한 미소를 흘리며 곁눈으로 어머니를 바라보았다. 어머니는 서슴없이 이 한문투성이 편지를 단숨에 읽어 내렸다. 설마 했던 그 일본 남자는 자기 말에 책임질 수밖에 없어 나의 어머니를 연락선에 오르도록 허가하였다 한다.

Tokyo에서의 우리 가족. 다섯째의 첫돌 기념. 오른쪽 끝이 오선주. 1942년

어머니는 6·25 전에 정부의 문맹(文盲)퇴치 정책에 따라 마을 야학당의 선생으로 위촉되었다. 애바른 아낙네는 한 달도 안 되어 글을 읽어서 온 마을의 칭찬거리가 되었다. 연말에 정부에서 수고비라고 광목 한 마를 보내왔다. 요령 있게 본을 뜨면 겹버선 3켤레가 나오는 감이었다. 5일장에 가면 군수가 또는 면장이 자기 집 농짝에 광목을 필로 재여 두었다는 소문이 파다했었다. 그 소문은 민초를 등 친 그들의 횡령에 분노한 백성들의 항변이었다.

우리 마을에 〈글방〉이라는 것이 있었다. 젊은 며늘네는 무명 길삼에 여염이 없는 동지섣달 긴긴 밤이 되면 마을 안노인들이 제각기 우리 집을 찾아온다. 어머니는 그들을 박대할 수 없어 잠을 줄여가며 새벽녘이 다가오도록 책을 읽어 주셨다. 더러는 임꺽정을 들고 오는 이도 있었는데 주로 심청전을 비롯하여 장화홍련전, 춘향전이었다. 어머니로 해서 우리 집은 동네 글방이 되었고, 덕택에 나는 이야기를 들으며 자랐다.

6·25전쟁 이후 우리 가족은 대구로 이사하였다. 할머니는 노환으로 침대에 누운 채로 9년을 더 사셨다. 하루종일 쉴새없이 기저귀를 갈아 드리려니 빨래가 마르지 않아 어머니는 고생하셨다. 요즘 같은 세탁기가 있는 것도 아니었다. 피골이 상접하고 오장육부가 다 녹아내린 것처럼 보일 때에 이르러 할머니는 숨을 거두셨다. 낯선 이웃에까지 소문이 나서 어머니는 신현돈(申鉉敦) 경북도지사로부터 효부상을 받으셨다. 그 孝婦賞이 어머니에게 위로가 되었을까? 어머니의 청춘과 버금갈 가치가 있었을까? 고생 많이 하신 불쌍한 어머니! 어머니 별세 이후 어느 날 아버지가 고향 친구와 바둑을 두시면서 "마누라 살아 있을 때는 서푼도 안 되는 줄 알았는데 세상 떠난 후에 보니 3천냥 짜리였어."라고 속 깊은 토로를 하시는 말을 옆에서 들었다. 아버지의 이 추모의 말에 어머니 영혼이 위로 받으시길 빌었다.

고교와 대학 시절 방학이 되면 고향 집으로 갔다. 밤이면 어머니의 팔을 베고 누워서 그간의 대구 경북여고의 생활 이야기를 들려 드리곤 했었다. "어매! 내가 얼른 돈 벌어서 어매 하얀 비로드(Veludo_ 우단) 치마저고리 해 드릴께."라고 귓속말을 했었다. 그 때는 뉴똥 명주옷은 한물가고 홍콩 양단이나 비로드가 대세를 이루어 부잣집 마나님들이 앞 다투어 해 입고 읍내 거리를 오르내리며 은근히 뽐내고 다녔다. 그런데 나는 어머니께 드린 약속도 이행하기 전에 한 남자의 끈질긴 공략에 넘어가 시집이란 곳에 가버렸다. 결혼하고 보니 시댁 대가족 챙기느라 친정어머니를 돌볼 수가 없었다. 마음에 없어서가 아니다. 어머니는 모든 것을 이해하시니까 미더워서 후 순위로 밀리신 것이다. 이 미련한 딸은 어머니에게 "고맙습니다." 한 마디 못해드렸다. 지금 생각하니 '고맙다' 말씀을 드렸던들 느낌이 모자라서 다른 더 큰 의미가 담긴 말을 찾아야 하였을 것을 깨닫는다. 이 바보 딸을 키우시느라 고생만 하신 어머니.

"어매! 나를 용서하지 마이소!"

아들이 여름이면 복숭아를 사들고 온다. 벌써 5~6년이 이어지고 있다. 나는 여름에 수박은 그립지 않아도 복숭아는 생각만 해도 그 향기에 취하는 것 같다. 아들 胎中에도 유일하게 먹고 싶은 것이 복숭아였다. 아들이 여름이면 복숭아 들고 오는 것이 이런 연유일까 생각도 했었다. 지난 주말에도 진우는 복숭아 한 상자 들고 왔다. 장마 탓인지 복숭아가 잘 생기기는 했어도 맹물 맛이었다고 말했다. 전화 저 쪽에서 아들은 "그래도 사드려야 해요. 외할머니가 꿈에 나타나셔서 느이 엄마 복숭아 좋아하니 자주 사다 드려라 하셨거든요."란다. 순간 가슴이 먹먹해졌다. 눈물이 흐르고 있는 줄도 몰랐다. 영혼이 되신 지가 40년이 가까워 오는데 아직도 딸 걱정을 하시며 손자에게 효도를 가르치고 계시다니!

온 문중이 반대하는 중학교에 입학하고 학교 행사 준비 등으로 귀가가 늦어지는 날도 늘어났었다. 산새들과 부엉이 울음소리도 잦아든 칠흑 같은 한 밤 중에 살을 에는 칼바람 부는 가무넷골 입구까지 나오셔서 "삼호야아~", "삼호야아~" 계속 불러 무서움을 덜어주시던 어머니 목소리! 어머니 모습은 가물가물한데 이 고운 목소리는 귓가에 살아있어서 생각날 때마다 나를 울컥하게 한다.

세월이 흘러 슬픔은 옅어지는 것 같은데 그리움은 짙어만 간다. 어머니의 대답을 들을 수만 있다면 이 목청이 갈라질 때까지라도 소리 높여 “어매~!” 하며 불러보고 싶다. 누군가가 말했었다. 사랑보다 짙은 것이 情이고 이별보다 아픈 것이 그리움이라고.

그립고 그리운 어머니! 어머니 가슴 냄새가 너무나도 그립습니다.

어버이 살아 실제 섬기기 다하여라. 지나간 후면 애달프다 어이하리.

기적같이살아 돌아오신 아버지와 리인수 인민군 대위

—6·25전쟁 70주년에 이는 回想 二題

6·25전쟁은 분명 국가적인 위기이고 고난이었다. 모든 국민이 함께 하는 아픔이 있는가 하면 개인적인 아픔도 이에 못지않게 많았다. 추억이라 하기엔 너무도 끔찍하고 회상이라 하기엔 너무도 생생하게 나의 가슴 속 아픔으로 맺혀있는 사건들이 많다.

피난 중의 둘째딸 실종에 충격을 받은 어머니는 갑자기 눈이 멀었고 40여 일이 지나서야 겨우 시력을 회복하셨다. 나는 작은 언니의 행방불명보다 어머니의 실명에 더 크게 상심했었다.

남북 간 전면 전쟁 6·25동란이 1950년에 발발하였지만 우리 고향 영양은 이미 몇 년 전부터 전쟁을 치루고 있었다. 내가 초등 5학년이었으니 그 해가 1949년이었다. 사상교육(思想教育) 한다고 5~6학년 모두 운동장에 모아놓고 영양 경찰서장이 와서 일장 연설을 했다. 지금 돌아보면 어린아이였는데 당시엔 나름 진지했었다. 그 무렵 경북 日月山에 거점을 두고 태백산맥을 오르내리며 게릴라전을 벌이는 김달삼(金達三)은 우리들의 공포의 대상이었다. 경찰서장은 김달삼 일당이 신출귀몰하는 현상을 설명하였다. 밥 지을 때 연기가 나면 들킬 염려가 있어서 연기가 나지 않는 싸리나무로 밥 짓고 은신 토굴은 입구를 여러 갈래로 내 놓고 교란작전을 하고 평소 모래주머니를 정강이에 차고 있다가 토벌군이 나타나면 모래를 버려 몸을 가볍게 하고 쏜살같이 도망간다고 공비(共匪)들의 행태를 설명하고 있었다. 그 무렵 우리 인근 마을은 낮에는 경찰이 밤에는 공비가 통치하고 있어서 사람들이 모두 제 정신이 아니었다. 공비는 집집마다 뒤져서 식량을 약탈하고 닭장에서 닭 잡아가기는 예사여서 각 가정에 남아나는 것이 없었다. 낮에 들이닥친 경찰은 간밤에 손해 본 것 조사한다 해놓고 공비에 협조하였다고 어른들을 잡아갔다. 이렇게 어수선한 날이 이어지더니 드디어 북조선에 의한 남침(南侵)이 감행되었다. 피난민은 줄을 이어 남쪽으로 달리고 마을 남자들은 징발되는 등 전쟁의 비애와 피해가 커져만 갔다. 우리 집도 예외일 수 없어 아버지가 징집 당하셨다.

인민군의 노역자로 끌려가신 아버지의 기적 같은 생환(生還)은 천지신명의 도우심이고 조상님의 돌보심이었다. 태백산맥 남쪽 끝자락 영양(英陽)에 초겨울이 다가오는 무렵이었다. 경주 안강전투까지 기세를 올리며 내닫던 인민군이 북으로 후퇴하는 모습을 나는 유심히 보았었다. 인민군은 옷이며 신발이며 남루하기 짝이 없었다. 자기 키보다 훨씬 긴 소련제 "구구 장총(長銃)"을 질질 끌고 가는 어린 병사가 너무도 불쌍해 보였다. 패잔병 중 몸이 성한 인민군은 부상자를 하나씩 둘러메고 걷고 있었다. 성한 병사나 부상병이나 둘 다 곧 함께 쓰러질 듯 불안해 보였다.

퇴각하는 인민군 군수물자를 싣고 가던 트럭이 고장났다. 고장이 아니라 연료가 다해서 서 버린 것이다. 왜 하필 그 차가 우리 집 앞에서 서 버렸는지, 꽤 높아 보이는 계급장을 어깨에 단 인민군 장교가 마을을 뒤지며 남자들을 동원하기 시작하였다. 아버지는 중년에 드셨는데 그들은 나의 아버지를 강제로 끌어내고 다른 무리들이 구해온 지게에 뭔가를 잔뜩 얹어놓고 아버지에게 지고 가라 명령한다. 평생 지게를 져 본 일이 없었던 아버지는 일어서지 못하고 비틀거리셨다. 아버지는 저들의 다그치는 폭력 때문에 死力을 다해 일어서서 걸어 가셨다.

다음 날 새벽, 국군이 마을 앞 신작로를 따라 북진하고 있었다. 그 대열은 한나절까지 이어지고 있었다. 그것이 9·28 수복 전투의 한 행군이 아니었을까 짐작하고 있다. 지게를 지고 붙잡혀간 아버지는 봉화 깊은 산골로 길을 잡고 퇴각하는 인민군 부대를 뒤따라가고 있었다. 첩보(諜報)가 있었는지 미군 전투기 쌕쌕이(힘차게 잽싸게 날아와서 정확히 쏘기에 붙여진 별명)들이 번갈아 날아와서 정확하게 사정없이 기관총 사격을 가하였다. 인민군 행렬은 순식간에 아수라장이 되어 흩어졌고 시체는 산더미처럼 쌓여갔다. 아버지는 재빨리 바위틈으로 피신하여 목숨을 건지셨다. 잘못 움직이면 미처 죽지 못한 인민군의 총에 맞을 염려가 있어서 아버지는 한나절 반 동안이나 그 시체더미에서 숨을 죽이고 때를 기다렸다 한다. 주위의 눈길을 피해가며 인가(人家)를 찾으셨다. 길을 찾느라 개울물 흐름을 따라 下山하다 보니 마을이 보여서 어둠 속에 다가가 보니 평해(平海) 조금里였다. 현재 위치를 확인하신 아버지는 낯선 사람과 마주치지 않으시려고 낮에는 풀섶에 숨고 야간 어둠을 틈타서 조심조심 고향 길을 서두르셨다. 마을 근처까지 돌아오신 아버지는 그 피 비린내 나는 옷을 입은 채로 마을에 들어설 수가 없어 지나가는 지인에게 갈아입을 옷을 갖다 달라는 은밀한 전갈을 보내셨다. 나는 어머니가 싸주신 아버지 옷을 들고 지시받은 대로 마을 입구 당 나무 거리로 아버지 마중을 갔다. 저만치서 걸어오시는 아버지를 발견한 나는 온몸이 떨리고 심장이 터질 것 같았다. 나도 모르는 결에 옷 보따리를 저만치 길가에 내던지고 비명같이 "아부지이!" 외마디 소리치며 달려가서 아버지를 얼싸안았다.

인민군에 강제 동원되어 떠나신 아버지의 행방을 모르는 채 온 집안이 적막에 잠겨 있을 때였다. 패색이 짙은 행색으로 북쪽으로 퇴각하던 인민군들이 우리 집으로 들이닥쳤다. 우리 집 행낭 채가 바로 신작로 길가에 있어서 우리는 국군과 인민군의 북진 남침 가리지 않고 전세(戰勢)가 바뀔 때마다 늘 어려움을 당하곤 했었다. 인민군들이 얼마나 굶주렸는지 그들은 집안을 뒤져서 입에 들어갈 수 있는 음식은 싹 쓸어 먹어치우고 곡식이며 된장이며 소금까지 모두 들고 나갔다. 아버지는 인민군에 의해 강제 징집 당해 끌려가신 후 소식도 없고 남은 우리는 피난갈 준비를 하고 있었다. 이것저것 옷가지를 땅속 항아리에 묻기도 하고 정재(부엌)와 지붕 사이 빈 공간에 귀중품을 감추고 막 집을 떠나 피난가려는 참이었다.

인민군 패잔병 한 무리가 휩쓸고 지나간 후 뒤이어 인민군 둘이 들어왔다. 말쑥한 장교복 차림으로 계급이 높아 보이는 사람이 부상을 입은 듯 부축 받은 상태로 한쪽 다리를 질질 끌며 간신히 걸어 들어오고 있었다. 또 한 사람은 그의 수발을 드는 "특무장"이라 했다. 그 부관이 예의 바르게 어머니에게 먹을 것을 달라고 했다. 어머니는 지금 막 아이들 데리고 피난 떠나는 길이니 막지 말아 달라고 말하셨다. 인민군 장교로 보이는 사람이 지금은 남북이 서로 밀고 밀리는 전국(戰局)이라서 어딜 가도 안전한 곳이 없고 차라리 자기 집에 머무는 편이 안전할 것이라고 했다. 남편도 없이 어린 아이 넷을 데리고 피난길에 드는 것도 쉽지 않았던 어머니는 그 자리에서 보따리를 내려놓으셨다.

얼마 전 마을에 들어선 "인민군 내무반"이 서슬 푸르게 설치는데 우리는 그들을 거역할 수 없을 만큼 주눅이 들어 있었다. 어머니는 감추어 두었던 쌀밥을 지어 행낭채로 내가셨다. 그들은 매우 고마워하였다. 그리고 인민군 야전 병원 일행이 곧 뒤따라 올 테니 그때까지만 머물게 해달라고 했다.

그 장교는 다리 상처뿐만 아니라 코피를 자주 흘렸다. 마땅히 닦아낼 종이도 없어서 코피 흘릴 때마다 그는 난감해 했다. 나는 어머니 몰래 이불 호청 귀퉁이를 뜯어서 목화솜을 빼내어 갖다 주었다. 이 일을 고맙게 여긴 듯 그 장교가 나에게 말을 건네기 시작하였다. 그는 군복을 입었지만 가끔씩 미소 지울 때는 영락없는 귀공자 모습이었다. 어쩌면 무료하기도 하였을 그는 말할 상대가 필요했을지도 모른다. 우리 둘은 마치 친구처럼 여러 이야기들을 나누게 되었다. 그의 아버지는 큰 농장을 운영했던 지주로 나중에 국가에 땅을 몰수당하기는 하였지만 그는 나름 유복한 집안에서 자랐고 그가 김일성 대학 출신이라는 사실도 말해주었다.

다음 그 다음 날이었을까? 그 날 아침은 내가 어머니가 차려준 밥상을 들고 사랑채로 내갔다. 꽁보리밥에 호박잎 찐 것과 텃밭에서 가꾼 열무 겉절이에 된장찌개뿐인 밥상이 너무나 초라한 생각이 들었다. 그래도 전쟁 와중에 그만하면 우리로서는 자급자족하는 최상의 밥상이었다. 해가 한나절이나 되었을 때쯤 그가 아픈 다리를 절며 마당에 나와 앉아 햇볕을 쬐고 있는 것을 보고 나는 호기심이 생겨서 슬그머니 그 옆에 가서 앉았다. 날마다 쳐다보는 하늘인데 그날따라 하늘이 맑고 높아 보였다. 하얀 솜털 같은 구름이 흐르는 파란 하늘이 정겨워 보였다. 꽤 오랜 침묵이 흘렀다. 그가 말문을 열었다. “우리끼리 왜 싸워야 하는지?” 평소와 다르게 묵직한 음성으로 의문을 던지더니 “우리가 힘이 없기 때문이지”라고 자문자답(自問自答)하며 한탄하듯 말했다. 나는 침묵하며 다음 말을 기다렸다. 그는 친절하게 중학생 수준에서 이해할 수 있게 그 상황에 대하여 설명해주었다. 며칠 후 퇴각하는 인민군 야전병원 소속 지프차가 신작로를 따라 다가와서 그 장교를 차에 태워가게 되었다.

그 장교는 자기 이름은 리인수(李仁秀)라 하고 인민군 대위로서 선무

공작대(先撫工作隊) 소속이라 했다. 자기의 평양 집 주소와 전화번호를 써주면서 전쟁이 끝나거든 평양으로 놀러오라 했다. 휴전선이 굳어서 나라가 영영 두 동강날 줄을 그는 생각조차 못하였던 것 같다. 산골 촌뜨기 아이인 나에게 평양 방문이 가능하기나 한 일인가. 오랜 친구와 헤어져야 하는 듯 머릿속이 아득해지면서 어린 마음에도 뭔가 영 이별을 앞둔 양 슬픔 같은 것을 느꼈었다.

선무공작대에 관한 기억도 생생하다.

6·25전쟁이 터지고 인민군이 우리 마을을 점령하고 뒤따라 들어온 말쑥한 장교복을 입은 선무공자대원들이 낮의 미군 폭격을 피해서 밤마다 교양시간에 마을 강가에 우리를 모이게 하였다. 나가지 않으면 반동분자로 몰려서 가족 일솔이 행방불명이 되는 것을 본 마을 사람들이 겁이 나서 모두 나와 모였다. 그들은 노래부터 가르쳤다. 김일성 장군, 스타린 대원수, 북한 애국가, 밭갈이 타령 등을 배웠다. 잘못 부르면 집으로 돌려보내지 않았다.

하도 열심히 노래불러서 70여 년이 지난 지금도 기억에서 사라지지 않는다. 순수한 마음으로 돌아보면 저들의 "밭갈이 타령"은 아름다운 가사에 정겨운 멜로디였다.

나는 나이가 들면서 '우리가 힘이 없기 때문에 싸운다.'라는 리인수 인민군 대위의 이야기 속에 담겨 있던 그의 역사관과 세계관을 이해하고 그의 말을 믿게 되었다. 나는 리인수 인민군 대위가 진정으로 나라를 사랑한 사람이었다고 생각하게 되었다. 몇몇 이념을 달리하는 정치인들을 제외하고는 남북이 서로 원수로 여기게 된 것은 6·25전쟁 민족상잔(民族相殘)의 아픔이 국민 모두의 깊은 상처로 남은 후의 일이었다. 학교에서는 〈반공 반일. 북진통일〉을 국시(國是)처럼 가르치면서 국민들 사이에 이북(以北)을 원수로 여기는 관념이 뿌리 깊게 자리 잡게 되었다.

아! 남북전쟁 이전으로 돌아갈 수는 없는 것일까!

리인수 인민군 대위는 살아서 자기 고향 평양으로 돌아가기나 했을까? 나는 오늘도 리인수 인민군 대위의 말을 되새긴다. 저들의 이해타산(利害打算)에 따라 우리를 갈라놓은 주변 열강의 간섭을 뿌리칠 힘이 우리 안에 생기면 우리끼리 싸울 이유도 없이 민족이 단결하는 길이 열릴 수 있을 것이다. 통일이 되어 남북이 힘을 합하면 우리는 진정한 세계 강대국의 대열에 오를 것이라고 믿는다.

"힘이 없어 우리끼리 싸운다."던 그의 말이 유훈(遺訓)처럼 다가오는 오늘 이 아침에 리인수 인민군 대위의 명복을 가슴 아프게 빈다.

하늘은 스스로 돕는 자를 돕는다.

나의 85회 생일과 고마운 제자들

혼자 있는 고요함이 얼마나 자유로운지 경험해 보지 않고는 절대로 이해할 수 없을 것이다. 이 정적(靜寂)을 天國이 따로 있을 수 없다는 생각으로 즐기는 나에게도 기다려지는 만남 세 가지가 있다. 주말마다 손녀 셋을 앞세우고 오는 아들 내외, 태평양 건너에서 여름 겨울 휴가 내어 귀국하는 딸 그리고 특별한 정성이 깃든 〈오선주를 사랑하는 모임 = 오사모〉의 연례행사이다.

오사모는 이미 오래 전부터 해마다 9월에 들면 나의 생일잔치를 열어 주고 있다. 특히 오사모가 주최하고 청주법대 81·84학번이 주축이 되어 나의 팔순 잔치를 크게 열어 준 일은 주변 퇴임교수들의 부러움을 샀었다. 2020년 코로나19가 창궐하여 때를 미루다가 역병 기세가 꺾이지 않자 오사모 측은 나의 여든 다섯 번째 생일 축하를 해를 넘길 수 없다며 11월 7일로 날을 정해서 마침내 나는 이 잔치의 주인공으로 초대 되어 한껏 호사를 누렸었다.

내가 청주 비하동에 있는 〈팔팔 문어전복탕〉 집에 도착했을 때는 이미 오현진 회장님을 비롯하여 오사모 회장 최병록 소장과 회원들이 나를 기다리고 있었다. 반가운 인사를 나누고 화기애애한 분위기가 무르익을 무렵 主食 문어전복탕이 나왔다. 문어는 익힐수록 질겨지고 맛이 떨어

왼쪽부터(존칭 생략); 최병록 오현진 장정숙 이계성 권오명 탁진우 원영철 권태호 오선주 정은하 홍성찬

지는데 이 料亭에서는 아무리 끓여도 문어가 부드러운 비법을 개발했다고 한다. 커다란 냄비에 배추 팽이버섯 부추 마늘 등을 깔고 그 위에 비법 따라 숙성시킨 문어와 살아 있는 전복을 넣고 거기에 따로 마련된 육수를 부어 보글보글 끓이니 그 맛이 가히 天下逸味라 할 만큼 훌륭하였다. 법대 선후배간에 덕담을 나누고 세상 돌아가는 경험 이야기로 잔치 분위기는 최고조에 다다랐다. 나에게 건네는 축복 인사도 정겨웠다. 우리는 즐거운 담소를 나누다가 최병록 소장이 예약해둔 미원 소재 수목원(樹木園) 별장으로 가서 다시 막걸리 파티를 열어 밤이 깊도록 묵은 정을 나누었다. 그 날 동참하신 오사모 회원들의 면면을 여기에 적어 감사에 가름하려 한다.

오현진(吳顯鎭) 회장님은 나와 청주대학교 전임강사 취임 동기이다. 따라서 초기 〈오사모〉와 관계없는 유일한 분으로 청주 법대 65학번이시다. 청주대 학내 문제로 열린 교수회의에서 오현진 교수님이 논리 정연한 소신 있는 발언을 하는 모습을 인상 깊게 보아서 내 기억에 남은 분이다. 후일 오현진 교수님이 학생처장 직무를 수행할 때 나는 여학생 담당 부처장 직을 수행하게 되었다. 왼쪽 사진은 교내 행사 때 개회사 겸 격려사를 하시는 오현진 교수님의 모습이다. 뒤에 정용태 총장님과 나 오선주가 앉아서 경청하고 있다. 어느 핸가 오 회장님이 오사모 회원을 저녁 식사에 초대한 것이 인연이 되어 이후 오사모에 참여하시게 되었다. 오사모 회원들은 오현진 선배를 마치 오사모의 명예회장처럼 존중하고 있다. 젊은 시절 애써 富를 축적하신 분이 벌써 몇 년 째 오사모 회식비를 기꺼이 감당해주고 계신다. 주변의 사랑하는 사람들을 위하여 아낌없이 빛나게 베푸시니 고맙고 부럽다. 문예 작품의 명언 명구를 줄줄이 낭송하며 낭만을 즐기시는 모습은 놀랍다. 같은 吳門의 후손인데다가 내 나이가 많아서 오 회장님이 나를 누님으로 예우(禮遇)해 주시니 과분하고 고마울 따름이다.

권태호(權泰鎬) 변호사님은 법대 73학번으로 내가 청주 법대 교단에 서기 전에 이미 사법시험에 합격하고 서울 법대 출신 일색인 검찰 조직에서 단연 돋보이는 존재로 요직을 두루 거치면서 검사장 자리에까지 올라 있었던 분이다. 학문에도 뜻을 둔 권태호님의 석사 논문을 읽어〔監修〕 준 것이 인연의 시작이었다. 박사과정에 들어서 우리는 師弟간이 되었고 이 貴한 인연으로 오늘에 이르기까지 나를 깍듯이 받들어주는 의리 있는 분이다. 권태호님은 항상 청주법대의 구심점이었고 후배들의 롤 모델이 되어주고 있다. 최장수 검사라는 진귀한 기록을 세우면서 검찰 정년퇴임 후 〈청주로〉 로펌을 운영 중이다. 권 변호사님이 경기도 안산 검사장으로 발령 받았을 때 딸아이 심부름 보냈는데 너무 멀고 시간도 오래 걸린다고 떠날 때 시무룩해서 간 아이가 돌아왔을 때는 환한 미소를 띄고 있었다. 권태호 님이 크게 환대해 준 것이 틀림없다. 本性이 고운 분이시다. 장정숙 동문이 촬영해 두었던 오사모 모임 동영상을 최근에 공개했는데 권변호사님 얼굴에 五福이 꽉 차 있는 것을 이때야 알아차렸다.

원영철(元永哲) 교수는 법대 79학번으로 내가 청주 법대에서 첫 강의할 때는 2학년이었다. 두뇌가 명석하고 예의 바른 미남 학생이었다. 국제법으로 박사학위 마친 직후 젊은 나이에 교수가 되었다. 국제법을 기본 전공으로 연구하면서 그에서 파생되는 사안에 이르기까지 학문 영역을 넓혀가며 저서를 집필하는 등 학문적 열정을 놓지 않고 있다. 원 교수는 오사모 회원들을 치악산으로 초대해서 바비큐 요리 솜씨를 뽐냈다. 그날 밤 치악산의 별들은 정겹게 빤짝이고 있었다. 영화 속 장면처럼 아름다운 추억이다. 다음 날 아침 치악산 九龍寺 참배의 기회가 주어진 기쁨도 잊을 수 없다. 그는 제자이면서 각종 모임에 나타날 때면 항상 나의 보호자임을 자처하여 내게 위안을 준다. 최근에 그는 군사학 관련 책과 교권에 관한 지침서를 펴내는 등 진지한 학구파이다.

최병록(崔秉錄) 전주교도소 소장은 법대 81학번으로 청주대를 빛내는 또 하나의 별이다. 그는 서울로 유학 못간 것이 恨이었다. 법대학생회장이 되었을 때 그는 리더쉽을 과시했다. 그는 교도소 수감자들의 再社會化를 위해 우수한 교도관이 절대 필요하다는 신념을 갖고 교도관의 길로 들었다. 교도관으로 임용된 후 모든 승진시험에 응시·합격을 거듭하며 일선 교정행정의 정상에 올랐다. 상주교도소장 시절에는 전국 112개 교정기관의 근무환경 기관장 평가 등 총 8개 항목의 만족도 조사에서 전국 1위를 기록하였다. 기관장으로서 무작위로 뽑은 직원 서른 명으로부터 인간성 등 평가에서 만점을 받은 기록은 그 세계에서 아마도 처음일 것이다. 그가 교정 행정 선진화에 크게 공헌하였다는 생생한 증거가 아닐 수 없다. 교정 교화의 기본은 수형자들의 말에 귀를 기울여 들어주면서 "마음의 목욕"을 시켜주는 것이라는 사실을 터득한 道人이다. 2013년, 내가 동남아 불교성지 순례 길에 오르기 위해 인천공항에 대기 중인데 어떻게 알고 그의 후배를 시켜 "즐거운 여행되세요."라고 쓴 두툼한 봉투를 보내서 나를 깜짝 놀라게 했다. 그의 주변을 살피는 배려심이 여행 내내 나의 마음을 훈훈하게 해 주었다. 그는 의리의 사나이다. 법대 학생회장 후보로 선거 준비에 心身이 바쁜데도 불구하고 나의 어머니 장례식에 참석해서 나를 위로해 주었다. 멀리 경북 영양까지 함께 와 준 박관수 군도 참으로 고마웠다.

1986년 봄. 어머니 초상 때, 고향 葬地까지 와 준 최병록 회장과 박관수 2학년 과대표

"뜻이 있는 곳에 길이 있다"란 말을 신념처럼 몸에 담고 사는 최 소장이 2021년 6월 정년퇴직한다는 소식이다. 33년 긴긴 세월 그 어려운 길에 들어 성공적으로 이임하는 그의 노고에 찬사를 보내며 복되고 멋진 제2인생 살기를 바란다.

이계성(李啓星)님은 근년에 정은하님의 추천으로 회원이 된 오사모의 새별〔新星〕이다. 법대 81학번. 그는 "신뢰를 원칙"으로 삼는 금융계에 우뚝 선 共認된 人材이다. 졸업 후 어느 날, 시험을 잘못 보았었는데 교수님이 95점을 주셔서 무안하였다고 했다. 答案이 본인 기준에서 만족하지 못했을 뿐 상대적으로 우수하고 공들여 쓴 것이 평가 받았을 것이었다. 그는 진천 어느 교회 목사님의 아들로 자라났다고 했다. 義롭고 德性스럽고 外柔內剛한 청교도적 성품은 父親의 인품에서 물려받은 것 같다. 그는 또 "늘 행복한 삶"을 추구하는 밝고 긍정적인 심성을 지녔다. 위와 같은 그의 성품이 그가 출세가도를 달리게 해주는 원동력이 되었다고 나는 믿고 있다. 그는 "공공성이 중요시 되는" 금융계에 들어 착실하게 자기 위치를 다져가던 중 1997년에 국가부도 IMF 직격탄을 맞았을 때 이를 극복하기 위해 선진금융제도를 연구하고 금융 리스크 관리법을 배우기 위해 외국의 앞선 은행을 찾아 벤치마킹하고 지침서를 번역하는 등 공로가 컸다. 마침내 KB국민은행 여신그룹총괄 부행장 직에 올라 모교에 영광을 안겨주고 후배들의 귀감이 되고 있다. 사람이 보석처럼 빛나는데 용모마저 단정하다.

장정숙(張貞淑) 사장은 법대 82학번으로 현재는 "공장 부동산 전문" 공인중개사로 일하고 있다. 학생시절의 수줍음 타던 모습으로는 상상조차 할 수 없는 長足의 발전이다. 그는 1학년 가을 자기 집 농장에서 수확한 향긋하고 광채를 띈 빨간 홍옥 사과 한 개를 나에게 선사해 주어서 깊은 인상으로 남았다. 제주도 졸업여행에도 동참 못하게 하실 만큼 부모님이 엄격하셨는데 오사모 모임에서는 경기민요 창부타령을 불러 인기를 독차지 하고 있다. 그가 즐겨 만드는 "가을 색이 조화를 이룬 낙엽"을 주 재료로 한 작품은 예술가의 경지에 이르고 있다.

웅장한 산세가 아름다운 대관령 고개를 함께 넘은 장정숙 사장과 오선주(左)

나이가 비켜간 미모에다 心性이 곱고 정서적으로는 주변을 품어 안는 매우 아름다운 사람이다. 2019년 정월에 1박 2일 기획으로 인천 영종도 자기 아파트로 우리 오사모 회원들을 초대해주었는데 빈틈없는 준비와 그 정성이 끝 간 데가 없었다. 그날의 행복했던 기록 영상을 금년 가정의 달에 공개하여 우리 모두에게 깜짝 기쁨을 주는 센스 만점 여인이다. 나의 정년퇴임 후 삶이 쓸쓸 하려나 염려한 장 사장이 차를 운전하며 권오명 교수와 셋이서 강릉 동해바닷가에서 2박 3일을 즐기게 해 주었다. 모처럼 시간 내어 갔는데 바람이 강해서 〈입수금지〉령이 내려 모래사장만 걸었다. 대관령 가장 높은 휴게소에서 장정숙 사장과 함께 찰칵했다. 뒤에 보이는 기암괴석이 웅장하다.

권오명(權五明) 교수는 법대 83학번으로 나에게서 학사 석사 박사 과정을 이수하였다. 매사 판단력이 정확한 것이 그의 장점이다. 행동도 민첩하여 조교 업무도 잘 해냈었다. 결단력과 모험심도 있는데다가 학구열이 높아 일본과 캐나다에 건너가서 각기 그 나라 형사법 공부를 하였다. 참을성 있게 연구에 매진하더니 나의 박사 여덟 명 중 단 하나의 여성 박사로 학위를 받아 지금까지 애틋한 인연을 이어오고 있다. 교양이 쌓일수록 안으로부터 빛나는 아름다움이 품어 나오고 있다. 그의 정직한 성품이 빛을 더하는 것 같다. 운동을 좋아해서 한동안 골프에 열을 올리더니 요즘은 마라톤 완주 자가 되어

권오명, 법학박사 학위 받은 날. 스승 앞에서의 예의로 박사모자는 벗었었나 보다.

뛰고 있다. 건강 다지면서 학업에도 계속 정진하기를 바란다.

정은하(鄭銀河)님은 법대 84학번. 교실에서 귀염둥이로 학우들 간의 인기가 높았었다. "그랬슈. 맞아유." 같은 구수한 충청도 사투리에 애교가 넘치는 한편으로 어찌나 다부진지 남학생들을 제압하는 氣槪가 있었다. 공부도 잘하는 우등생이어서 항상 당당하였다. 그는 법대학생회장을 지낸 최병록군을 남편으로 택하였다. 은하는 분명 남편을 잘 내조하는 마님이 될 것이라 믿어 나는 은하에게 "御夫人"이란 첩지(?)를 내렸다. 이 모임의 유일한 夫婦 회원이다.

은하는 오사모 회장 아내로서의 동반이 아니라 은하 자신이 법대 출신이기에 당당한 회원이고 오사모의 윤활유와 같은 존재다. YWCA 참여 등 자기 자신의 능력을 사회에 환원하며 사회적 기여를 아끼지 않아 왔다. 금년엔 충북여성재단 사업으로 〈성 평등〉을 지향하는 동화책 만들기에 참여하여 〈선녀는 참지 않았다〉를 펴내어 당찬 여성상(女性像)을 강하게 심었다. 家和萬事成의 가르침을 몸소 실현하는 표본 같은 사람이다. 현대적 의미의 빼어난 현모양처이다.

최병록 군이 은퇴 후를 생각하여 가꾸는 송정 농장에서.
좌로부터 최병록 탁효정 정은하

김용희(金容禧) 교수는 법대 85학번. 하얀 피부, 훤칠한 키에 반항 끼가 서린 눈빛을 지닌 미남이다. 양방 한방을 겸한 병원 원장님이신 아버지 덕에 경제적으로도 유복해 보였다. 학생운동이 한창이던 어느 날 대열에 앞장 선 그를 보고 고민 끝에 그를 불러 앞날이 九萬里인데 한 때의 결기(結氣)를 再考하라 인간적인 대화를 나누었다. 이 후 김 군은 뜻이 통하는 학우들과 "淸讀學會"를 구성하여 면학의 길을 걸었다. 형사법에 흥미를 보이더니 내 앞의 다섯 번째 박사가 되었다. 교수직에 들어 현재는 교무처장이란 중책을 수행하고 있다. 김 군은 역사와 더불어 시대를 읽는 밝은 눈을 지녔고 그 흐름을 논리에 맞게 분석하는 탁월한 능력을 지녔다. 일찌감치 사과농장을 일궈 은퇴 후를 준비하는 지혜도 지니고 있다. 年老하신 부친을 잘 섬기더니 당뇨 고혈압 등 오랜 지병이 사라졌다 한다. 그의 효성이 지극하여 하늘이 감동하셨나 보다. 前途 유망한 人材로 믿어져서 김 군에게 거는 기대가 크다.

오원근(吳原根) 변호사는 86학번으로 청주대학교 淸錫軒 출신이다. 司試에 우수한 성적으로 합격하고 그 수준에 따라 서울중앙지검 검사로 첫 발령을 받아 모교에 연속 朗報를 보냈다. 어느 계기에 검사직을 "때려치우는" 氣槪와 果斷性으로 그의 순수성을 내보이더니 〈검사 그만뒀습니다.〉란 自傳的 책을 냈다. 그의 강직한 정의감과 청렴함이 숙연하게 전해지는 내용들이다. 그는 "정의는 법률 조문에 새겨져 있는 것이 아니라 상식과 순리를 따를 때 구현된다."고 스스로 깨우친 법철학자이다. 국민 참여제도가 도입되고 첫 재판에서 증거의 중요성 〈재판은 증거에 의한다.〉는 刑訴法의 원칙을 강조 실현해 보였다. 그는 우수 검사 경력과 탄탄한 실력과 자기 소신을 바탕으로 크게 발전할 것이다. 나는 그의 무심한 듯 보이는 무표정 속에 섬세한 인간미가 스며 나오는 것을 느끼곤 한다. 오 변호사는 MBC 〈PD수첩 (2021. 01. 19.)〉에 초빙되어 어려웠던 기결 형사사건에 대하여 정리하고 명확한 평가를 해 주는 등 여전히 사회적 신망에 보답하고 있다. 그가 청주대 출신이란 사실이 새삼 자랑스럽다.

홍성찬(洪性燦)님은 내가 낯설다 여겼더니 05학번이라 했다. 나의 퇴임 후 입학생으로 교단 인연은 없으나 오사모 회원이 된 이래 친숙한 사이가 되었다. 인성이 원만하고 겸손하여 회원 모두의 호감을 사고 있다. 공무원 생활을 하면서 자연에 심취해서 산을 오르다가 어느 결에 약초에 관심이 생겨서 이젠 山草에 관한 만물박사가 되어 山神靈이란 명예로운 별명까지 얻고 있다. 深山에서 캔 산삼을 술에 담가 두었다가 잘 숙성시킨 후 아낌없이 오사모 모임에 들고 나와 애주가들의 환호를 받는다. 오사모가 매년 9월에 모이는 것이 정기 연례회인데 홍성찬님이 2021년 4월, 자기 山莊에 우리를 초대해서 임시 모임을 기다리는 즐거움을 선사하였었다. 이 계획은 아쉽게도 COVID-19 때문에 불발이 되었다. 내년 신록에는 우리 모두 모일 수 있으려나 소풍을 앞둔 아이처럼 기다려진다.

탁진우(卓鉁于)는 成均館大 경제학과 87학번. 내가 정년퇴임한 이후부터 나의 청주 나들이를 도와주는 성실한 운전기사이고 믿음직한 호위무사(護衛武士)이다. 오사모 모임의 가장 낮은 곳에 앉아서 말 한번 끼어드는 일 없이 밥 먹고 술은 마시는 시늉만 하는 등 자기 분수에 맞게 처신해 온 것 같다. 올해로 스무 번째 이 모임에 참석하였는데 어느 결엔가 신기하게도 진우는 오사모 회원들의 사랑을 받으며 친분이 두터워진 듯 보인다. 감사한 일이다. 나는 진우에게 내가 죽은 후에도 이 모임은 해체되는 일 없이 계속 이어져 갈 것이 틀림없으니 너도 계속 선배님들 잘 모시라고 일러두었다. 나는 겨우 남매를 두었는데 딸 孝貞이는 바다 건너에 살고 있어서 저들 남매끼리 교신으로 우애를 다지고 있을지언정

실질적으로 아들 진우는 문자 그대로 외톨이인데 오사모 회원 여러분들께서 사랑해 주시니 다행스럽고 감사하기 그지없다.

진우는 나의 백과사전이고 무료도서관이다. 하루가 다르게 변화하는 현실에 적응하려고 시도 때도 없이 전화로 물어본다. 특히 컴퓨터 PC에 관해서는 사용 중에 길이 막히면 밤낮을 가리지 못하고 질문한다. 아들은 항상 친절한 말로 나에게 용기를 주고 긍정 마인드를 심어준다. 이 기특한 아들은 나의 황혼에 둘도 없는 인생 최고의 버팀목이고 흉허물 없는 동반자이다.

〈오선주를 사랑하는 모임〉은 내 인생에 가장 귀한 하늘이 내린 내 가슴에 빛나는 훈장이다. 오사모가 있어서 내 말년이 진정으로 행복하다. 내 주변에 오사모 같이 스승을 위한 모임이 있다는 소식을 아직 들은 적이 없다. 나는 스승이기는커녕 남편을 대신한 가족 생계를 위한 월급 쟁이었던 80년대 초기 교수시절을 돌아보면 참으로 부끄럽기 그지없는데 뜻 밖에 최병록 회장을 비롯한 그 시절 제자들이 나의 말년을 이렇게 행복하게 해 주고 있다. 〈오선주를 사랑하는 모임〉 회원 모두를 위해서 天國의 福을 예약해 드리는 기도가 나의 유일한 답례이다. 내가 영혼이 되어도 이 기도는 계속 이어질 것이다.

금년, 2021년의 오사모 모임은 코로나 창궐로 엄격한 격리제가 시행되어 자칫 모임 자체가 어려워 보였었다. 다행하게도 11월 1일부터 With COVID-19 시대가 열렸다. 오사모 집행부가 오래 전에 정한대로 11월 20일 모임을 소집하였다. 부지런하고, 빈틈없이 기획하고 그대로 실행하는 능력을 겸비한 장정숙 사장이 인천 영종도 바닷가 경치 좋은 황토방 펜션 3층을 전세 내어 우리는 다시 한 번 1박 2일의 즐겁고 행복한 모임을 가졌다.

장정숙 사장의 초대로 영종도에서 가진 올해의 오사모 모임

헤어지기를 아쉬워하는 분들의 안타까움이 컸다. 집으로 돌아간 후에도 비몽사몽간에 그 날의 행복에 취해 있다는 말이 단톡방에 떴다. 그래도, 내년 4월에 충북 보은에 있는 〈하얀 민들레 기와집 마을〉에서 다시 만나기로 한 기획 발표는 아쉬움을 달래준다. 기다림은 그리움이 고이는 시간이기에 기다림은 또 하나의 행복이다.

한 가지 후회가 인다. 내 일기장에 모임 사실만 적었고, "제 몇 회"라 적지 못한 것이다. 나의 정년퇴임 이후의 기억이 나는 것을 보면 최소 20회는 되어가는 것 같다. 이 사랑의 모임을 어여삐 보시는 하느님께서는 기억하시고 축복하고 계실 것 같다.

영원한 삶은 없으니 내가 사라진 후에라도 "오사모"는 이름을 바꿔가면서 오래도록 서로 사랑을 나누는 모임으로 남기를 기원한다.

훌륭한 정신을 갖는 것만으로는 부족하다.
중요한 것은 그것을 올바른 방향으로 이끄는 것이다.
—Descartes

황금 열매가
주렁주렁
맺힌 나무

광복 이후 한강이남 제1호 대학 청주대학교에 몸담게 된 것은 내 일생의 큰 행운이었다. 淸大는 1947년에 대학으로 인가 받고 81년에 종합대학교로 승격하였다. 청주대학교는 그 설립 자체가 전설이다. 아홉 살 형 金元根과 일곱 살 아우 永根 형제가 가난을 이겨보려고 고향 경주를 떠나 조치원에 자리 잡고 온갖 역경을 이겨내며 마련한 돈으로 세운 淸錫學園 산하 대학이다. 1947년 대학 인가를 내 준 당시 문교부장관 吳天錫 선생이 감사의 점심에 초대 받고 나가니 김영근 선생이 "냉면 한 그릇" 대접 하더라 라는 이야기는 청대 설립자 형제분이 얼마나 알뜰하게 살림하였는가를 극명하게 전해 주는 일화이다. 청주대학교가 배출한 인재가 中原 일원에는 물론 전국 각지에서 일하며 값진 공적을 쌓고 있다.

내가 청주대학교에서 23년 봉직하면서 길러낸 열매도 많다. 나 자신 이미 80의 중턱을 넘어 90을 바라보고 있으니 絶對神이 언제 나를 召天하실지 가늠해 봐야 할 때가 되었다. 人命在天이라 하였으니 내 기억력이 이 정도일 때 잘 자라준 제자 여러분들에게 감사의 마음을 남겨두고 싶어서 간략하게 대강 간추려 적는다. 자신에게 살갑게 다가오는 사람을 기억하게 되는 것은 인지상정(人之常情)이라 내 인생에 고마운 제자들이 먼저 기억에 떠오른다.(오사모 회원들에 관련해서는 〈나의 85회 생일과 고마운 제자들〉에 기록하였으므로 여기서는 중복을 피한다.)

법대에 입학하면서부터 형법을 좋아하고 수묵화를 그리는 감성까지 갖추고 지금까지 성실하게 일편단심으로 나를 위해주는 유태정(柳兌政) 교수. 그는 중부대학교 교수직에 올라 첫 월급을 받고 나서 와콜製 양장용 속치마를 사서 감사의 편지와 함께 우편으로 보냈다. 직접 들고 가면 안 받으실까 봐 우편으로 보내니 용서하시라는 편지가 동봉되어 있었다. 나는 이를 받고 감격하였고 그 속치마 입기가 아까워서 아직까지 장롱서랍에 간직하고 있다. 그는 나의 건강을 염려하여 명절마다 금산 홍삼제품을 보내고 철철이 전복 등 보양음식을 보내고 있다. 아들 하나 더 둔 기분이다.

태생적으로 성실한 김덕용(金德容) 교수. 그는 깔끔한 석사 학위 청구 논문을 써서 나를 놀라게 했었다. 과묵한 성격인데 독일어를 잘해서 내 기억에 남았었다. 내 앞의 세 번째 박사이다. 그는 노모와 조모님을 함께 모신 지극한 효자이다. 家計를 위하여 변호사 사무실 사무장으로 취직하고 실력을 과시하고 신임을 쌓아 高收入을 누리게 되었었다. 항상 학문을 숭상하여 학계에 뜻을 두더니 그 탄탄한 직장을 버리고 외롭고 가난한 학문에의 길로 돌아와 후진 양성에 온 정성을 기울이고 있다. 그의 인간미가 그대로 투영된 행보를 보여주고 있다. 참으로 기특하다 아니할 수 없다.

朝鮮 歷史上 中原 터줏대감으로 명성을 다져온 가문에서 오랜 家業을 이어받아 발전시키고 있는 청주 라마다 호텔 회장 송관휘(宋官徽)님. 守城하기에도 벅찬 현실 속에서 물려받은 사업을 擴張해나가는 力量을 발휘하고 있다. 학생 시절 아담한 美少年이었던 그에게서 놀라운 발전을

보고 있다. 李元鐘 충북지사 재임 시절 청주에 제대로 된 시설이 없어 각종 큰 행사를 他道에 빼앗긴다고 한탄하였었는데, 宋회장은 시대에 부응하는 호텔을 짓고 세계 수준급 시설과 최선의 서비스로 청주지역 문화 경제 발전에 크게 기여하고 있다. 고맙게도 나의 팔순 잔치 때 행사장을 제공하고 여러 가지로 많은 도움을 주어 내 팔순 잔치가 빛났었다. 이 지면을 빌어 다시 한 번 고마운 마음을 전한다.

청주대 넓은 교정을 바람처럼 누비며 법대학생회장직을 잘 해낸 KBS의 England Kim, 김영국(金英國) 국장. 그는 NL과 PD 둘로 갈라진 학내 운동권 학생들의 갈등 속에서도 총학생회의 총무부장을 맡아 학생회 활동을 질서 정연하게 수행해 낸 법대의 자랑이고 淸州大의 얼굴이었다. 그는 紳士형 외모와 달리 決氣 있는 행동파였다. 신임학생회장단이 선출되면 학생회 관련 利權 챙기는 업체들로부터 유혹이 들어오고 간부들은 "관례처럼 면책"을 누리며 그들로부터 활동비 명목으로 봉투를 챙기고 있었던 그 惡習의 고리를 "김영국은 끊었다." 턱 없이 고가여서 졸업 앨범을 챙기지 못한 학생이 수두룩한 현상을 바로잡은 것은 김영국 총무의 큰 공로 중의 하나이다. 학생신분임에도 불구하고 학교 당국을 향하여 우수 교수 초빙을 위한 대책 등을 건의한 당찬 학생이었다. 선망의 직장인 KBS에 입사한 후에도 社規 시험 합격 등 機會마다 法大人으로서의 素養을 과시하고, 인기 프로 "100人토론", "피플, 세상 속으로" 등을 기획하여 실력을 인정받아 PD직에 오르고 마침내 〈KBS 방송 본부장〉이 되었다.

울산 경찰청 이동규(李東圭)님. 승진도 마다하고 적성에 맞는 정보과장 직을 오랜 동안 수행하다가 지금은 울산 남부 경찰서 청문감사관(감찰)으로 봉사하고 있다. 정직하고 열성적인 그는 사회 첫출발을 울산에서 시작하여 오늘엔 울산 터줏대감으로 알려져 있다. 우리나라 경제 성장을 선도한 울산 태화강변 공업지대가 지금처럼 안전한 치안상태를 유지하게 되기까지 그의 숨은 공로가 크다. 군 복무를 무사히 마치고 복학한 그는 체형도 우람해져 있었고 인간적으로도 훌쩍 성숙해지고 있었다. 내 건강을 위하여 손수 칡뿌리를 캐서 다듬어다 준 가슴이 뜨거운 제자이다. 그의 安信 연락 받을 때마다 칡 향이 코끝에 스치는 듯 그리운 추억을 남겨 준 "사나이"다. 언제부터인가 해마다 제철이 되면 표고버섯을 보내주고 있다. 나는 이를 귀히 여겨 잘 썰어서 정성들여 말려두면 일 년 내내 양념으로 쓴다. 잡채에도 넣고 내가 좋아하는 미역국에는 듬뿍 넣는다.

내 아버지의 初喪 때 경북 영양 선형 葬地까지 학생회장 당선자 최병록 군과 동행하여 온갖 수고를 감당해주었던 박관수(朴寬洙) 사장. 그는 일찌감치 사업에 눈을 돌렸다. 기회마다 영양음료 등을 인편으로 보내주어서 고단한 나를 위로해 주었다. 끼가 넘쳐서 음악에도 조예가 깊다. 오카리노 보급에도 열성적이다. 인연이 닿아 나의 팔순 잔치 때는 장정숙 사장과 함께 사회를 맡아서 잔치 진행을 원활하게 이끌어주었고 색소폰을 멋들어지게 불어 축하 분위기를 북돋우어 주었다. 고마웠다. 그의 사업이 오래도록 번창하기를 빈다.

윤민원(尹敏遠) 교수는 특별히 마음에 남는 제자이다. 1994년 파리에서 열린 FIDA(세계여성법률가회의)에 내가 한국 대표로 참석하였을 때 회의가 진행되는 2주 동안 자기 일을 전폐하고 통역 교통 호위 등 헌신적으로 도와 준 尹敏遠 교수를 잊을 수 없다. 당시 우리 법대 입장에서 보면 그는 드문 파리 유학생이었고 나와는 전공을 달리 하면서도 사랑으로 돌봐주었다. 파리에는 관광여행으로 이미 두 번이나 다녀왔어도 주마간산(走馬看山)격 여행이었고 막상 국제회의의 복잡한 일정에 맞추어 시간 안에 정해진 회의장을 찾아가기 등등 나에겐 여간 어려운 일이 아니었다. 다른 나라는 최소 복수(複數)의 대표를 보냈고 나이제리아 같은 나라에서 40여 명의 변호사들이 참석하고 있었는데 고액의 참가비와 비싼 항공권 등으로 우리나라에서는 참가 희망자가 없었다. FIDA 한국 담당 부회장이었던 인하대학교 배경숙 교수의 간청으로 나는 아들이 축적해둔 마일리지를 사용하여 파리로 갔었다. 하여, 한국대표 나만 외톨이어서 매우 힘들었었다. 尹 교수의 노고가 아니었다면 나는 꽤 고생하였을 것이다. 회의 마지막 날 파리 시장 Jaque Chirac(후일 대통령) 초대 만찬이 있었는데 尹군은 에펠탑 3층에 있는 〈에따쥬〉란 레스토랑까지 안내해 주고 만찬이 자정을 넘기는 늦은 시간까지 나를 기다려 주었다. 오를리 공항까지 배웅하려 직접 차를 몰고 나와 나를 태워다 준 그의 정성을 어찌 잊을 수 있을까. 요즘도 그 때를 회상할 때마다 가슴이 짜안하다. 윤민원 교수의 행복을 빈다.

법대 4년간 검찰청 장학생으로 졸업하고 해태제과 본사에서 채권 추심 업무를 맡아서 단박에 신임을 얻었던 김상수(金尙洙) 부장. 김상수 군은 가정 형편이 어려웠으나 구김 없이 맑은 사람이었다. 첫 월급을 받고 곶감 한 상자를 사서 나의 연구실을 찾아왔었다. 그의 형편상 山蔘을 받았다 해도 내게는 그보다 더 귀할 수 없었을 것이다. 얼마 후 건강이 좋지 않다는 소식이 들리더니 연락 두절이 되었다. 무슨 일이 있었을까? 안타깝다. 그의 소식이 궁금하다.

아버지의 서가에서 일본 현대형법의 아버지라고 존경 받는 형법학자 牧野英一 교수의 형법총론 각론 부록 합해서 세 권을 내 연구를 위해서 갖다 준 청주KBS 윤세정(尹世禎) 대 기자. 윤세정 군은 복학생이었고 학생들 사이에서 신망도 높았다. 애수가 어린 듯 반항기를 머금은 듯 그윽한 눈매로 나를 바라보곤 했었다.

학교 행사 기회마다 앞에 나가 두 팔로 큰 원을 그려 들어올리며 나를 향하여 “어머니이!”를 선창하며 합창을 유도하고 힘을 실어주던 姜연성 사장. 하얀 피부에 미남형이었던 그는 내가 살던 신라 아파트에 살면서 뭣이던지 갖다 주려 노력했었다. 갓 만들어낸 말랑말랑한 하얀 찹쌀떡 맛을 기억한다.

법대 출신이면서 건설업에 뛰어들어 성공한 장현식 사장. 그는 젊은 열정 하나로 학생 신분으로 결혼하여 일찌감치 딸을 낳았다. 그 딸 출생 축하로 배냇저고리를 사 준 작은 인연이 이어지고 있다. 딸이 한창 예쁜 시절 한국으로 유학 온 영국 학생과 열애에 빠졌다. 장래 사윗감을 데리고 서울까지 와서 나에게 인사시켜 주었는데 영국 아이 치고 idol 형이었다. 그 사위가 지금 Oxford 대학 교수로 재직 중이다. 한국인이 ‘옥스퍼드 대학 교수의 장인’이기는 참 드문 일이다. 잘 키운 딸 하나 열 아들 부럽지 않는 아빠다.

지난 20여 년을 이어가며 명절마다 정성들여 쓴 아름다운 손 편지(사진)와 함께 바리바리 큰 사랑을 보내주고 있는 오은영(吳銀英) 선생. 학생시절에도 그의 미모는 돋보였다. 이화여대 대학원으로 진학하기를 원하는 그를 이대 법대 학장으로 있던 李在祥 교수에게 추천한 사실을 그는 고맙게 여긴 것 같다. 나는 교수로서 당연한 일을 하였을 뿐이었다. 그는 나의 퇴임식에 와서 이별의 노래 “서편에 달이 호숫가에 질 때에…”를 고운 목소리로 불러주어 내 눈에 눈물이 고이게 하였다.

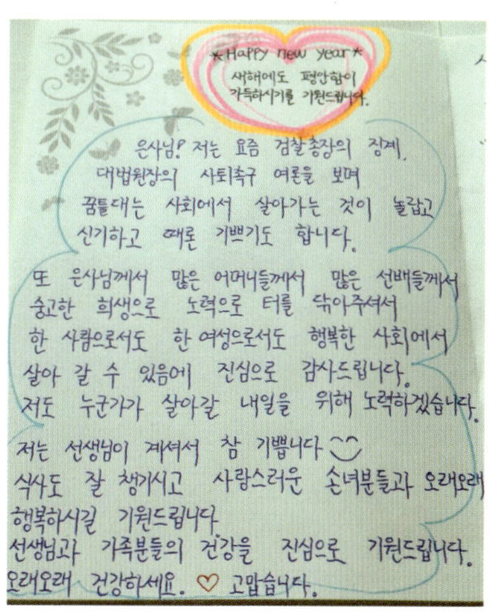
Happy new year
새해에도 평안함이 가득하시기를 기원드립니다.

은사님! 저는 요즘 검찰총장의 징계, 대법원장의 사퇴촉구 여론을 보며 꿈틀대는 사회에서 살아가는 것이 놀랍고 신기하고 때론 기쁘기도 합니다.

또 은사님께서 많은 어머니들께서 많은 선배들께서 숭고한 희생으로 노력으로 터를 닦아주셔서 한 사람으로서도 한 여성으로서도 행복한 사회에서 살아 갈 수 있음에 진심으로 감사드립니다.
저도 누군가가 살아갈 내일을 위해 노력하겠습니다.

저는 선생님이 계셔서 참 기쁩니다 ^^
식사도 잘 챙기시고 사랑스러운 손녀분들과 오래오래 행복하시길 기원드립니다.
선생님과 가족분들의 건강을 진심으로 기원드립니다.
오래오래 건강하세요. ♡ 고맙습니다.

오은영이 정성들여 써서 보내준 편지

박사과정에서 지도교수 趙斗鉉 학장의 정년퇴임으로 곤경에 처하였을 때 충북대 吳世昌 교수의 지도를 받으며 본교 전공 담당 朴敏榮 교수가 부교수로 승진할 때까지 기간을 적절히 활용하도록 조언해 준 것을 고맙게 여겨서인지 30년 넘도록 추석 설 명절에 정성을 보내는 鄭재욱 교수. 그는 행정학을 전공해서 직장 따라 전국으로 이동하면서도 단 한 번도 정성 보내기를 거른 적이 없으니 고맙다기보다 미안한 마음뿐이다. 그는 늘 고마운 마음 표하고 싶게 하는데 나는 내 마음을 표할 길이 없어 안타까울 뿐이다.

경찰과 대치하던 학생 데모대가 철수한 교정에서 불발 최루탄 핵을 만지다가 이것이 폭발하는 바람에 손가락 잃었을 때 치료를 돌봐준 인연으로 지금까지 살뜰한 인연을 이어오고 있는 수필가 겸 사진작가 등 만능 재주꾼 강대식(姜大植) 박사. 그의 『茶馬古道에서 人生을 배우다』는 손녀들에게 물려주고 싶은 책이다. 해마다 歲饌을 거른 적이 없고 스승의 날에 보내주는 화분은 내 뜰에 쌓여간다. 직장에서 신임이 두텁고 수입도 월등해서 그는 여가 활용을 잘하며 후회 없는 삶을 살고 있다. 그는 소나무를 사랑하고 전국을 탐방하며 유서 깊은 소나무들을 촬영하여 한 권의 책으로 엮었다. 有意義한 예술 작품이라고 평가하고 싶다. 문학에도 관심을 기울여 본인의 글을 실어가며 季刊 종합문예잡지 『푸른 솔 문학』 발간에도 주도적으로 참여하며 향토문학 발전에 기여하고 있다.

집을 떠나 하숙집에서 생일을 맞이하는 나를 위해서 뜻이 맞는 班 학생들 20여 명과 함께 달빛이 쏟아지는 청석호(淸錫湖) 연안 잔디밭에서 생일 축하 잔치를 차려준 속 깊은 진광명(陳廣明) 교수. 청주 사회단체연합이 주관하는 시국관련 어느 모임에 갔다가 귀 기울일 의견을 내 주신 분이 진광명 군의 부친임을 알게 되었다. 父傳子傳 가족이라고 생각했다. 외국어대학교 행정학을 전공하고 중부대학교 교수로 봉직하고 있다. 그 날의 생일잔치는 평생 잊을 수 없는 추억 속에 간직하고 있다.

또 하나의 생일잔치. 청주대 법대에는 야간학부가 있었다. 밤 9시에 시작되는 마지막 교시는 교수에게나 학생들에게나 고달픈 시간이었다. 나는 강의 준비 때문에 저녁 식사를 거르기가 일쑤였다. 그날도 서둘러 강의실에 갔는데 주변이 캄캄하다. 내가 시간을 잘못 알았나 하고 돌아가려다 말고 교실 문을 열고 전깃불을 켰다. 동시에 교실 내 사방에서 종이 대포가 터지고 오색 풍선들이 천장으로 날아오르고, 내가 발걸음을 멈칫하는데 힘찬 박수가 터지며 생일 축하 노래가 우렁차게 퍼졌다. 그제야 상황을 알아차리고 교탁에 오르는데 거기에 멋진 케이크 탑이 내 눈 높이만큼 쌓아올려져 있었다. 초코파이를 정성스럽게 괴어올리고 주위에 오색 양초가 심어져 있었다. 科代가 나와서 초에 불을 켜면서 내게 덕담을 하는데 나는 감격해서 답사하기도 힘들었었다. 여학생 대표가 책상 밑에 감추어 두었던 꽃다발을 들고 나와서 내게 안겨 주었다. 초코파이는 내게 7개가 주어지고 학생 수만큼 쌓았는지 모두 나와서 두 개씩 들고 자리로 돌아갔다. 그 초코파이를 먹는데 왠지 목이 메었다. 그 때 그 반 학생들 다시 연결된다면 老少 합동 생일잔치 벌려보고 싶다. 누가 이 글 읽고 모임 엮어주면 기쁘겠다. 이번엔 내가 답례할 차례라고 마음 정하고 있다.

서울 종로5가에서 약국을 경영하는 어머니 양해 하에 4년 내내 영양제를 비롯하여 수시로 소화제 감기약 등을 나르며 내 건강을 돌보아준 김후영(金厚永) 사장. 그는 연선흠, 김상수 트리오였는데 절친 연선흠군을 일찍 잃고 나서 혼자 사업 길에 들었다. 그의 후덕한 인품이 나에게 큰 위안이 되어주었었다. 그가 그립고 그의 소식이 궁금하다.

타고난 하얀 피부 미인인 한지혜 교수. 그는 다부지게 공부하더니 서강대학교에서 헌법학 박사학위를 따냈다. 그는 짧은 사제 간의 의리를 귀히 여겨 해마다 스승의 날에 정성을 보낸다. "내가 할 수 있으니까, 할 수 있을 때" 라는 말로 나의 감사의 말에 겸양으로 답한다. 그의 앞날에 햇살이 가득하기를 빈다.

내가 법대학장으로 임명 받은 첫해에 운동권학생 데모대가 각 대학 주요 시설을 점거하고 전면 수업 거부사태를 야기하였을 때 학생들 사이에 쌓아 올린 信頼와 뛰어난 智略으로 이 사태 수습을 주도하고 학사 운영 정상회복에 크게 공헌해 준 신준선(辛俊善) 선생. 나는 그에게 평생 빚을 지고 있다. 양 부모님이 교직에 종사하신다 했다. 교양 있는 집안 출신임을 인정할 수 있었다. 과묵한 성격인데 나를 위한 행사가 있을 때는 항상 참석해주는 그 마음씨는 학생시절 그 때와 변함이 없는 정성이다. 늘 고맙다.

COVID-19 팬데믹으로 일상을 잃어버린 경자년 일 년에 이어 신축년 가을이 다가오도록 세계 각국의 명곡을 꾸준히 보내 주는 윤찬식 대표이사. 그는 고향에 돌아가서 금융업 외길로 성공한 사나이다. 감성이 풍부하여 아름다운 곡을 골라서 더러는 해설까지 곁들여 보내 준다. 자칫 우울감에 사로잡힐 나를 구해주는 구세주 같다고나 할까. 어느새 그는 할배가 되어 행복해 한다.

獨文科 출신으로 여학생 처장실 조교를 맡아 나를 성실하게 도와주었던 강은주 〈제주하늘바람〉 귤 농장 사장, 내가 자기 이름을 기억해 불러주어 감동 받았다며 再修를 포기하고 청주대를 졸업해 나간 鄭鳳元 군, 법대 조교 임무를 수행하면서 내 건강을 위하여 내 강의 시간표를 적절히 안배하도록 도와 준 고마운 이정순 사장, 나의 마지막 학생들이 2000년 졸업 앨범을 만드는데 "오선주 교수님의 형법 강의가 너무 재미있었다."고 기록해 준 李相伸 양. 법대 앞 五松마당 잔디 가꾸고 밟지 안 토록 잘 간수하라 일렀더니 科代 대신 스스로 "잔디반장"이라 하면서 잔

디를 푸르게 가꾸어준 李學英 군, 여성 경시 풍조 속에서 내게 결혼식 주례를 맡겨 준 김철기 군 등 수 많은 제자들 등등 고마운 제자들 일일이 다 나열하기에 지면이 모자란다. 여기 기록이 없는 학생들도 서운해 말고 만나면 "내가 몇 학번 아무개입니다"라고 스스로를 내게 소개해주면 고맙고 반갑겠다. 여러분들 모두가 오선주란 나무를 풍요롭게 가지마다 주렁주렁 열어 준 〈黃金 열매〉들이다. 어찌 고맙고 자랑스럽지 않으리오.

외국 명문대 출신 박사들 틈에서 유일하게 국내 지방대학 청주대 출신으로 한국형사정책연구원에서 금융 관련 범죄를 연구하다가 과로 끝에 병을 얻어 아까운 나이에 끝내 저 세상으로 가버린 나의 다섯 번째 박사 이병희(李秉熙) 군은 아직도 내 가슴에 묻혀 있다. 그의 유능한 아내가 딸 둘을 잘 길러내서 고맙기만 하다.

早失父母하고 미용사 누나의 도움으로 대학을 다닌 朴 군을 늘 마음에 품고 있다. 졸업여행으로 제주도에 갔었다. 그는 키 18cm 폭 15cm정도의 검은 화산 奇石을 바닷가에서 주워서 결 고운 나무 받침대에 앉혀서 내게 주었다.(사진) 안타깝게도 나는 그 학생이 81학번으로 입학하여 군복무 후 84학번 후배들과 함께 졸업한 사실과 학생의 姓이 朴씨란 사실 밖에 기억하지 못하면서도 나는 이 학생을 잊지 못하고 있다. 누군가가 연결 소식 주면 고맙겠다.

내 인생 다 살고 돌아보니 내 〈인생 나무〉에 보배 같은 제자 〈황금 열매〉가 격조 높은 향기를 풍기면서 주렁주렁 달려 있다. 이 귀한 열매마다 사랑과 감사의 말을 새겨주고 싶다.

아들에게 애인이 생겼어요

아들은 서른을 훌쩍 넘긴 늦은 나이에 결혼하였다. 대학생 시절부터 인기가 좋아서 일찍 결혼할 줄 알았는데 인생반려 고르기는 신중히 고려한 것 같다. 배필은 하늘이 점지한다는 말이 맞는 것 같다. 나는 아들이 오붓하게 신혼을 즐기도록 나의 퇴직금으로 마련해두었던 자그마한 아파트로 아들 내외를 바로 분가시켰다. 아들은 四柱에 물이 많아서 불을 뜻하는 따뜻한 南쪽이 좋다 해서 서울 한가운데에 솟은, 애국가에 나오는 南山에 보금자리를 마련해 두었었다. 분가시키면서 아들은 나의 아들이 아닌 "며느리의 남편"이라 생각하기로 마음을 다졌다. 30년 넘어 40년 가까이 내 품에 품고 살던 아들과 헤어지게 되는데 감회가 새록새록 일어서 내 마음 정리가 말처럼 쉽지는 않았다. 새 식구 며느리 맞이하는 기쁨을 최대한 살리면서 나는 이 호젓한 마음을 다스리려 노력했다.

1970년 아들 진우의 두 돌 모습

사돈댁과 상견례 후 내가 일본에 갈

일이 있었다. 일본 특유의 황금색 기조로 형형색색 자잘한 꽃 그림이 가득 그려진 높이 28cm 정도의 화병 하나를 사서 예비 며느리에게 선사했다. 생각하니 남의 작품보다 내 손으로 뭔가 만들어주는 것이 의미가 있을듯하여 며칠을 두고 무엇을 만들까 구상하였다. 청주대학교 정문 앞에 있는 한국도자기 전시실 건물 4층에 도자기그림 교실이 있었다. 전에도 많은 그림을 그리던 그 화방을 찾아갔다. 직경 25cm의 하얀 접시 위에 며느리를 향한 나의 꿈을 그린다.

우선 접시 가운데 좀 위쪽으로 며느리 얼굴을 그린다. 뽀얗고 복스러운 얼굴이다. 그 얼굴을 중심으로 시계 방향으로 그림을 그려나간다. 머리카락은 반달(초승달) 금발로, 그 오른쪽에 파랗고 맑은 하늘에 이글거리는 태양을, 그 아래 비옥한 땅 위에 초록잎이 우거진 큰 나무에 빨강 열매가 주렁주렁 열렸다. 미래에 아이 셋 낳기를 희망하며 신라 왕관에 주렁주렁 달려 있던 曲玉 셋을 나란히, 그 아래 富를 상징하는 물고기, S.J.Oh 화가의 서명은 빼 놓을 수 없고, 그 왼쪽에 물고기 3 마리가 겹겹이 서 있는 화병, 그 화병 속에 영화를 상징하는 꽃 세 송이를 활짝 피웠고, 평화롭고 아늑한 분위기 조성하려고 분홍 커튼을 창가에 길게 드리우고, 그 왼 쪽에 평생 먹어도 다 비울 수 없을 만큼 커다란 밥그릇을 앉혔다. 여인의 얼굴에서 아롱아롱 칠색 무지개가 빛나고, 그 속에 초록색으로 〈卓鈴于의 幸福〉이라 새겨 넣었다. 무지개 옆에는 생명의 근원인 비와 눈이 내린다. 여인 머리 위 맑게 갠 밤하늘에 북두칠성이 밝은 길을 안내하며 반짝인다. 마지막으로 여인 며느리의 가슴은 붉게 불타고, 영광스런 일생을 보장하기 위해서 신라 왕관을 본떠서 황금색 〈出〉자를 3단으로 새겨 넣었다. 마침내 푹신한 푸른 잔디 위에서 가족이 모여 도란거릴 것이다. 며칠 걸려서 그림을 완성하였다.

이 접시 그림이 영원한 작품이 되려면 반드시 거쳐야 할 공정이 남았다. 섭씨 800도에서 5시간 구워야 하고 또 5시간동안 서서히 식혀야 한다. 이것은 그림교실 지도 선생의 몫이다. 온도가 맞지 않으면 빨강색이 회색으로 변해버리는 불상사가 종종 있어서 나는 그림을 받을 때까지 기도하는 마음으로 기다렸다. 그림 중앙에 있는 며느리의 빨강 심장이 회색으로 변해버린다면 나는 이 공들인 접시를 버려야 할 것이기에 초조하게 기다렸었다.

"와! 성공이다!"

그려놓고 보니 내 욕심이 지나쳤나 하는 생각에 혼자 미소짓기도 했었다. 내가 왕관 3단, 곡옥 3개, 대형 꽃 3송이, 이렇게 3, 3, 3으로 엮어 그려낸 나의 소원대로 아들 내외는 아이 셋을 낳아서 내게 안겨 주었다. 첫 손녀를 얻었을 때는 하늘의 별을 따온들 이보다 더 기쁘랴 하였고 세상에 나 혼자 손녀를 안은 듯 행복했었다. 아들 내외가 탈 없이 그림 속 평화롭고 따뜻한 집처럼 오손 도손 잘 살고 있는 현실이 나의 최대 행복이다.

이 그림 접시 외에 진심을 담아 선물해 준 것이 따로 있다. 이집트 18대 왕조 파라오의 아내 Queen Nefertiti의 흉상을 조각하여 칠보로 구워낸 열쇠고리를 아들 내외가 신혼 살림집에 세간살이 들여놓는 날 며느리 손에 쥐여 주었다. 며느리를 보게 되면 "이 집의 안주인이란 긍지"를 심어주려 내가 카이로대학 박물관 매점에서 계획적으로 구입해 온 기념품이다. 새 애기가 현명하고 당찬 안주인이 되기를 바라는 내 마음을 이해 해 주었을 것이다.

아들은 세 딸을 키우면서 또 다른 아이 둘을 입양하였다. 첫 입양 아이 “산이”는 유기견 구조와 입양 안내를 하는 동물보호단체인 〈동물자유연대〉에 가서 善行하는 마음으로 데려왔다. 배고팠던 쓰라림이 트라우마처럼 새겨진 탓인지 먹어도 먹어도 또 먹고 싶어한다. 두 번째 입양아이 “R이”는 눈같이 하얀 털이 고운 말티즈 種인데 그 종자를 選好하는 사람이 많아서 〈개 공장〉에서 강제 수정해서 새끼를 量産하는 데서 구출해 온 강아지이다. 후에 들으니 그 개 공장은 〈어미 개 살리기〉 위한 독지가에 의해서 당국에 고발당하고 있었다. 이 기회에 개 공장이 아예 사라지기를 바란다. 쬐고만 R이는 데려올 때 몸무게 900g이었는데 현재 2,200~2,500g 사이 체중을 유지하면서 잘 자라고 있다. 성격이 앙칼지고 샘이 많아서 아빠 사랑을 독차지하려 애쓰는 모습이 볼 만하다.

성균관대학교 경제학과 3학년 탁진우

아들 내외는 자식 셋과 강아지 둘을 키우면서 행복하다. 감사한 일이다. 더욱 감사한 것은 아들의 마음씨이다. 아들은 한 번도 거르는 일 없이 주말마다 자기 가족을 데려와서 손녀들과 짙은 스킨십을 나눌 기회를 준다. 며느리는 내가 미리 마련해 둔 재료로 요리를 해서 점심 저녁 식사를 함께 하면서 가족 간 오순도순 대화할 기회를 마련한다. 뿐만이 아니다. 아들은 출퇴근하면서 어미에게 전화 건다. 아이들 잘 노는 이야기로 꽃을 피운다. 때로는 마누라 자랑하라고 멍석을 깔아주면 그런 줄도 모르고 마누라 자랑에 열을 올리며 행복해 한다. 사람들이 늙으면 친구가 하나 둘 사라지고 남은 친구도 소원해지고 외롭다고 한다. 그래서 심리학자들은 친구를 많이 사귀라고 권유한다.

내 아들은 열 친구 못지않다. 아침저녁 전화에서 우리 대화는 문자 그대로 죽이 잘 맞기 때문이다. 가족 간 이야기는 기본이고 세상사 돌아가는 이야기에서부터 세계정세, 기후 문제, 잘못하는 정치꾼들 욕하기에 이르기까지 서로 통하지 않는 것이 없다. 내 육체적 노화 현상은 나이 따라 피할 수 없지만 내 정신이 맑고 건강한 것은 순전히 아들 덕이다.

아들이 자라서 어미에게서 독립하는 과정을 기억한다. 아들은 수영과 스키타기를 좋아하였다. 〈주식회사 대우〉에 입사하니 사옥 지하에 국제규격 수영장이 있어서 진우는 남보다 30분 일찍 출근해서 수영을 하고 업무를 시작한다 했다. 겨울이 되면 눈 소식을 기다리다가 평창 스키장이 개장하기 바쁘게 스키 타러 나간다. 꼭두새벽에 자동차 지붕 위에 스키 장비를 얹고 떠난다. 발판이 짧은 것도 있고 기다란 것도 있다. 지금은 이들 스키 장비가 3층 창고에 묻혀 있다. 나는 누군가 필요한 사람에게 나누어 주면 좋겠다는 생각을 하고 있다. 수영과 스키를 즐기는 사이 나와 아들은 서서히 함께하는 시간이 줄어들었다. 이젠 삼 공주의 아빠가 되어 아이들 보는 재미에 푸욱 빠져서 운동은 저리 가라 상태이다. 아들이 아이들에게 정신을 쏟고 있는 사이 나와는 멀어져 가는 것처럼 보이지만 그 대신에 손녀들 자라는 모습을 매일 아침저녁 보고 받는 재미가 크다.

며느리는 집안의 기둥.

둥지 위로 날아간 딸

〈꿈 하나〉. 맑은 물이 흐르는 개울을 건너다가 엄지 손가락만 한 골뱅이 한움큼 쓸어 쥐고 허리에 찬 종다래끼에 넣었다. 개울을 다 건너고 보니 골뱅이는 보이지 않고 갓 난 돼지 새끼 두 마리가 들어앉아 있다.(그러고 보니 딸은 돼지띠) 누가 나를 보고 어디서 훔쳤느냐고 할까 봐 얼른 버리려는데 보니 새빨간 홍옥 사과 두 개로 변해 있다. 하나는 누가 베어 먹던 것이어서 획 던져 버리고 빨간 보석처럼 빤짝이는 건강한 사과 하나만 집으로 갖고 왔다.

〈꿈 둘〉. 경복궁 어느 전각(殿閣) 기둥 아래 희고 커다란 새 알 세 개가 있다. 이를 바라보며 '누가 품어 줘야 할 텐데….' 하며 그 쓸쓸한 분위기를 매우 안타까워했다.

한 달 반이 지날 무렵 이틀 연속으로 꾸었던 위 꿈 둘이 태몽이었음을 짐작하게 되었다. 아들 鈐于 혼자 외로우니 애기 하나 더 낳아서 서로 의지할 혈육이 있어야겠다는 생각은 하고 있었다. 첫 아이를 서른네 살에 낳을 때 학생시절 교통사고 후유증으로 골반이 벌어지지 않아서 제왕절개로 낳아야 했다. 둘째도 순산을 기대할 수 없어서 도계 박재완(淘磎 朴在玩) 선생께 의뢰해서 좋은 날을 받았고 서울 의대 산부인과 나건영(羅健永) 교수는 고맙게도 '날 받은' 출산 시간 맞추려고 마취과 의사를 새벽에 개인병원 〈나건영 산부인과〉로 부르는 등 협조해주셨다. 그렇게 많은 분들의 도움으로 둘째 아이가 딸로 태어났다.

아빠의 사랑을 독차지하며 자란 딸의 일화들도 이젠 그리운 옛 추억이 되었다. 호지(아빠가 즐겨 부른 별명)는 엄마는 오빠에게 양보하고 아버지는 자기 아빠라며 누가 만지지도 못하게 했다. 아빠가 참외를 좋아하는 걸 알고는 애기 보는 언니에게 업혀 가게 앞을 지나갈 때 참외를 사지 않으면 포대기 속에서 몸을 뒤로 뻴럭 재끼면서 떼를 써서 집에 못 가게 했다. 기어이 참외를 사고야 집에 올 수 있었다. '언니야'가 호지 애기 업고 사과 사러 갔을 때 이것 얼마에요? 50원이요. 다섯 개 주세요 하면 언니야 등에 업힌 채로 250원 내라고 말해서 가게주인을 놀라게 했다. 호지는 초등학교에 들어가서는 수학은 만점 놓치는 일이 없었다. 더러는 한 문제 틀리는데 이것은 가장 쉬운 '점수 주기용' 문제를 너무 심각하게 생각해서 혼란을 일으키는 결과였다.

딸 초등학교 입학 날

교수 자녀에게 등록금을 면제해 주는 혜택이 있어서 딸은 성균관대학교로 진학하였다. 아버지는 자연과학을 하려면 물리학을 사회과학을 하려면 경제학을 하라 했다. 딸은 경제학과를 학과 개설 이래 최고 학점을 받으며 졸업했다. 호지는 석사과정을 이수한 후 미국 유학을 계획하였다. 몇몇 유명대학에서 입학 허가서가 왔는데 아버지는 17명의 경제학 노벨상 수상자를 낸 The University of Chicago를 택하라 하였다. 시카고대학교의 학문적 위상도 높거니와 무엇보다도 2년을 무사히 진급하면 3년차부터는 일체 경제적 부담 없이 연구하도록 장학금이 지급되는 제도상 혜택이 주어진다는 通知文을 받은 것이 시카고를 택한 큰 이유였다.

1998년 7월, 딸이 미국으로 가기 여덟 달 전에 한국은 IMF의 구제금융을 신청하게 되었다. 역사는 이 날을 "국가 부도의 날"이라 했다. US 1$ 당 700원 하던 것이 눈 깜짝 사이에 US 1$ 당 한화 ₩2,000(정확히 1995원—한국은행 자료)으로 치솟았다. 이에 놀란 나는 조금 기다려보는 지혜가 없어 딸의 유학을 위해 준비한 돈을 달러가 더 오르기 전에 하는 마음으로 한꺼번에 몽땅 다 송금했다.

미국으로 건너간 딸은 처음엔 대학 기숙사에 들었는데 새로 지은 시설 좋은 곳이라 기숙사비가 매우 높았다. 딸은 제 나름 열심히 공부했지만 외국어로 읽는 일은 쉽지 않았다. 경제학 노벨상 수상자 17명을 배출하고 시카고학파를 형성한 그 엄청난 태산을 바라보며 경제 순수이론을 하기에는 무한 부담을 느끼지 않을 수 없었다. 딸은 시카고 대학 헤리스 단과대학에서 당시 구라파 보험계를 주도하는 이론을 세워서 위엄이 당당한 Manning 교수의 제자가 되었다. M 교수는 깐깐하기로 소문나서 그 앞에서 연구하는 제자가 하나도 없었다. 딸은 그에게 가면 그의 앞에 제자가 자기 하나뿐이라서 빠른 시일 내에 학위를 마칠 수 있을 것이라 여겨 그를 지도교수로 택하였는데 이것은 딸아이의 큰 오산이었다. 양부모가 교수인 영향도 짙었고 君師父一體 동양적인 윤리관을 가진 딸이 스승을 하늘같이 모시는데 그 M 교수는 이를 십분 이용하려 들었다. 딸의 연구 과제에는 관심을 보이지 않으면서 자기 연구에 필요한 과제를 제자인 나의 딸에게 맡기고 독촉하고 再三再四 확인시키니 딸은 자기 연구에 시간을 낼 수가 없었다. Manning 교수가 나의 딸 호지의 노력을 착취 한다는 소문이 교내에 파다해지면서 우여곡절 끝에 학장의 주선으로 젊은 Malture 교수로 지도교수를 바꾸게 되었다. 학위 이수 과정에서 지도교수 바꾸는 것은 큰 모험이지만 딸의 경우를 두고 주변에서 "노예해방" 이라며 축하했다.

딸은 또 다른 난관에 부딪쳤다. 캘리포니아에 있는 명문 S대에서 시카고 대학 교수 3명에게 스카우트 제의를 해 왔다. "시카고대학 교수" 란 명성을 버릴 수 있을 만큼 제시된 높은 연봉에 솔깃해진 교수들이 이 제의를 수용하기로 했다. 다급해진 시카고 대학 당국은 더 높은 연봉을 주기로 하고 그들 세 교수를 눌러 앉혔다. 그 불똥이 학생들에게 튀었다. 딸은 연구생 3년차부터 장학금을 지급하려던 예산을 교수들 연봉 인상으로 돌려야 하기 때문에 장학금 지급은 불가능해졌다는 통보를 받았다. 미국인 학생들은 아르바이트가 가능했고 형편 따라 전학 가기도 하는데 딸은 그럴 신분이 못되었고 은행에 학자금 융자 신청을 하는 수밖에 없었다. 미국 시민의 보증이 있어야 융자가 가능하다는 조건 앞에 딸은 천지가 막막했다. 학업을 중단하고 귀국까지 고려할 즈음에 〈키다리 아저씨 —Daddy Long Legs〉가 나타났다. 주한 미 대사관 참사관으로 근무할 당시 가족 간 교류를 쌓고 친분이 두터워졌던 미 국무성 한국담당 과장 D. W. Straub 씨가 보증을 서 주었다. 그는 외교관 은퇴 후 Stanford University 산하 The Walter Shorenstein Asia —Pacific Research Center의 부교수로 일하면서 2017년 『Anti Americanism in

Democratizing South Korea』라는 책을 펴냈을 정도의 지한파(知韓.派) 인물이다. 이 책은 〈반미주의로 보는 한국현대사〉라는 제목으로 "주한 미국외교관이 바라본 한국의 반미 현상"이라는 부제 아래 번역 출판되었다. 이 책 말미에 서울대 교수가 쓴 〈박태균 해제(解題)〉를 읽었을 때 스트라우브 씨가 얼마나 한국을 잘 이해하고 깊이 사랑하고 있었는가를 절절히 느낄 수 있었다. 스트라우브 교수는 딸아이의 거금 학자금 보증을 서면서 담보는 커녕 한 마디 다짐도 없이 보증서에 서명해주었다. 호지의 성실한 인간성을 믿은 것 같다. 그 분 덕에 딸이 은행 융자를 받고 학자금 염려 없이 학업을 마치게 되었다. David은 참으로 고마운 평생의 은인이다. 개인 친분을 넘어 스트라우브 교수는 한국인 학자 양성에 기여하려는 뜻도 있었을 것이란 생각이 들었다. 스트라우브 씨는 나의 제2의 가족이다. 캘리포니아 샌프란시스코에서 은퇴 후 생활을 보내고 있는 스트라우브 가족과 수시로 문안 교신을 하고 있다. 부디 오래도록 건강 하시고 행복하시기를 기도한다.

무덤보다 더 지독하다는 시카고 대학교의 박사과정을 마치고 딸이 제1저자로 쓴 논문이 JAMA(Journal of American Medical Association)에 게재되면서 학계는 물론 미 50개 주 관련 기관에서 높이 평가하는 많은 평론과 신문 기사가 쏟아졌다. 이 논문으로 하여 딸은 연구직을 거치지 않고 바로 대학 교수직을 얻었다. 태몽(胎夢)처럼 '빤짝이는 홍옥' 같은 딸인데 외국에서 외롭게 지내는 것은 '알을 품어 주는 이가 없었기' 때문이고 그래도 경복궁이라는 왕궁에 자리 잡고 있었던 것을 기억하며 좀 더 랭킹이 높은 대학으로 옮겨 갈 수 있기를 어미는 기대하고 있다.

딸을 잘 돌봐주지 못해서 생긴 일화도 지금은 그립다. 딸이 미국으로 가기로 정해진 때가 우리 내외 모두 강의가 시작 되는 9월 초였기 때문에 누구도 딸을 데리고 갈 수가 없게 되어있었다. 딸을 혼자서 여행 보내기에는 영 마음이 놓이지 않았다. 하다못해 비행기 타는 절차만이라도 익혔으면 하는 마음으로 딸의 나이또래 외사촌 언니가 미국 관광 여행을 간다기에 그 편에 딸을 딸려 보내면서 미국 여행 예행연습을 시켰다. 무사히 돌아온 딸의 모습에서 나는 안심할 수 있었고 딸은 9월 개학 대학 스케줄에 맞춰서 혼자 미국 시카고로 건너갔다.

딸이 무사히 바다 건넜다고 해서 안심하기에는 아직 일렀다. 말도 서툴고 낯선 곳에서 딸이 Home Sick에 걸리지 않을까 염려되었다. 한 달 넘게 매일 아침저녁으로 전화했다. 아무리 시간이 걸리고 전화비용이 비싸다 해도 내가 미국까지 데려다 주고 돌아오는 비용에 비하면 아무것도 아니었다. 그러던 어느 날, 내가 사는 동네 전신 전화국장이 커다란 과일바구니를 비서에게 들려서 찾아왔다. 아마도 집을 잘못 찾아온 것 같다고 했더니 그게 아니었다. 말쑥한 차림새의 국장은 "무슨 영업을 하는 집도 아닌데 한 달 사이에 거액의 통신료를 납부해 주셔서 감사 인사 차 왔습니다."라며 머리숙여 인사했다. 처음에 어리둥절했었으나 이야기 하다 보니 서로 이해가 되었다. 1997년대의 국제전화요금은 지금으로써는 상상도 할 수도 없을 만큼 비쌌었다. 우리 내외는 아무리 통신 요금이 비싸도 딸의 정신 건강에 도움이 된다면 기꺼이 전화를 걸 것이라 했고, 이 전화 걸기는 서너 달 더 계속 되었다. 전화요금 납부할 때 큰돈을 들고 나가면서도 딸이 좋아하는 단팥빵 하나 사는 것보다 마음은 더 가벼웠다. 딸이 미국 사회에 익숙해지고 뜻을 펴나가는 사이 나는 세 손녀의 재롱에 마음이 들뜨는 할머니가 되었다.

남편은 딸을 끔찍이 사랑했었다. 사람들이 탁 교수님이 큰 소리 내며 웃는 모습을 본 적이 드물다 할 정도로 그는 웃음에 인색하였다. 좋게 표현해서 학생들 앞에서 근엄한 성품이었다. 그런 사람이 아들 진우가 세 살 쯤 되었을 때 네 발로 엎드려 아이를 등에 태우고 "토카닥, 토카닥"하며 넓은 서재를 빙빙 돌았다. 실눈 웃음을 띠며 이마에 땀이 솟을 때까지 말을 태워주었다. 그러던 양반이 딸을 낳으니 아예 갓난아기를 포대기로 업었다. 아이 업은 채로 밥상 앞에 앉는 모습은 내 눈에도 신기했었다.

아빠가 딸을 안고 부르는 노래가 정해져 있었다. 〈꽃집 아가씨는 예뻐요오. 새 빨강 장미보다 새하얀 백합보다 천 배나 만 배나 이뻐요오.〉 그 노래는 단순한 유행가 흉내가 아니고 진심 가슴 깊은 곳에서 울어나서 부른다는 것을 나는 알 수 있었다. 아빠로서의 '주기도문'이었다. 남편은 딸이 미국으로 떠난 후 지병이 악화되어 1년을 다 채우지 못하고 눈을 감았다. 아내와 아들은 직장에 나가고 그토록 사랑하던 딸이 멀리 떠나간 상실감이 그에게 큰 고통이었던 것 같았다. 돌이켜보면 가슴 아리다.

The University of Chicago에서 경제학 박사학위를 받고 교수가 되다.

생각하니 딸은 신기하리만큼 아빠를 빼닮아 있다. 생김새는 물론 성격, 식성, 사고방식, 생활방식, 추위에 약해하는 체질, 새벽까지 일하는 올빼미형 삶, 길쭉한 발가락까지 희한하게도 너무나 닮았다. 무리 없이 어려운 학자에의 길을 걷는 것도 아버지의 유산, DNA 덕택일 것이다.

한 가지에 집착하는 성품도 닮았다. 단 한 가지, 코가 자기 큰외삼촌 닮아 있을 뿐이다.

초등학교 2학년 생일에 자기 친구 열한 명을 초대해서 커다란 케이크도 자르고 온갖 과자 과일로 모두 즐겁도록 대우했었다. 친구들이 돌아간 후 딸이 나름 진지하게 심각한 표정으로 질문한다. "엄마! 나하고 친구들하고 누가 더 예뻐?" 이게 무슨 소린가! 처음엔 이해를 할 수 없었다. 내가 꼬마 손님들에게 친절하게 대하는 것이 혼란스러웠던 것 같다. "우리 호지가 제일 예쁘지! 너희 반 아이 72명을 다 준데도 엄마는 호지랑 바꾸지 않을 거야." 그제사 마음이 놓이는 듯이 보이는 딸을 보고 나도 흐뭇해했던 기억이 남아 있다. 자기 현 위치를 끊임없이 확인하는 성격이 그 때 이미 형성되고 있었던 것 같다.

그립고 보고 싶은 마음에, 힘들고 외로워서 어쩌나 하는 안쓰러운 마음에 가끔 울컥해지는 때가 있으나 마음 약해지는 말은 삼가고 어미 걱정시킬 말은 가급적 하지 않으려 노력하고 있다. 어차피 자식은 더 성장하기 위하여 더 넓은 세상을 향하여 둥지를 떠나가야 하는 것이 자연의 이치이고 순리가 아니겠는가. 어미 곁을 떠나 태평양을 건너간 후 딸은 마하반야바라밀다심경(摩訶般若波羅蜜多心經)의 오묘한 진리에 어떤 깨달음을 얻고 반야심경 260 字를 寫經하기 시작한 후 하루도 거르지 않고 매일 잠들기 전에 A4지에 쓰고 있다. 여름 겨울 휴가에 귀국하여 모녀 도란거리다가도 자기 전에 반야심경을 쓴다. 어느새 반야경 쓰기 11년을 넘기고 있다. 이 점 자식이라도 정말 존경스럽다.

2020년은 정초부터 세계를 습격한 COVID-19 팬데믹으로 온 세상 모두가 큰 고통을 겪고 있다. 특히 미국은 인구가 많아서인지 희생자도 많다. 요즘 30초마다 한 사람씩 죽어가고 있다는 CNN 보도가 있었다. 겨울 방학에 귀국도 못하고 근무지에서 '집콕' 중인 딸이 "엄마! 딸레미, 이제 자요. 안농 빠빠."라는 메시지를 보내면 이것이 딸이 오늘을 무사히 넘겼다는 증거이기에 이를 확인한 나는 가슴을 쓸어내리고 잠을 청한다.

2020년 10월

자식은 하늘이 내린 애물단지.

3인
3색
손녀들

아들을 결혼 당일에 분가시킨 후 처음 다짐한 것처럼 홀로서기를 마음속에 다지고 또 다졌다. 그들 보금자리를 찾아가지 않는 것은 그 마음 다짐의 실행이다.

그 해 내 나이 72세나 되었으니 아들 내외에게 아버지 제사 모시라 하였다. 며느리는 "한 번만 어머님이 본을 보여주시면 다음 해부터 제사 잘 모시겠습니다."고 조신하게 답하였다. 나는 그 이듬해에 남편 기제사(忌祭祀) 지내는 날이 되어서야 아들 집을 방문하였다. 일 년에 한 번 방문이면 족하다 생각했었다. 그렇다고 해도 내 마음은 아들 생각에 가득 차 있었다. 이 애틋한 마음을 혼자 삭히는 것이 쉽지 않았다. 옛 어른들이 사위는 백 년 손이라 했는데 내게는 며느리도 백 년 손처럼 여겨졌었다.

내가 南山 아들네 집에 가지 않는 대신 아들 내외가 주말에 佛光동 집에 오기로 하였다. 새 애기가 주방에 들어가서 도마에 무 써는 칼 소리도 뚜각 뚜각 영 낯설었었다. 첫 손녀를 보고 내 눈 한쪽이 감아질 무렵 며느리 칼질에 리듬이 생겨 있었다. 며느리는 두 오빠를 둔 막내 고명딸인데 예상보다 마음이 너그러웠다. 직장생활에서 다져진 매너처럼 보였다. 그런데 살면서 보니 그것이 며느리의 본성이었다. 이를 깨달으면서 나는 새 애기가 며느리가 아니라 마치 내가 품고 살아오던 가족처럼 느껴지기 시작하였다. 한 가족이 된지 어언 15년 세월이 흘렀다. 그 사이 아이 셋을 낳아서 나에게 최상의 효도를 하고 있다. 교수란 직업상 생긴 나의 매처럼 날카로운 눈은 손녀 셋 보는 사이 다 감겨버렸다. 내 자식 키울 때는 살기 바빠서 책임과 의무만 있을 뿐 사랑을 몰랐었다. 행여 잘못 나갈까 엄하게 다스리며 길렀었다. 첫 손녀를 보고 나서야 '눈에 넣어도 아프지 않다.' 는 말을 이해할 수 있게 되었다.

손녀들은 자라면서 셋 모두 각각 특징을 들어내고 있다. 같은 부모 같은 환경에서 자라면서도 서로 다른 것이 어떤 때는 신기하게 여겨진다.

첫 아이 뽀기(Poggie)는 참으로 무던한 아이다. 그야말로 덕성스런 마음씨를 타고 났다. 생후 10개월 경에 큰댁 맏동서님 초상이 났다. 갓난 아기를 喪家에 데려갈 수는 없어서 내가 어린 애기를 맡고 아들 내외만 보냈다. 부모가 자기를 할머니에게 맡겨두고 집을 비운 사실을 感知하고 불안하였는지 불 같이 화를 내면서 울어젖힌 일 외에는 열 살이 다 지나도록 단 한 번도 우는 것을 본 일이 없다. 겨우 걸음마를 할 무렵부터 낮잠 자고 일어나도 칭얼대는 일 없이 자기 발로 아장 아장 걸어서 가족이 도란거리는 소리가 들리는 주방으로 찾아오곤 했었다. 세계적 명성이 드높은 정명훈 선생이 지휘하고 테너 Anderea Bocelli가 노래하는 콘서트가 웅장한 성당 안에서 진행되는 영상을 CD 또는 DVD에 올려 시청하는데 겨우 소파에 기대앉을 수밖에 없는 아기가 미동(微動)도 않고 시청한다. 신기해서 시간을 재보니 12분 넘게 집중하고 있었다. 꾸준히 반년 넘게 상영하여도 한결같이 즐기는 모습이 나를 놀라게 했었다. 예기한 것은 아니지만 두뇌 인지능력 발달에 도움이 되었을 것 같다. 언어도 빨리 깨우치고 어휘 활용도 정확하다. 네 살을 맞이하면서 책 읽기를 즐기더니 이후 책 읽을 때 옆에서 시끌벅적 소동이 벌어져도 상관없이 책에 몰두한다. 뽀기가 네 살 때였다. 5월 스승의 날에 어느

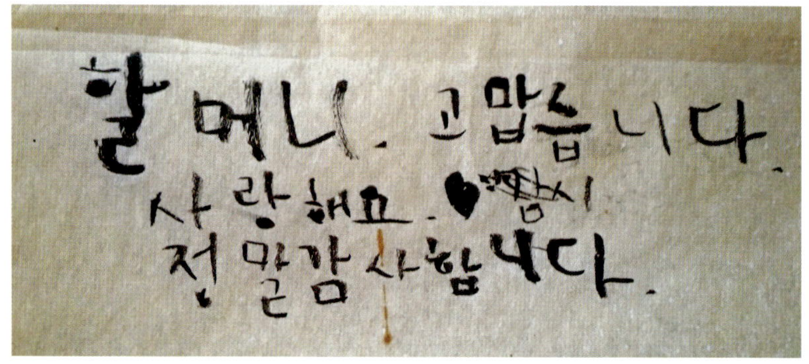

제자가 황홀하리만큼 아름다운 대형 꽃바구니를 들고 왔었다. 이틀 뒤가 뽀기 생일이어서 나는 "사랑하는 뽀기 생일 축하해요"라고 리본을 새로 써서 바꿔 달아놓고 집안에 들어서는 아이에게 주었다. 뽀기는 입가에 살짝 미소를 지으며 할미 책상에 가더니 "할머니. 고맙습니다. 사랑해요. 하트. 정말 감사합니다."라고 써서 내게 주었다. 이 글을 써서 자기 마음을 표하는 발상이 기특하고, 네 살 아이 글씨가 너무 정확하고 반듯해서 놀랐다.

중2로 진급하여 학교에서 학습평가를 위해 전 과목을 종합적으로 고르게 90 문항을 낸 시험을 보았다. 89문제에 정답을 적고 한 문제가 틀렸다. 그 한 문제의 정답을 몰랐을까 아니면 실수한 것일까. 이를 대견해 하는 할미의 칭찬을 들으면서도 뽀기는 가볍게 씨익 웃고 마는 담백한 성격을 지니고 있다. 이 번 일요일에 왔을 때 내일 중간고사가 있다기에 2층 아빠 방을 청소해 두었으니 점심 먹고 올라가서 공부하라 했더니 이미 공부 다 했다며 태연하다. 옆에서 조언하지 않아도 무난히 자

기 길을 개척해 나갈 것 같다. 요즘은 노래도 "내 마음은 호수요", "Lorelei 언덕", "보리밭" 등을 곧잘 부른다. 정서적으로도 훌쩍 자란 것 같다. 소파에 나란히 앉아서 이야기 나누다 보면 살포시 내 어깨에 자기 머리를 기댄다. 72년 차이가 나는 세월을 극복하고 손녀와 공감대를 형성하고 있다는 사실이 나에게는 넘치는 행복이다.

둘째 미동(美童)이는 원래 미동(未童)이었다. 안면암에 애기 지장보살을 모실 때 아직 胎中에 있어서 큰스님께서 未童이라 하신 것을 태어난 후 아름다울 美로 바꾸었다. 미동이는 예민하고 어린이답지 않게 배려심이 많다. 어글어글하고 그윽한 눈매에다 미모도 출중하다. 이해성이 많아서 양보도 잘하지만 일단 아니다 싶을 때는 단호한 기백도 있다. 언니와 비교되는 것이 싫어서 피아노 배우기를 거부하고 태권도를 배우겠다고 해서 내심 놀랐었다. 좀 하다가 말겠지 했는데 꾸준히 연마 단련한다. 한 3년 배우더니 기본 품새가 유연하고 아름답다. 아빠의 관심을 끌기 위해서 불쌍한 척도 잘한다. 이것은 아가 시절 병원 입원 중에 터득한 지혜인 듯하다. 마음속에서 억울하다 싶을 때는 말 보다 눈물이 앞선다. 마치 눈물주머니를 따로 지닌 듯하다. 초등 4학년 때 국어 산수 시험 봐서 둘 다 95점 받았단다. 아빠는 굳이 100점을 강요하지 않는다. 항상 90점 이상이면 족하고 95점이면 칭찬 받을 자격이 있다고 말하며 아이들을 공부에 옭아매지 않는다. 나는 애비의 이런 교육관에 적극 찬동하고 있다. 미동이 지난 주말에 왔을 때 95점 받은 상으로 용돈 1만원을 주려 했는데 지갑을 여니 초록색 돈 두 장이 들었다. 내친김에 두 장 다 주었더니 양손에 한 장씩 들고 소파에 올라서서 너울너울 춤을 춘다. 아! 저 춤사위가 한국인의 DNA 깊숙이 자리 잡고 있는 몸짓이구나 란 생각이 들어 감동 받았다. 최근에 이 둘째 놈이 지 아빠를 붙들고 "우리 남산 집에서 문을 열면 불광동 할머니 댁 문으로 연결되는 구름다리가 무지개 뜨듯 좌악 깔리면 정말 좋겠어요."라고 했다 한다. 그 발상이 참으로 기발하고, 예뻐해 준 보람 같은 것이 느껴져서 내 목구멍에 뜨거운 것이 넘어갔다.

셋째 스랭이는 언니들 틈에서 주변을 살피고 어떻게 처신하여야 하는지를 누가 가르치지 않아도 스스로 터득하고 있는 것 같다. 옛날 어른들이 婚事에서 "셋째 딸이라 거든 묻지도 말고 데려오라." 하신 말이 이래서 생긴 것 같다. 우리 조상들이 진정으로 지혜로우셨구나. 라고 고개를 끄덕이게 한다. 스랭이는 아래 위 옆에서 봐도 두상이 둥글어서 내가 "똥그란 놈"이란 별명을 지었다. 하는 짓이 하도 귀엽고 기특해서 고비마다 역성을 들어주었더니 요놈이 氣가 살아서 지가 세상에서 제일 똑똑한 줄 알고 있다. 이 아이가 다섯 살 즈음이었던 것 같다. 내가 "스랭이야! 남산 집에는 너희들 애기가 셋이나 있는데 할머니 집엔 하나도 없어요. 할머니가 얼마나 쓸쓸한지 몰라요. 그러니 너는 할머니하고 살면 어떻겠니?"라고 물었다. 스랭이 고개를 푸욱 숙이고 한참 머뭇거리더니 기어들어가는 목소리로 간신히 "그러시던가요…"란다. 내가 다급해졌다. 이 아이에게 부모와 헤어진다는 것이 죽기보다 어려운 일인데 할머니 위해 자기를 희생시키려 하다니! 나는 줄 항복을 하였다. 스랭이를 꼭 껴안고 "고마워. 정말 고마워. 그래도 애기는 아빠랑 엄마랑 같이 살아야 하는 거야."하면서 뽀뽀 세례를 퍼부었다. 스랭이는 안도하는 듯 하면서도 그래도 혼자 있는 할머니가 가엾은 생각이 교차하는 듯 한참 동안 내 가슴에 얼굴을 묻고 울먹거리고 있었다. 내가 정신줄 놓기 전에는 이 날의 감동을 잊을 수 없을 것이다.

나는 며느리의 육아방식을 존중하여 간섭하지 않으려 노력한다. 다만 주말마다 각각 나이에 맞게 옛날 동요나 외국민요 등 함께 노래 부르며 조손(祖孫) 간 사랑을 다진다. 정확한 발성을 위해서 “아 에 이 오 우 — AEIOU” 훈련을 시킨다. 학교에서 배울 기회가 없는 노래들을 곧잘 부르게 된 손녀들을 보면 내 마음이 뿌듯해진다. 아들 내외의 교육 방침을 침해하는 일 없이 어린 아이들의 고운 정서를 기르는데 기여하고 있으니 이 할미 아직은 쓸 만하다고 자부한다.

한국인이면 〈윷〉은 알아야겠다 싶어서 손녀들에게 윷놀이를 가르쳤다. 그 이치를 깨닫더니 세 자매 자기들끼리도 잘 논다. 아이들 두뇌 회전 기능을 높여 주고 가족 간 놀이를 즐길 겸 화투 놀이를 가르쳤다. 아이들이 고학년이 되면 놀 기회도 없어질 것이고 나 또한 언제까지 맑은 정신으로 손녀들 정서 함양에 기여할 수 있으려나 해서 다음 주에 오면 무엇을 가르쳐 줄까 언제나 미리 머리를 굴린다.

손녀 셋 모두 지금까지로 봐서 희망이 있다. 나는 가끔 아들에게 “로또 셋이라고 으스대지 마시오.”라고 말한다. 농 반 진 반이지만 내 마음 속에는 손녀들이 대성할 것이라는 믿음이 95% 이상이다. 오랜 강단 생활에서 인간의 관상에서 미래를 보게 되고 나의 어떤 관찰의 정확도가 크다는 사실을 믿고 있어서 그에 따라 생긴 “희망”이다.

이 아이들 생각에 자다가도 벌떡 일어나 앉을 때가 있다. 누운 채로 웃기에는 숨이 모자라기 때문이다. 내 집안에 家神이 있어 나를 본다면 함께 웃어 줄 것 같다.

종착역(終着驛)에 뜨는 별

고향 가을 하늘은 유난히 맑고 높다. 간간히 흐르는 하얀 깃털구름이 눈부시다. 내가 자란 山川은 여전히 아름답고 붉게 물든 산등성이가 엄마 품처럼 넉넉하다. 이 얼마 만에 느껴보는 포근함인지!

지난해 여름에 오래 앓던 고관절 환치 수술을 하고 겨울에는 침샘에 자란 물주머니 제거 수술을 받았다. 회복이 더디다기보다 건강이 날로 기우는 현상을 감지하면서 내 마음에 한 가지 계획을 세우게 되었다. 이후 두 번 다시 만나지 못하더라도 恨으로 남지 않게 내 건강이 이만할 동안에 내 인생에 의미 있는 인연들을 만나 감사의 뜻을 전하리라 스스로 다짐한 것이다.

첫 번째 찾아 뵌 분이 대학시절 1958년에 법철학 강의를 해주신 이래 형사법 박사과정을 지도해 주신 나의 은사 金鍾源 선생님이다. 한국형사법학회 창립 60주년 기념 축하연에 나오신 선생님의 기력이 급속히 떨어진 사실에 내심 크게 놀랐었기에 문병 겸해 선생님 댁을 예방하였다. 선생님에 대한 감사의 뜻을 담은 글 「스승의 은혜는 하늘같아서」를 실은 나의 수필집 『붕어빵 하나의 행복』 세 권을 드렸다. 스승의 은혜를 아무리 강조 해봐도 너무나 초라한 글이 되어 안타까울 따름이다. 선생님은 나의 인생을 바르게 이끌어주신 北極星(Polaris)와 같은 분이시다는 새삼스런 깨달음이 솟아 숙연해진 가슴을 안고 물러나왔다.

두 번째로 뵌 분이 나의 영적 스승이신 안면암 지도법사 釋之鳴 큰스님이시다. 2000년 4월, 법주사 주지로 계실 적에 처음 뵈어서 비교적 짧은 인연이지만 스님께서는 일의천오(一疑千悟) 하고 일오만혜(一悟萬惠) 할 수 있도록 지혜와 자비의 길로 이끌어주시고 '절대 암흑은 없다!' 고 가르쳐 주신 밤하늘의 은하수(Galaxy)와 같은 분이다. 온 세상이 초록으로 물든 어느 날 조촐한 점심을 사 드렸는데 지팡이에 의지하며 힘들게 걷는 나를 운동 시키시려고 스님께서는 식당 근처의 시민공원 숲 속을 한 시간 남짓 함께 걸어주셨다.

세 번째는 요양병원에 입원 중인 아우 병철을 보러 갔다. 장조카를 따라 대전 동생과 함께 간 눈물 어린 만남이었다. 어쩐지 하고 싶은 말이 많은 것 같은데 말을 시작하고는 마무리기를 힘들어했다. 초기 치매 증상이었다. 확실한 것은 아버지 발치에 묻어달라는 것이고 뜨거운 것(화장을 뜻함)은 싫다는 말이 그의 유언이라는 사실이다. 눈물을 씹어 삼키듯 감추며 발길을 돌려 나왔다.

네 번째로 사돈 내외분을 때마침 다가온 내 생일에 초대하였다. 아들이 결혼하고 세 아이를 낳으니 二姓之合의 열매들이다. 나는 어려서부터 새벽 동녘 하늘에 뜨는 삼태성(三台星 Orion —The Great Hunter)를 좋아했었다. 이웃 친구들과 어른을 도와 삼(麻) 삼을 때 새벽에 뜨는 삼태성은 경이롭게 보였다. 너무 가까이에서 빛나기 때문이었을 것이다. 나의 어여쁜 세 손녀 들은 나의 三胎星으로 시시각각 내 가슴에 떠오르곤 한다. 이 손녀들이 나와 사돈의 핏줄을 이어받은 보배들이라 사돈은 새롭게 맺은 이 세상에서 가장 가까워진 인연이다. 이를 감사하는 오찬이었다.

다섯 번째로는 경북여고 시절부터 나의 외경(畏敬)스러운 친구 신쌍례와 영양 초등학교부터 중, 고, 대까지 나란히 다닌 친구 김춘희를 이웃 백화점 뷔페 점심에 초대하였다. 시간 가는 줄 모르고 젊은 날의 추억을 더듬어 회상하고 미래도 구상하며 온갖 희로애락을 넘나드는 수다를 즐겼다.

그리고 오랜 기다림 끝에 드디어 부모님 산소 앞에 엎드렸다. 초혼(招魂) 의식으로 향을 피운다. 진실로 부모님 영혼이 굽어 살피시기를 간절한 마음으로 기도한다. 법도에 따라 술과 북어포를 놓고 棗栗梨柹 —대추, 밤, 배, 곶감과 사과를 진설하였다. 약과와 과일 그리고 떡을 대신해 스펀지케이크를 올린다. 아들 진우가 따라주는 술잔을 올리고 기도하는데 참았던 눈물이 터져버렸다. 기대에 부응하기는 커녕 실망만 안겨드린 불효를 뉘우쳐도 이미 돌이킬 수 없는 일이다. "울어 봐도 불러 봐도 못 오실 어머님"이란 유행가 가사가 오늘따라 못이 되어 가슴에 박힌다. 말년의 쇠잔해진 어머니의 영상이 눈에 어려 울었다. 부모님은 진정 나의 태양과 같고 달과 같고 나의 우주였다.

부모님께 禮를 올린 후에도 떠나오기에는 너무도 큰 아쉬움이 남아 한동안 강 건너 산을 바라보았다. 내가 한국에서 맞이하는 그 첫 봄은 왜 그리 가난했는지? 흉년 탓이었다. 사람들이 "입에 풀질"이라도 하기 위해 산에 가서 나물하고 칡뿌리 캐고 소나무껍질 벗겨다가 먹으며 목숨 잇기에 골몰했었다. 아직 영글지도 않은 보리이삭을 뜯어다가 가마솥에 덖어서 죽이라도 끓여 먹는 집은 부러움의 대상이었다. 매일 아카시아 숲이 우거진 강변에 나가 찔레 덤불 속에 솟은 새 순을 꺾어 먹느라 가시에 긁힌 내 손등은 피 자욱이 아물 날이 없었다. "주린 배 잡고 물 한 바가지로 배 채우시던 어머니"라고 가수 진성이 부르는 '보릿고개'는 우리 역사의 진실이다. 돈이 있어도 쌀이 없는 그 흉년에 산기슭에 덫을 놓아 꿩을 잡고 강에 그물 쳐서 메기 등 건져서 자식들 굶기지 않으려고 온갖 노력을 다하신 아버님을 눈물 없이 회상할 수 없다. 곡기(穀氣)는 자식에게 주고 거친 나물로 배를 채우시던 어머니의 모습에 차마 목이 멘다.

성치 않은 다리가 후들거려서 國道변에서 불과 80여 미터 거리의 언덕 위에 모셔진 부모님 산소까지 동생이 앞장서서 당기고 아들이 뒤를 밀어주어서 간신히 부모님 앞에 설 수 있었다. 내려올 때는 게걸음으로 한발씩 조심조심 발걸음을 옮기면서 내가 언제 다시 부모님 뵈러 올 수 있으려나 연신 눈물이 쏟아졌다.

10여 년 전에 고향으로 귀농한 막내 동생 집에 들렀다. 시간이 촉박하여 마당에 선 채로 오미자 차 한 잔 마시면서 한 숨 돌리는데 담 너머로 바라보이는 산세(山勢) 풍경이 너무나 아름다워 잠시 고향 그리는 감상(感傷)에 잠긴다. 조금 이른 단풍이었지만 가을을 느끼기에 부족함이 없다. 동생은 없는 것을 헤아려 구하기보다는 있는 것에 감사하며 살고 있는 듯 보였다. 무엇이 행복인가를 터득하고 있는 듯해서 마음이 놓였다.

계획에 없었지만 아무리 시간이 모자라도 이 기회가 아니면 볼 수 없을 것 같은 분을 만나야겠다고 마음을 정하고 서둘러 甘川을 떠난다. 안동으로 향하는 길목의 석보면(石保面) 솔밑(松下里) 마을에 들렀다. 나보다 열 살 위 외사촌 올케는 난청 말고는 나보다 건강해 보였다. 우리 어머니는 그 올케를 〈천하의 효부〉라 칭송을 아끼지 않으셨다. 나이 든 시어머니와 새색시 며느리가 거의 동시에 막내와 첫아이를 임신했는데 나이 탓에 젖이 나오지 않는 시어머니를 대신해서 막내 시동생에게 자기 아들 젖을 나누어 먹어 길러냈다. 한 가지를 보면 열 가지를 안다고 했듯이 올케는 出嫁外人 시고모의 자식인 우리 남매들에게도 진정한 사랑을 베풀었다. "형님! 오래 살아계셔서 고마워! 울 어매 본 것 같애." 올케의 목을 얼싸안으니 또 뜨거운 눈물이 쏟아진다. 형님네 가족은 말로만 교회에서만 신자가 아니고 삶 속에 묻어나는 信行 그 자체가 빛나는 진정한 크리스천들이다. 나는 약간의 용돈을 봉투에 넣어드리고 내 목에 감았던 머플러를 풀어 형님 목에 둘러드리면서 인간적인 사랑을 표했다.

굽이굽이 가파른 급경사로 이어지는 죽음의 고개로 악명 높던 "임동 가렛재"가 무서워 어두워지기 전에 안동에 도착하려 외가에서도 마당에 선채로 이별을 告하였다. 몇 십 년째 양봉(養蜂)하는 올케는 유명해진 〈주왕산 벌꿀〉 꿀단지를 들고 나와 아쉬움의 정을 표해주었다.

안동 "고려호텔"에 짐 풀고 "옥류관"에서 저녁을 먹는다. 아들이 우리가 평양에 와 있는 느낌이라 했다. 그의 유머 감각이 멋지다. 편히 잘 자고 난 후 이튿날 안동 간고등어로 아침을 먹고 길을 떠난다.

오랜 숙원(宿願) 같은 약속을 지키려 길을 서둔다. 제자 최병록(崔秉錄) 소장을 만나러 상주 교도소로 간다. 정문까지 마중 나와 경례로 맞이하는 최 소장의 차를 따라가 본관 현관 앞에 내린다. 현관 처마 밑에 〈제72회 교정의 날, 瑞雲 오선주님 방문 환영〉이라는 전광판이 반짝이고 있어서 놀라고 고마운 행복감이 충만해진다. 그의 집무실에 들어 기념 촬영하려니 최 소장이 자기 의자에 앉으라고 권한다. "그 자리가 어떤 자린데 아무나 앉으면 안돼요." 라고 사양하면서도 몰려드는 기쁨을 만끽한다.

최병록 소장은 청주대학교 법과대학의 信賴 받는 학생회장 출신이다. 지도자 기질이 있으면서 참으로 성실한 청년이었다. 그가 재학하는 시기 특히 학생회장 임무를 수행하는 동안 우리 법대는 가장 안정된 학구적인 분위기를 누렸었다. 그의 긍정 마인드가 이루어 낸 풍토였다고 믿고 있다. 예견한대로 이번 방문에서 최 소장은 교정행정을 발전시키는데 크게 공헌하고 있음을 알게 되었다. 최병록 소장은 나의 희망처럼 그는 열성적으로 성공 가도를 달리고 있다.

상주교도소는 2017년도 112개의 '전국 교정기관 평가'에서 조직의 개방성, 업무처리의 책임성, 의사결정의 공정성, 조직문화 만족도 등 8개 항목 조사에서 종합 점수 8.69로 전국 1위를 기록하였다. 뿐만 아니라 최 소장은 '개인별 부패위험성 진단' 결과 10.00점 만점으로 전국 1위를 차지하고 있다. 어느 한 가지라도 부족하거나 어느 누구의 부정적인 평가라도 있었다면 10점 만점이란 기적 같은 점수는 나올 수 없는 것이기에 정말 기쁘고 또 크게 자랑하고 싶다. 우리 역사가 제대로 이어지는 것은 우연이 아니고 이렇게 묵묵히 본분을 다하는 정직한 공무원이 있기 때문이다. 최병록 군은 부모에 효도하고 모교에 영광을 안기고 스스로를 빛내고 있었다. 그가 영원히 빛나도록 北斗七星 —The Great Dipper의 '바가지' 속에 앉혀주고 싶다.

청주대 법대 84학번 제자 박원일 교위가 최 소장을 따라 나와서 30년 만의 再會라며 깍듯이 예를 표한다. 그가 선배 최 소장을 잘 보필한다는 말을 듣고 있었는데 과연 그의 움직임만으로도 모든 것을 감지할 수 있었다. 그 선배에 그 후배라고 할 수 있다. 참으로 보기 좋고 흐뭇하다.

나는 비록 理財에 밝지 못하여 서민의 범주에 머물지만 마음만은 천하의 부자가 부럽지 않다. 전국 어딜가나 알뜰한 제자들이 나를 반겨주고 극진히 예우해 주니 이만한 복을 누리는 자도 드물 것이다. 고향 감천 동생이 챙겨준 농산물들이 이미 자동차 트렁크에 가득한데 상주 제자들이 향토 특산물 등 온갖 선물을 실어주어서 트렁크 문 잠그기가 힘들었다. 손에 만져지고 맛이 느껴지는 선물보다 더 큰 "마음의 기쁨"을 안고 무사히 귀가한다.

正答도 없고 왕복표도 없는 인생살이 속절없이 멀리 달려왔다. 종착역이 가까워지는 밤하늘에 어둠을 밝히는 별빛 같은 인연들이 금가루를 뿌리며 나를 기다리고 있었다. 황혼 線上에서 淡淡하게 다가오는 이 행복감에 감사할 따름이다. 내게 위로와 격려와 기쁨을 준 모든 분들께 무한 감사드린다. 고마운 분들께 감사하다 보니 그 인연들이 모두 나의 별이었음을 깨닫는다. 슬픈 사연들도 아름다운 추억으로 떠오른다. 감사한 마음이 깊어지니 원망이나 욕심은 줄어들고 마음은 비어서 無에 이른다.

언제까지나 함께 있을 수 없고 언젠가는 반드시 헤어질 인연이라는 것을 잘 알지만 참으로 헤어지기 안타까운 인연들이다. 내가 今生에 좋은 인연을 나눈 분들과 來世에도 좋은 만남으로 이어질 수 있도록 하늘의 축복 있기를 기도한다.

찰나는 억겁을 품는다.

하늘의 뜻은

내 둘째 동생은 지금은 건축기사로서 크게 성공하고 있지만 어려서는 아주 병약하였다. 겨우 첫돌을 지났을 무렵 동생은 백일해(百日咳)에 걸렸다. 어머니는 남편 출퇴근과 우리 5남매 뒷바라지에 여념 없으셨는데 백일해 앓는 아들 때문에 크게 고생하셨다. 흡습기기(吸濕機器)를 아버지 책상에 얹어놓고 어머니는 그 책상에 이마를 대고 엎드려 돌 전 아기 호흡기에 습기가 가게 해 주시느라 잠을 제대로 주무시지 못하였다. 그 날도 아이 치료 위해서 병원에 다녀오는 길이었다. 갑자기 비바람이 불고 천둥번개가 치기 시작하였다. 애기 포대기를 돋아 덮고 비를 피하려는데 눈앞이 새하얗게 변할 정도의 섬광이 스치고 하늘이 무너지는 듯한 굉음(轟音)과 함께 바로 눈앞에 불덩어리가 떨어졌다. 정신 바짝 차리고 보니 그 불덩이가 아스팔트 길 위에 무섭게 꿈틀거리고 그 불덩이가 지나간 자리가 움푹 패인 것을 보셨다. 어머니는 내가 살아있나를 스스로 확인하셨다 한다. 어머니는 벼락 치는 현장에 계신 것이었다. 일본 동경 시내 한가운데 전신주 아래를 지나가는 참이었는데 요즘 같은 쇠창살이 아닌 일본인들이 기름종이로 만든 대나무 우산을 쓰고 있어서 화를 면하신 것 같다. 하늘의 도우심이었다.

나의 친한 친구 혜성이는 가끔 숙명 여고 시절 단짝이었던 숙희 이야기를 내게 자주 들려주었었다. 숙희가 미국으로 유학 가서 박사학위 받고 결혼하고 아들까지 낳고 20여 년 만에 귀국하였다는 소식을 듣고 혜성이는 여의도에 있는 그녀의 집을 찾아갔다.

숙희의 남편은 경남 합천에 사는 소작농의 둘째 아들이었다. 그의 아버지는 6·25 때 전사하고 어머니가 첫돌 지난 아들과 연년생으로 태어난 둘째 아들을 홀로 품고 갖은 고생하며 길렀다. 가난의 설움을 벗어나려 기를 쓰며 돈을 벌어 공부시키다가 둘째의 명석한 머리를 알아차리고 끝까지 공부시키리라 결심하였다. 둘째 아들은 미국에서 전자공학 박사학위를 받고 귀국하여 국내 명문대학교 교수가 되었다. 어머니는 자식까지 낳아 행복해하는 아들이 대견하여 스스로 행복해 하였다. 어머니는 아들이 좋아하는 가지말랭이 무말랭이 호박오가리들을 소포로 보내곤 하였다. 그런데 숙희는 "촌스럽게 이런 걸 누가 먹느냐?" 며 혜성이에게 "너나 갖다먹어라" 고 내주며 시어머니의 정성을 깔아뭉개곤 하였다.

추운 겨울이었다. 어머니는 아들이 보고 싶어서 먼 길 어렵사리 상경하여 여의도 아들 집에 찾아갔다. 아들은 아직 연구실에서 논문 집필 중이어서 늦게 귀가한다며 며느리는 시어머니를 상도동에 사는 큰 아들 집에 가라고 했다. 말하자면 문전박대를 하는 것이었다. 손톱 밑에 흙이 눌어붙어서 보기 흉하고 의복도 남루한 꼴을 이웃이 볼까 봐 속이 터질 지경이었다고 했다. 어머니는 아들 음성이라도 듣자며 전화 걸어 달라 했는데 며느리 숙희는 연구에 방해된다며 거절했다. 시어머니는 무슨 죄인인 양 거실 한 쪽에 쭈그리고 앉아 아들 귀가하기만을 기다리는데 며느리 숙희는 끊임없이 빨리 가라고 재촉을 하였다. 시어머니는 이 밤중에 혼자 아들네를 못 찾을 것 같으니 내일 아침 일찍 가겠다고 애원하다시피 말하였다. 기어코 시어머니를 내모는 어머니를 보다 못한 손자가 "할머니, 제가 택시 태워 드릴게요."하며 나섰다. 그날따라 날씨는 차갑고 늦은 밤이라 여의도에서도 택시 잡기가 시간이 꽤 걸렸다. 15분가량 기다려서 겨우 택시를 잡아 할머니를 태워드리고 손자는 집에 돌아와서 공부하여야겠다며 자기 방에 들어갔다. 이튿날 아침, 아들이 나오지 않아 숙희가 아들 방문을 열어보았더니 아들은 열이 펄펄 끓고 헛소리를 하고 있었다. 급히 구급차를 불러 세브란스 병원에 입원 치료 받았으나 병을 이기지 못하고 7일 만에 세상을 떴다. 손자는 할머니 전송나가면서 시간이 걸릴 거란 생각을 못하고 입던 대로 반소매 러닝셔츠에 맨발로 슬리퍼를 끌고 나갔었다. 난방이 최고로 잘 된 아파트 방에서 영하 15도로 내려간 길거리에 나왔으니 체온 변화가 심하였던 데다가 바람마저 쌩쌩 부는 거리에 오래 서 있어서 급성폐렴에 걸린 것이었다. 혜성이는 친구가 아들 잃었다는 소식 듣고 위로차 숙희네를 방문했다. 숙희는 눈물을 펑펑 쏟으며 아들이 죽은 과정을 이야기하며 "시어머니가 손자 잡아먹었다"고 패악을 치듯 시어머니를 매도하였다. 이야기를 다 들은 혜성이는 "니 아들은 시어머니가 아니고 니가 잡아먹었다. 이 나쁜 X아"라고 쏘아붙이고 돌아서 나왔다 한다.

시어머니의 자식 사랑과 희생을 무참히 짓밟은 며느리가 아들을 잃은 것은 혜성의 판단처럼 자업자득이 아니었을까?

자연 현상으로 내리치는 벼락도 무섭지만 못된 심사를 다스리는 눈에 보이지 않은 하늘의 뜻이 담긴 벼락도 있다는 사실에 옷깃을 여민다.

民心이 天心이다.

2부

金鍾源 선생님과 한국형사법학회와 나

Time flies. Looking back on my life at age 86, it has been a long journey to be a scholar in criminal law and criminal justice and to teach students in law school.

As is the case in all ages and places, a teacher plays a crucial role in guiding one's life path. I am grateful for the karma that allowed me to meet an enormous contributor to my intellectual life, Mr. and Professor Jhong-Won Kim. Since my undergraduate student days when I first encountered his classes and work, I have aspired to combine his scholarly character, intelligence, and creativity. His work and ideas have had a constant presence in my approach to criminal law and justice. I am tempted to note a few illustrative episodes with Professor Kim.

In 1957, The Korean Criminal Law Association was launched by a group of outstanding criminologists. Since then, we have actively stimulated insights, refined knowledge in depth and with undying enthusiasm, synthesized these findings with real-world evidence. These initiatives were always the time and effort and I enjoyed being a part of them.

The Korean Criminal Law Association has developed a large body of theories in criminal law and justice and extended tradition by testing theories against the facts. As the President of the Association, Professor Kim has not only worked out the implications of traditional Continental theory, but has also gone some distance in introducing procedure law through Anglo-American law science. These pioneering attempts have shed light on the modern theory version of due process of law and rule of law in Korean criminal law and justice.

Through Professor Kim's guidance and the commitment to the world of The Korean Criminal Law Association, I have been able to achieve many scholarly accomplishments.

I cannot thank him enough for his generous and invaluable instruction throughout my academic life. Finally, I wish all the best for the prosperity of The Korean Criminal Law Association.

—刑事法硏究 2014년 제26권 2호 게재

오래 살아오는 동안 감사드리고 싶은 분 들이 수없이 많이 계신다. 그 중에도 특히 학교 강단에서 또는 형사법학회 연구 활동을 통하여 나의 학문적 성취를 도와주신 분들에 대한 감사는 크다. 특히 金鍾源 선생님께서는 나의 학창시절부터 지난 60여 년을 통하여 내게 학문적 정신적 지도와 감화를 주신 큰 스승으로 가장 큰 존경과 감사를 받으시기에 합당하신 어른이시다.

한국형사법학회가 오랜 동안 형사법학계를 주도해 오고 있는 중에 형법 연구 인구가 꾸준히 증가하고 학문적 특성을 살리기 위해서 혹은 지역적 모임의 편의를 위해서 여러 형태의 학회가 파생하게 되었다. 그 후 〈사회 안전과 형사법〉이라는 대 주제를 걸고 한국형사법학회, 한국비교형사법학회, 한국형사정책학회, 한국형사소송법학회, 한국피해자학회 등 형사법 관련 5개 학회가 뜻을 모아 처음으로 공동학술회의를 개최하였다. 李太熙 초대학회장님, 黃山德 선생님, 南興祐 선생님 등 대선배님들께서 타계하시기 직전까지 학회에 참석하셔서 후학들의 연구 결과를 경청하시던 모습이 존경스러웠던 나는 그 분들의 발자취를 따르려는 마음으로 이 학회에도 참석하였다.

그날 나의 은사 金鍾源 선생님께서 보이시지 않았다. 선생님께서는 팔십 평생에 남기신 학문적 업적을 총 정리하시는 중이라고 듣고 있었다. 연구논문들을 모아 엮는 작업뿐만 아니라 시대별로 법 제정과 改廢, 새 이론 등장의 배경과 그 흐름, 그 한계 그리고 외국 학계와의 교류 기록 정리 등 실로 엄청난 작업을 하고 계시는 것으로 전해 듣고 있다. 선생님께서는 워낙 성격이 꼼꼼하시고 빈틈 없으셔서 제자나 후학들에게 교정 작업조차 맡기는 일이 없으시다.

마침내 2015년 김종원 선생님께서는 畢生의 力著『目的的行爲論과 刑法理論』을 출간하셔서 형법학계의 金字塔을 세우시고 후학들의 길을 밝혀주셨다. 金鍾源 선생님께서는 개인적으로는 내게 師父一體임을 실감하게 해주신 나의 영원한 스승이시고 크게는 1957년 한국형사법학회 창립 이래 오랜 동안 학회의 발전적 기틀을 닦으신 우리 학회의 代父이시다.

金鍾源 선생님께서 서울대학교에서 법학석사 과정을 마치신 후 바로 이화여대 강사로 오셔서 우리 3학년 반에서 법철학 강의를 해 주셨다. 그 때에 시작된 師弟 인연이 오늘에 이어지고 있다. 선생님은 첫 강의에서 단번에 저 분의 두뇌가 얼마나 명석하면 저렇게 논리 정연한 강의를 하실 수 있는가 하는 생각이 들게 하셨다. 가끔 강의 틈새에 매우 人情味 넘치는 면도 보여 주셨다. 괴테의 「이별 —내 눈으로 말하게 해 주오」라는 詩를 번역해 주실 때에는 선생님의 낭만적 분위기에 함께 취하고 유연한 독일어 구사력에 감탄해마지 않았다. 교양학부의 문법 위주의 독일어 강의와 너무도 대조적이었다. 그 때 선생님께서 "번역은 제2의 창작이다."라고 깨우쳐 주셨다.

金鍾源 선생님의 법철학 강의는 형법을 이해하는 母胎가 되었다. 임시 가교사의 추운 강의실에서 장갑 낀 손으로 한 마디라도 놓칠세라 세 시간 강의를 다 받아 적고 나면 등에 땀이 스며날 때도 있었다. 반 친구들이 그 노트 빌려가서 돌려가며 베껴서 학기말 시험을 치루기도 했었다. 선생님께서 57학번 반에서는 형법 강의를 하셨는데 학생들 사이에서 인기가 최고로 높으셔서 강사 신분임에도 학생회 행사에 내외분이 함께 초대 받기도 하셨다.

석사 과정을 졸업하고 1960년대 중반 대법원 영어통역사 공채에 합격하여 나는 사법부 공무원으로 일하게 되었다. 1964년, 우리 사법부의 요청에 따른 미국 Asia Foundation의 후원으로 미연방대법원 통계국장으로 정년퇴임하신 Mr. Will Shafroth 박사가 우리 "사법행정(司法行政) 개혁” 작업을 도우러 왔다. 그 때 나는 그의 통역사 겸 비서로 일하게 되었다. 샤프로드 박사가 쏟아내는 질문에서 나는 문제점을 찾아가는 방법을 배웠고 의문을 갖는 합리적 근거가 어디에서 나오는가도 알게 되었다. 10년 후인 1974년, 내가 미 국무부 초청으로 미국에 갔을 때 Dr. Shafroth는 개인적으로 나를 연방대법원을 견학시켜 주셨다. 짧은 건국역사에도 불구하고 그 건물 규모가 웅장하고 법정은 엄숙하고 일하는 분들의 표정에 자신감이 서려 있었다. 이 때에 법의 위엄을 느끼고 내가 법학을 공부한 사실에 새삼 긍지 같은 것을 느껴 학업을 계속하고 싶은 욕망을 품게 되었다.

1980년, 청주대학교 형법교수 초빙에 원서를 냈다. 법대 전임 채용 통지를 받고 金鍾源 선생님을 찾아뵈었다. 선생님께서는 축하한다는 말씀은 하지 않으셨다. 대신에 겨울방학 동안 중앙대학교 고시 준비생들을 위한 형법 특강을 하니 그리로 나오라 하셨다. 선생님께서는 강의하실 때 항상 흑판 왼쪽 제일 높은 구석에 Tatbestand의 이니셜 T자를 쓰시는데 그 T자가 형법 이론의 길잡이처럼 느껴졌었다. 부작위, 원인에 있어서 자유로운 행위 등을 확실히 이해하게 되었고 故意에 관한 Hans Welzel의 이론 목적적 행위론과 그 한계도 선명하게 이해할 수 있었다. 대학 강의 준비를 시켜주신 은사님의 배려는 평생토록 큰 은혜로 가슴에 남는다.

그 겨울 두 달간의 특강이 끝난 후 선생님께서는 종로에 있는 〈외국서점〉에 나를 데리고 가서 일본 끼츠가와 쯔네오(吉川經夫) 교수의 『刑法總論』 한 권을 사주셨다. 매우 간결하면서도 알찬 그 내용을 달달 외울 정도로 읽고 또 읽었었다. 2학기 각론 강의 준비는 1973년판 김종원 선생님의 『형법각론(상)』을 바이블로 삼았다. “社會 常規” 강의 준비할 때

李炯國 교수님의 논문을 읽고 마음 편히 강의 할 수 있었던 일을 계기로 뵌 적도 없는 李교수님께 감사하는 마음을 지니게 되었다. 독일에서 갓 귀국하신 金日秀 교수님이 학회에서 박사학위 논문 "형법에 있어서의 인간 존엄의 의미"를 발표하셨는데 그 때 형법의 가치를 더 깊이 이해하게 되어서 지금도 감사하는 마음을 지니고 있다. 다만 그 분은 사형폐지론자인데 나는 아직도 사형제도가 우리 사회 범죄 예방의 위하력(威嚇力)을 지니고 있다고 믿고 있다. 사형제도는 그 상징성 하나만으로도 존치(存置) 가치가 있다고 생각하는 것이다. 굳이 오판을 염려한다면 '석방 없는 종신형'을 신설하던가 중국처럼 사형 집행을 일정기간 유예하는 제도를 신설하는 정도가 좋을 것 같다고 지금도 생각하고 있다.

1982년, 金鍾源 선생님께서 내게 박사과정을 이수하라 하셨다. 선생님께서는 앞으로 박사학위 없이는 강단에 서기 어려운 시대가 올 것이라면서 스스로 무거운 짐을 지신 것이다. 박사학위 과정 입학시험을 치렀다. 전공 시험 문제는 〈죄형법정주의를 논하라〉였다. 청주대학교 첫해 첫 학기 강의에서 나는 학생들을 위한 강의 준비라기보다는 내 자신의 학문적 바탕을 다진다는 생각으로 죄형법정주의를 열심히 공부하고 강의했었다. 그런 덕으로 답안지는 내가 생각해도 멋지게 쓸 수 있었다. 후일 깨닫고 보니 이 出題 또한 은사님의 배려였을 것이 틀림없었다. 제2 교시는 외국어 시험이었다. 제2외국어는 졸업 시험 때 통과하면 됨으로 이 때는 영어시험만 보았다. 영문 해석 문제로 첫 문제는 Notion을 키 워드로 하는 도덕과 법률의 연관성을 논하는 문제였다. 두 번째 문제는 국제법상 Territory를 논하는데 영토와 국가 주권과 관련된 문제였다. 세 번 째 문제는 J. Bentham의 功利主義였다. 그의 사상은 너무도 유명하여 평소 아는 상식만으로도 쉽게 해석하면서 답안지를 쓸 수 있었다. 세 문제 모두 분량이 많아서 마감 벨이 울릴 때까지 간신히 번역해 냈다. 시험관이 후하면 90점, 박하면 80점은 받을 수 있을 것이라 생각했다. 무슨 심사였는지 신문방송학과 金芝雲 교수가 시험 결과 발표하기도 전에 가서 내 답안지와 점수를 확인하였다. 내 성적은 내가 예상한 중간치 85점이었다. 김지운 교수가 "사모님! 자기 능력으로 당당히 합격하셨습니다."라고 했다. 행여 남편 덕에 슬그머니 밀고 들어오나 감시하였던 듯 한 생각이 들어 조금은 민망스러웠다. 내가 성균관대학교를 택한 것은 김종원 교수님의 권유가 있었고, 그 분을 지도교수로 모시는 것으로 당연지사이지만 한편으로는 내가 현직 교수 배우자로서 학비 감면 특혜가 있었기 때문이기도 하다. 덕택으로 현재도 "성균관대학교 형사법학회" 회원으로서 선후배간의 사랑을 받고 있다. 이 또한 감사한 일이다.

나의 박사학위 청구 논문 "可罰的 違法性論에 관한 硏究"가 나오기까지 선생님께서 엄청난 고생을 하셨다. 여기서 鄭盛根 교수님께 감사드리지 않을 수 없다. 힘겹게 晩學하는 나에게 자상한 지도를 베푸시고 온갖 편의 제공을 아끼지 않으셨다. 김종원 선생님이 嚴父시라면 정성근 교수님은 慈母와 같으셨다.

세월이 가도 햇살같이 내리는 學恩은 계속되었다. 내가 부교수가 되니 형사법 박사과정에 지원하는 학생이 늘어나고 나의 학식은 천박(淺薄)하여 그들을 제대로 지도할 능력이 부족하였다. 내 이름으로 여덟 명의 형사법 박사를 배출하는 동안 김종원 선생님의 특별한 지도를 받았다. 선생님께서는 먼 길 마다 않으시고 청주까지 오셔서 논문 심사위원장의 노고를 감당해 주셨다.

법무부가 형법개정을 위하여 한국형사법학회의 자문을 구하였다. 학회는 즉각 소그룹을 구성하고 개정안 검토를 시작하였다. 나는 형법 총론 분야를 택하였다. 고려대 沈在宇 교수님이 좌장이셨는데 그 분의 철학적 견해를 수반하는 의견들이 내게 많은 생각을 하게 해 주었다. 1992년 4월 29일부터 양일간 형법개정에 관한 공청회가 열렸다. 나는 방청석에서 질문하는 대신 4개 세션의 논쟁에 대한 나의 소견을 서면으로 작성하여 제출하였다. "처벌되어야 할 것은 행위가 아니고 행위자이다"로 시작하여 어떤 사명감으로 진지하게 서술하였다. 대검찰청의 형법개정 담당과장으로 계시던 金振煥(당시 형사소송법학회 회장) 검사님이 제출된 의견들을 검토한 후 나의 의견을 수납하고 "형사법개정 특별심의위원회" 위원장으로 계시던 金鍾源 선생님의 동의를 얻어 나를 동 위원회 위원으로 추천하셨다. 법무부 장관 명의의 위 위원회 임명장은 청주대학교 鄭用泰 총장을 통해서 내게 전달되었다. 은사님과 함께하는 자리가 내게는 너무나 과분하고 송구스러웠다. 김종원 선생님의 동의가 있었다는 사실을 한 참 후에 알고 "스승님의 그늘이 首陽山 기늙 九萬里"라고 머리 숙였다.

배우고 배워도 끝이 없는 학문의 길에 어느덧 정년이 다가오고 있었다. 청주대 후학들이 나의 극구 만류에도 불구하고 내 정년 기념 논문집을 펴낼 계획을 하고 있었다. 소수 인원으로 시간적 여유도 없이 시작한 이 일의 어려움을 아시게 된 金鍾源 선생님의 배려로 鄭盛根 교수님께서 친히 논문집 간행 위원장을 맡아주셨다. 鄭교수님께서는 논문집 간행사에 "한국형사법학회 회원들의 적극적인 협조로 〈韓國刑事法學의 새로운 地平〉이라는 책이름으로 형법 총론 분야 15편, 형법 각론 분야 9편, 형사소송법 분야 3편, 형사정책 분야 7편, 법철학 기타 분야 2편 등 한국형사법학회 원로 중견 회원 논문 36편과 청주대학교 법과대학 동료

한국 형법 제정 50주년 기념 학술세미나 기념. 6·25 임시수도 부산의 입법부 국회의사당으로 활용된 역사적 건물 무덕전(武德殿) 앞에서. 2008년.

교수와 이화여자대학교 동문 교수 및 柚一堂 선생의 제자들 논문 15편 등 모두 51편의 주옥 같은 글로 편집되었으며 정년 기념 논문집으로써는 양적으로나 질적으로 우리나라 최대의 논문집이라 감히 말할 수 있습니다. 앞으로 우리나라 법학계 발전에 대들보 역할을 하는 훌륭한 논문집이 될 것이라 확신합니다."라고 적으셨다. 그 짧은 기간에 국배판 총 906면에 달하는 논문집을 탄생시켜주셨다. 이 기회에 鄭 교수님께서는 "오선주 교수가 한국 형사법학계에서 여성으로서 선두 주자"라고 기록해 주셨다. 무사히 정년을 맞이하게 된 사실만으로도 감지덕지하는 나에게 김종원 선생님께서는 분에 넘치는 賀辭를 下賜하셨다. 두 은사님께 엎드려 감사드린다.

김종원 선생님께서는 형사법 분야에서 最初의 대한민국 학술원회원(學術院會員)이 되셨다. 학술원에서 형사법학회에 추천 의뢰가 왔을 때 형사법학회 회원들은 그간 선생님께서 학술 발전은 물론 학회 운영에 노력하신 공로를 인정하여 만장일치로 김종원 선생님을 추천하였고 金鍾源 선생님께서는 영광스런 학술원 회원 자리에 오르셨다.

정년 퇴임식 당일 나는 감격하지 않을 수 없었다. 청주대학교에서 23

년 긴 세월 봉직하였으니 청주에서 행사를 갖는 것이 옳다는 권유에 따라 청주 관광호텔에서 퇴임식을 가졌다. 은사 金鍾源 선생님을 비롯한 형사법학회장을 역임하신 鄭盛根, 成時鐸, 朴陽彬, 白亨求, 李炯國, 申東雲, 任雄 교수님 등 역대 회장님과 원로 李漢教 교수님, 여성 형법학자 稀少 시절을 함께 한 李英蘭 교수, 이화여대 동문 朴恩正 교수 그리고 朴光玟, 崔善鎬, 최근식 교수님 등 형사법 중견 학자님들과 각계 교수님들이 대거 참석해 주셨다. 그 전날 하루 종일, 밤늦게까지 전국에 폭설이 내려 교통사정도 엉망이었는데 멀리 애써 찾아오셔서 자리를 빛내 주시고 은퇴하는 나를 격려해주신 그분들의 은혜를 잊을 수 없다.

은퇴 후의 나를 염려해 준 분들에게도 이 기회를 빌려 감사드리고 싶다. 이화여대 민사법 세미나의 일본법 강독을 8년 넘게 맡도록 배려해 주신 崔錦淑 교수님에게 감사의 말을 하고 싶다. 동경대학 오오무라 아쯔시(大村敦志) 교수의 "民法總論"과 우치다 다카시(內田 貴) 교수의 "親

한국형사법학회 역대 회장 정기 交禮會 기념. 2019. 04. 12.
존칭 생략. 좌로부터: 앞줄; 손해목 성시탁 박양빈 박정근 정성근 이형국 오선주
뒷줄; 오영근 장영민 손동권 박광민 정영일 정성진 이영란 유전철 이진국 이건호.
전남대 유전철 회장님 초청으로 이루어진 서로 덕담하며 화기애애한 모임이었다.
은사 김종원 교수님께서는 건강상 이유로 불참하셔서 걱정되고 서운하였다.

特히 學部時節부터 平生토록 指導하여 주신
恩師이신 金鍾源선생님께서 論文과 더불어
資料까지 下賜하신 은혜와 碩學 鄭盛根 교수님께서
親히 刊行위원장의 어려운 일을 맡으시어 때 마추어
책이 나오게 해 주신 은혜 그리고 지난 三十余年 동안
人生의 길 學問의 길을 잘 가라 지도해 주신 裵慶淑
교수님의 愛情어린 回想記를 써 주신 은혜에 감격하고
있읍니다. 남은 날들도 열심히 살겠읍니다.

여기 조고만 謝恩의 뜻을 담은 기념품 전해 올립니다.
운반하실 불편을 덜기 위한 것이 오며, 오는 二月十六日
退任式에 왕림하여 주시면 큰 榮光이겠읍니다.

辛巳年 二月 四日

淸州大學校 法科大學 吳宣姬 拜上

尊敬하는 교수님

유난히 눈많고 추웠던 겨울이 가고 立春節을 맞이하였읍니다. 高堂에 새희망이 가득하기를 삼가 祝願합니다.

이번 저의 定年退任에 즈음하여 여러가지로 바쁘심에도 불구하고 玉稿를 보내시어 위로와 격려를 베풀어 주신 은혜에 깊이 感謝드립니다. 저 自身 아무런 업적을 남기지 못하고 學界를 떠나는 것이 허전하고 부끄러운 터에 여러 교수님의 값진 論文들이 엮어져서 學界의 貴한 資料로 남게 되었음에 옷깃을 여미며 두손 모아 謝意를 올립니다.

존경과 감사의 念을 담은 초대의 말씀

族·相續" 을 학생들과 함께 읽는 것은 내 인생의 덤으로 나의 사고의 범위를 더욱 넓혀 주었다. 후배들을 위한 강의는 모교에 돌아온 듯한 행복감을 안겨 주었다. 한국항공대학교의 법학과 겸임교수로 임명해놓고 초청하여 나를 깜짝 놀라게 해 준 金選二 교수의 따뜻한 마음씨에 감사 한다. 항공대 전임으로 黃○○ 교수가 임용될 때까지 3년 반을 학생들과 즐겁게 지낼 수 있었다. 몸과 마음이 더디 늙는 비결이 거기에 있었다.

마지막으로 法學과는 관계가 없지만 크게 감사드리고 싶은 분이 청주대학교 李光澤 총장님이시다. 내게 정년에 이어서 객원교수 직을 주셔서 학교에 2년을 더 봉직하게 해 주셨다. 처음 1년은 연구실을 유지하게 해 주셨고 2년 동안 월급을 후히 주셨다. 청주대 역사에 전무후무한 人事라고 듣고 있다. 참으로 감사하지 않을 수 없다.

돌이켜 보면 학자로서의 업적을 남기지 못한 회한이 크다. 학문적 성취가 스승님에 대한 報恩으로 여기고 노력했지만 내 뜻에 미치지 못하였다. 대가족을 책임져야 하는 시집살이와 출산 육아 등으로 오랜 공백기간을 둔 것은 학자의 길에서 돌이킬 수 없는 손실이었다. 그 손실을 조금이나마 만회할 수 있었던 것이 형사법학회에의 참여였다. 학회는 나에게 새로운 세계를 보게 해주었다. 재직 중에는 폭 넓은 사고를 하게 해주어 나의 부족함을 채워주었다. 퇴임 후에도 스스로 나를 다듬어 바로 서게 도와주는 요람이 되어주고 있다. 젊은 신진 학자들이 성실하게 연구하고 발표하는 모습을 지켜보는 것은 큰 기쁨이다.

金鍾源 선생님께서는 한국형사법학회 초창기에 학회 간사로 일하기 시작하신 이래 총무를 거처 여러 악조건 속에서 학회 회장 직을 수행하

시며 학회 발전에 한 평생 크게 공헌하셨다. 선생님께서는 해방 후 1953년에 갖게 된 우리 형법을 발전시키는데 盡力하셨다. 독일 형법 연구 일변도 풍조에서 벗어나고 영미법의 이념을 받아들여 인권사상을 도입하는 과정 등을 거치면서 오늘의 형사법 체계를 이루어낸 역사 속에 우리 은사님의 노력이 빛나고 있다.

금년 스승의 날 성균관대학교 형사법학회의 謝恩의 모임이 있었다. 선생님께서는 禮를 받으시는 자리에서 또 다른 감동을 주셨다. 자유의사와 의사결정론, 어떤 행위의 사회적 適合性(사회윤리적 제한), 우리가 책임의 범주에서 배운 故意 過失을 構成要件으로 보려는 발전적 이론 등을 소개하셨다. 認知科學의 발달로 범죄성립과 관련된 마음과 腦 기능의 의미 연구가 활발하다고 하시고 因果關係에서 선행된 原因으로 해서 결과가 발생한다는 定論에도 疑問이 提起되고 있다고 하셨다. 바로 알아듣고 바로 적었는지가 매우 두렵다. 선생님의 학자적 고뇌가 담긴 40여 분에 걸친 강의가 學術理論에 엄청난 변화가 일고 있음을 깨닫게 해주셨다. 그 변화에 놀라고 歲壽 80도 중반에 드시는 선생님의 식을 줄 모르는 學究的 熱情에 더욱 놀랐다. 선생님께서는 말미에 "社會學的 心理學的 상식에 머물지 말라"는 말씀으로 學習化된 사고에 머물지 말고 꾸준히 합리적 사고를 추구할 것을 당부하셨다. 제자 사랑과 후학 양성의 意志는 또 얼마나 크신지 감동에 감동이 거듭되었다.

김종원 선생님께서는 말년에 사모님을 여의셨다. 부부간에는 먼저 가는 사람이 행복이라는 말이 있는데 반대로 남은 분의 홀로살이의 어려움은 누가 대신해 드릴 수도 없는 고난이다. 몇 해 전에 둔촌동 시니어 센터에 거처를 옮기시고 두 분께서 오붓한 행복을 누리셨는데 어인 일로 그렇게 건강하시던 사모님께서 병을 앓기 시작하셨다. 선생님의 지극한 간병도 무위로 돌아가고 사모님께서 永眠에 드셨다. 선생님의 건강은 눈에 띄게 쇠약해져 가신다. 나는 제자로서의 도리로 어떻게 위로해 드려야 할지 고심하지만 한계가 있다

선생님께서는 가양동 시니어 센터에 마련하신 보금자리에 성북동 자택에 쌓아 둔 장서들 중 貴重本을 차례로 옮겨서 서재를 만드시고 정리하고 계신다. 거실 한편에 그림 액자 하나가 놓여 있었다. 선생님 칠순 古稀를 축하하기 위해서 내가 民畵에 등장하는 송하호작도(松下虎鵲圖)를 그려드린 액자이다. 소나무는 節槪와 長壽를 뜻하고 까치는 좋은 소식을 전해오는 吉鳥이고 호랑이는 사악함을 물리친다는 벽사(僻邪)의 뜻이 있다 하여 나는 성심껏 그렸었다. 民畵를 본으로 삼은 것이지만 내 정성이 통해서일까 은사님께서는 이를 귀히 여겨주시는 듯 거실 한 켠에 두고 보시니 황송하고 기쁘다.

내 나이 米壽에 이르러 돌아보니 열아홉 살 이후 평생을 두고 보살펴 주신 분이 계시다는 사실이 진실로 경이롭다. 김종원 선생님께서는 달력상으로 나보다 5년 위시지만 실제로는 하늘 같이 높으신 분이시다.

선생님께서 만수무강 하시기를 오늘도 성심을 다하여 기도한다.

〈松下虎鵲圖〉

스승의 은혜는 하늘같아서 우러러 볼수록 높아만 지네.

金玉吉 선생님과 梨花와 나

교통사고를 당해서 고3 2학기 4개월을 병원에서 보낸 탓에 나는 대학 진로 선택에 관한 정보를 얻어들을 기회가 없었다. 어쨌건 진학하기 위해서 입학원서를 내야 하는데 담임 구자봉 선생은 왼지 망설이기만 했다. 物理 담당 최돌석(崔乭石) 선생이 "네가 비록 특대생이었다 해도 요긴한 2학기 공부를 전폐했으니 서울대학 갈 생각은 아예 말고 여자니까 여자대학을 가라"고 조언해 주셨다.

이화여자대학교 법정대학 법률학과에 합격하여 1956년 3월 서울로 유학하였다. 신촌에서 버스를 내려 이화대학으로 들어가는 길이 비포장도로여서 비 오는 날에는 진흙탕이 되어 장화 없이 걷기 힘들었었다. 한참 걸어가면 기찻길 철로를 만나고 땡땡 치는 소리에 멈춰 섰다가 기차가 지나간 후 통행저지 막대기가 올라가면 학생들이 우르르 몰려 걸어서 교정으로 들어선다. 사진은 철로길 옆에 세워진 이화여자대학교 정문이다. 정문 수위실 지붕 위 둥근 원 안에는 이화여대의 기본정신 〈眞·善·美〉를 표현한 뱃지가 그려져 있고 그 아래 큼직한 송판대기에 한문으로 이화여자대학교 라고 쓰여 있다. 1957년, 나의 2학년 새 학기가 시작되면서 촬영한 이 정문 사진은 이화여대의 옛 모습이다. 나는 검은 치마에 회색 터틀넥 스웨터에 흑곤색 가디건을 네 단추로 여며 입고 잔뜩 멋을 내고 있다. 젊어서 좋은 날이었다. 함께 선 단정한 학생은 나의 친동생과 다름없는 약학과 1학년 엄혜경. 역사 속에 묻힌 자랑스러운 우리 이화 정문을 찍은 귀한 사진이기에 2021년 5월 20일 이화여자대학교 역사관 직원 孫賢知씨의 도움을 받아 母校 역사관에 이를 기증하였다.

내가 입학한 1956년 봄, 이화여대의 상징적 건물이 된 대강당이 완공되어 내가 참석한 첫 예배는 "대강당 완공 감사예배" 였다. 金活蘭 총장님의 "하나님 아버지! 만만 감사하나이다." 로 시작되는 짧은 기도가 인상적이었다. 그 해가 이화여대 창립 70주년이었다. 엄청난 규모의 축하 행사가 이어졌고 학부모를 비롯한 시민들이 梨大 운동장 스탠드를 꽉 메우는 광경도 볼만하였다. 전교생이 하얀 바탕에 배꽃 무늬가 초록색으로 프린트 된 천으로 지은 한복을 차려 입었고 4학년은 긴치마 차림새로 운동장을 가득 채우며 群舞를 추웠다. 장안의 구경거리가 아닐 수 없었다.

땡땡 기차 철로를 건너는 위험을 예방하기 위해 1958년 철길 위로 구름다리를 건설하고 이때에 다음 사진과 같은 현대식 〈이화여자대학교〉 정문이 세워졌다.

대학에 입학하고 보니 법학과는 소위 컷트라인이라는 것에서 수학과와 나란히 하위에 있었다. 그 법학과에서 이화의 한 단계 도약 발전 부흥을 일으킨 윤후정(尹厚淨) 총장을 배출하였고 그 수학과에서도 후일 장상 총장이 나왔다. 문리대 영문학과와 가정학과는 초창기 개설 학과여서 선배도 많아서 기세당당하였다. 영문과는 취직이 잘 되었고 가정

이화여대 새 정문에서.
좌로부터 어머니, 형부, 조카, 오선주

학과는 최고의 신붓감을 키워낸다는 인기 있는 학과였다. 문리대 의대 약대 사범대 등 6개 단과대학이 별도로 독립된 대학이어서 법대를 타 대학과 비교할 것은 아니었다. 문리대 약대 등이 기존의 석조건물 교사에서 공부하는데 우리 법대는 후발대학이어서일까 구멍이 숭숭 난 송판으로 만든 가교사에서 공부하느라 4월이 다 가도록 두꺼운 코트를 벗지 못하였다. 부모님께 나의 모습 보여드릴 때는 항상 본관 "파이퍼 홀" 앞에서 찍은 사진을 보내드렸다.

본관 앞에서. 좌로부터 오선주, 김활란 총장, 政外科 조정자 교수, 친구

梨大 법대생이 된 보람은 곧 피어났다. 법관 출신 李英燮 선생의 민법 총론 강의가 귀에 쏙쏙 들어오면서 긍지가 높아갔다. 그 해 강의는 새로 마련된 우리 민법 초안과 일제 강점기에 쓰던 依用민법을 대비 해석 하는 강의였다. 의용민법의 의사주의(意思主義)에서 우리 민법이 형식주의(形式主義)를 채택한 것이다. 이는 상호 다툼을 줄이고 명확성을 확보하는 앞선 제도로의 발전이었다. 나는 그 비교에서 얻는 이해의 폭이 커서 매우 진지하게 수강했었다. 사람이 권리의 주체란 개념이 확실해졌을 때 질문하다가 "채권법을 배우는 3학년생이나 할 법한 질문"이라며 칭찬 받은 것이 이영섭 선생님께로 가까이에 다가설 수 있는 계기가 되었다. 검사 출신 李太熙 학장님의 형법 강의도 재

미있었다. "未必的 故意"에 관련된 주관식 시험에 멋진 답안지를 내어 단박에 선생님의 인정을 받았다. 이 두 분 선생님을 존경하는 마음이 깊어가면서 나도 교수가 되리라는 꿈을 키우게 되었다. 검사가 되어 범죄자를 찾고 구형하는 일, 법관이 되어 피고인에게 벌 내리는 일, 그런 것보다는 인재 양성하는 교수가 더 좋다는 생각을 굳힌 것이었다. 실제로 나의 꿈은 우여곡절을 겪으면서 이루어 졌고 30년 가까이 대학 강단에서 일하다가 정년퇴임하는 행운을 누렸다. 훌륭하게 자란 제자들을 보면서 느끼는 긍지는 바로 행복 그 자체이다.

〈UN 안전보장이사회의 거부권(拒否權) 행사〉에 관한 전국 대학생 참여 학술토론회가 열렸다. 뭘 알아서였는지 호기롭게 나는 주제 발표자로 나섰다. 梨大 본관 3층 소강당을 가득 메운 남학생 청중들을 마주한 순간 긴장이 되어 정신없이 내 논문을 발표하고 내려왔다. 女高 출신에 女大 재학 중인 나는 그렇게 많은 남자들이 모인 자리는 처음이었다. 이 행사가 있은지 한 달 가량 지났을 즈음 수강 교실을 찾아 다른 건물로 가는 길에 金玉吉 선생님과 마주쳤다. 선생님께서는 "吳三浩! 말이 너무 빨랐어요." 만면에 웃음을 띤 채 그 한 마디 던지고 가시던 길을 재촉해 가셨다. 학생시절 쓰던 나의 이름 三浩는 할아버지께서 출생 신고하시면서 셋째 딸이라고 三자를 쓰고 浩자는 우리 가문 行列에 해당하는 字로서 이른바 돌림자였다. 1964년, 대법원에 근무하면서 들리는 3호 법정, 3호 검사실 등이 어쩐지 귀에 거슬려서 長考 끝에 改名한 이름이 지금의 "선주(宣姓)"이다. 교무 처장이셨던 김옥길 선생님은 그 날 전국적 행사여서인지 관심을 갖고 현장에서 처음부터 끝까지 경청하고 나가셨다. 선생님의 "말의 속도에 관한 助言"이 나의 말투를 차분하게 습관화 하는데 도움이 되었고 후일 교수로서 강의하게 되었을 때는 매우 유익한 충고였음을 깨닫게 되었었다. 선생님은 당시 전교생 8천여 명의 이름을 다 외우고 계셨다. 어느 날 채플 시간에 선생님께서 대강당 2층에 앉은 어느 학생을 향하여 몇 번 좌석 어느 科 아무개. 껌 뱉어요. 라고 대강당이 쩌렁 울리게 경고하셨다. 놀라움은 그 학생 보다 4천여 명 학생들이 술렁거릴 정도였다. 전교생 이름을 다 외우신다고 소문났는데 그게 참말이었구나 하는 놀라움이었다. 후일 선생님께 "어떻게?" 라고 여쭈었더니 시간 날 때마다 학적부를 열어보고 외운다 하셨다. 학생 신상 파악은 교수의 의무 중 하나라고 말씀하셨다. 이 말씀이 내 가슴을 찡하며 스쳐갔다. 내가 교수가 되었을 때 나도 학생 이름을 외우려 노력하였다. 다행하게도 한문으로 쓰인 이름은 그 뜻을 이해할 수 있어서 잘 외워졌다. 학생들 출석부 이름을 한문으로 써두면 2주 정도면 다 기억되었다. 학생들의 이름을 기억하고 출석 호명 아닌 개별적으로 이름을 불린 학생은 눈빛이 달라졌고 그들과 내가 교감하는 폭이 넓어졌다.

단기 4291년(1958), 내가 3학년이 되었을 때 고려대학교 주최 모의 〈亞南民國 국회〉가 서울 명동 시공관(市公館)에서 열렸다. 高大生은 여당 의원, 전국 22개 타 대학생은 야당의원으로 구성되었다. 나는 "이대당(梨大黨)" 의원으로 참여하여 〈조세법 중 개정 법률안 제1독회〉에서 내 연구를 발표하였다. 당시 조세법 개정의 필요성이 논해지던 때여서 우리 토론 주제는 사회적으로도 관심사였다. 서울대학교 헌법학자 한태연(韓泰淵) 교수를 비롯 조선일보 논설위원 홍종인(洪鍾仁) 선생 등 사계 10여명의 심사 끝에 나는 1등에 뽑혀서 兪鎭午 고대 총장상을 받았다. 이어지는 상은 총리상, 국회의장상, 대법원장상으로 빛나고 있었다. 김활란(金活蘭) 총장님을 비롯 朴마리아 부총장님과 김옥길 교무처장님이 법대 학장실에서 열리는 축하 모임에 참석하시고 격려해 주셨다. 김옥길 선생님은 이 자리에서 3분 정도의 스피치에서 "오선주는 싹수가 있었다."는 취지로 특별히 칭찬의 말씀을 하셨다. 이 행사 관련 기사는 주최한 고려대 신문에는 물론 후원한 朝鮮日報와 〈이대 학보〉에 크게 보도되었다.

3학년 2학기가 시작되고 법대 학생회장 선거가 있었다. 그 전날 나는 오랜 병고에 시달리는 할머니 생각에 마음이 쓰여서 등교하다 말고 발길을 돌려 서울역에 가서 대구행 기차를 탔다. 오후 4시에 집에 가니 할머니는 문자 그대로 皮骨이 相接한 모습이었다. 나를 보시는 할머니 눈가에 눈물이 흘렀고 손에는 온기도 없었다. 어머니가 생쌀을 갈아서 만든 미음을 몇 차례 받아 드셨다. 그리고 잠이 드셨는데 그것이 永眠으로 이어졌다. 나는 할머니 臨終을 지켜볼 수 있었던 것에 감사했다. 장례를 모신 후 학교에 돌아와 보니 학생들이 나를 학생회장으로 뽑아놓았다. 학우들의 신임에 보답하는 마음으로 진정한 학내 봉사 활동이 시작되었다.

미국에서 헌법학 박사학위를 받고 귀국하신 尹厚淨 선배님이 1977년도에 법학과 과장 자격으로 나를 부르셨다. 당신은 독신이시면서도 법학은 결혼도 하고 아이도 길러 보고 세상 경험을 두루 한 사람이 더 깊이 이해하게 되니 너를 택한다 하셨다. 나는 감격하였고 당시 총장이시던 김옥길 선생님께서도 적극 지지해 주셨다. 단 한 사람, 법대 학장 자리에 있던 이태영 변호사가 극구 반대하였다. 그가 운영하는 가정 법률상담소에 적극 협조하지 않았다는 私感과 미국 여성유권자연맹 해외교육재단과의 관계에서 내가 통역을 성의있게 하지 않고 架橋 역할을 소홀히 했었다며 면전에서 면박을 주었다. 나의 梨大 교수 자리는 그렇게 날아가 버렸다. 1973년에 윤후정 선배님의 적극 신임으로 동창회장에 당선되었는데 1978년에는 윤후정 선생님의 명령 같은 강권으로 다시

회장 선거에 입후보하여 두 번째로 법대동창회장에 被任되었다. 윤후정 선배님은 梨大 10代 총장에 취임하시고 이대 발전에 총력을 기울이셨다. 어느 면 윤후정 선배님은 김옥길 총장 이후 당신의 일생을 梨大 발전을 위해 바치신 또 다른 공로자셨다. 윤후정 총장님과 정의숙 이사장님은 내가 청주대학교 법대 교수로 취임한 사실을 아시고 기뻐하시며 母校 밖에서 길을 개척한 자가 참된 강자(强者)라며 격려하고 축하해 주셨다.

나의 첫 번째 동창회장 직 수행 중 朴恩正 동문이 독일에서 법철학 박사학위를 받고 금의환향하였다. 이를 축하하는 모임을 열고 그에게 박사학위 청구 논문을 간추려 소개할 시간을 주었던 것이 나의 동문회장으로서의 보람이었다. 朴 박사는 이화여대 교수, 서울법대 교수를 거쳐 현재 국민권익위원장 직을 수행하면서 국내의 부패 척결에 힘쓰고, 생명과학윤리 연구로 세계적으로 명성을 쌓고 있다.

이화여대 법대 동창 여왕에 선발되었다. 1974년.

내가 청주대학교 법대 교수로 임명 받은 1981년 이후부터 母校의 일에 참여할 기회를 사양할 수밖에 없었다. 2000년 4월에 타계한 남편의 위패를 法住寺에 모시고 불교에 귀의하면서부터 기독교 정신을 받드는 이화여대와는 자연스레 소원해졌다. 그러나 재학시절 쌓은 신임 덕에 나는 1974년도 이화여대 법대 동창여왕 Home-Coming Queen에 뽑혔다.

이어서 1992년에는 〈올해의 이화인〉으로 추대 되었다. 梨花人으로서는 영광이라 아니할 수 없다. 〈올해의 이화인〉 추대는 1991년에 시작되었고 처음엔 이대 동창 모두를 상대로 선출하다가 10여 년 후 어느 해에 각 학과에서 후보를 내게 되었다. 2021년에 이르러 30년이 흐르는 동안 이화가 추대한 〈올해의 이화인〉 수가 1,200명에 달하게 되었다. 모교 총동창회에서 이들을 엮어 '모임' 구성을 추진하였고 金谷美 사무국장이 〈梨올〉회를 결성하여 2021년 10월 경에 두 번째 집회를 연다고 통보해 왔다. 어쩐지 기쁘고 그 날이 기다려진다.

이화여대 〈올해의 이화인〉으로 추대되었다. 1992년.

내가 존경하던 법률학과 은사님 두 분이 학교를 떠나셨다. 이영섭 선생님께서는 대법관으로 (2년 후 대법원장) 이태희 학장님은 검찰 총장으로 나가셨다. 당사자에게도 학교에도 영광스럽긴 하였어도 학생 입장인 나에게는 진실로 '끈 떨어진 연'과 같은 느낌을 지울 수 없었다. 나를 사랑해주시던 윤후정 선배는 미국으로 유학가셨고 나는 바람 부는 언덕에 혼자 선 기분이었다. 망설이다가 "언제나 문을 열어두겠다."고 하신 김옥길 선생님을 찾아 다녔다. 이 때에 선생님의 〈평등 사상〉을 실감하고 선생님을 더욱 존경하게 되었다. 김옥길 선생님 댁에서는 누구에게나 "동치미 냉면과 콩고물 인절미"를 대접하셨다. 학교 내 청소부나 외국 대학 총장이나 그 메뉴는 변함이 없다. 차별이 없음이다. 김옥길 선생님은 항상 검은 치마에 흰 저고리를 입으셨다. 선생님께서 어쩌다 짙은 남색 치마에 연분홍 저고리를 받쳐 입으셨는데 선배들의 귀띔에 의하면 좋은 일이 있거나 기분 좋으신 날 연분홍 옷고름을 휘날리신다 했다.

김옥길 선생님의 엄격한 실천적 가르침은 매우 감명 깊었었다. 선생님께서 대한여학사협회 회장직에 계실 때의 이야기다. 여학사회 건물이 당시 교통이 불편하던 수유리에 있어서 접근성이 매우 나빴었다. 어느 날 회원이 13명밖에 모이지 않았는데 선생님께서 "늦게 오는 다수(多數)보다 시간 맞추어 온 사람이 우대 받아야 한다." 며 회의를 시작하시고 예정된 순서대로 회의를 진행하셨다. 늦게 온 사람 입장에서는 회의가 다 끝난 후 도착한 꼴이 되어 허탈하였을 것이다. 선생님께서 시간 지키기 교훈을 엄히 명쾌하게 남기신 例이다.

김옥길 선생님은 이화의 8대 총장으로 취임하신 이후 세 번 연임하시면서 18년을 이어가며 이화를 종합대학다운 대학으로 발전시키기에 혼신의 노력을 다하셨다. 1886년 한 사람의 학생을 앞에 두고 개교한 이화가 현재 24만여 명의 동창을 배출하였다. 6~70년 대 한 때 전국 유명인사의 안방에는 이화여대 졸업생이 있다는 말까지 등장했었다. 이 말은 창의와 혁신을 주도하는 지속 가능한 사회적 플랫폼을 이화인이 제공하고 있다는 뜻이기도 했다. 김옥길 선생님의 교육관이 사회적 지지와 높은 평가를 받으면서 선생님은 제24대 문교부 장관에 취임하시게 되었다. 학생들의 교복과 두발 자율화로 학생들의 자유 영역을 넓혀주신 결정이 그 분의 첫 작업으로 사회가 놀랐고 갑론을박 끝에 그대로 시행되었다.

시대의 거인 김옥길 총장님은 후임 총장에게 어떤 영향을 미치게 될 것을 염려하시어 은퇴 후 문경 새재 신선봉(神仙峯) 기슭 고사리 마을로 이주하시고 일체 서울 나들이를 삼가셨다. 선생님이 그리워질 때면 내가 고사리 마을로 찾아다녔다. 텃밭에서 가꾸어내신 감자랑 풋고추를 가득 담아 주시면서 아이들과 먹으라고 하셨다. 진우와 효정이 어릴 때 매우 예뻐해 주시고 품에 안고 사진도 찍어주신 일이 은혜로운 기억으로 남아있다.

나는 김옥길 선생님의 동문이요 후배요 제자임을 자랑스럽게 여겼고 그 분을 닮고 싶어했다. 김옥길 선생님! 나는 그 어른을 평생토록 존경하며 감사하며 살고 있다.

"梨花人"이었음으로 하여 내가 누린 모든 것이 축복이다.

운명은 스스로 만들어 가는 것.

책 읽기와 글쓰기의 세계

내가 어렸을 적에 두 언니들이 읽는 책이면 무조건 다 따라 읽었었다. 내용을 이해해서이기보다는 엄마의 감시를 피해서 언니들이 이불을 뒤집어쓰고 전구(電球)를 끌어넣고 밤늦게까지 읽는 모습에 어떤 흥미를 느껴서였을 것이다.

어머니는 공부에 방해되고 도덕적으로 해이해지기 쉽다고 유행가를 못 부르게 하셨듯이 같은 이유에서 소설도 못 읽게 하셨다. 아버지가 광복 이듬해에 귀국 하실 때에 영국의 『Oxford Encyclopedia』 일본어판 일습을 꾸려 오셨는데 그 상자 남은 공간에 언니들이 쑤셔 넣은 일본 소설들이 그 당시 읽을거리의 전부였다. 李光洙의 『무정』 등이 나와 있고 심훈의 『常綠樹』가 나와 있었다는데 영양 山村에서는 구경하기조차 어려웠었다.

6·25 이후, 대구 경북여고에 입학하면서 朴鍾和 선생의 『錦衫의 피』를 읽으며 조선 왕조의 궁중 세력 암투를 짐작하게 되었고 李相和 선생의 『빼앗긴 들에도 봄은 오는가』 등을 읽으며 역사의식이 생겼었다. 金東里 선생의 소설 『등신불(等身佛)』을 읽고 묵념에 들었었다. 주인공 '만적(萬寂)'이 몹쓸짓을 한 어머니의 죗값을 치루기 위해 자기 몸을 불

사르는 소신공양(燒身供養)하는 장면은 충격을 안겨주었고 오래도록 내 마음에 남아있었다. 내가 진지하게 불교에 관심을 갖게 된 이유가 담긴 소설이었다.

책을 읽는다는 것은 좋은 일이다. 무릇 영화 같은 영상물은 'The End'가 화면에 뜨면 꿈에서 깨어난 것 같이 아쉽고 극장을 나오면서 명장면을 반추하는 즐거움은 있다. 이젠 古典이 된 영화들이 모두 그렇다. '세상에서 가장 아름다운 천사'라 칭송 받는 Audrey Hepburn이 주연한 영화 두 편은 진정 명작이었다. 오드리 헵번이 그레고리 팩과 주연한 1953년의 〈로마의 휴일〉 그리고 그녀가 후덕스런 Henrey Fonda와 지성미를 갖춘 미남 Mel Ferrer와 함께 주연한 〈War and Peace〉는 영화 아니고서는 전달해 낼 수 없는 감동을 남겨주었다. 이런 대작 명화 보다 더 큰 매력은 역시 책 읽기이다. 책은 읽다 말고 책갈피를 끼워두고 잠시 숨을 고르면서 나의 想念을 정리하고 마음껏 상상의 나래를 펼 수 있어서 좋다. 책은 그 글에 흐르는 감을 잡고 그 흐르는 감에 따라 읽으면 더욱 재미있고 스스로의 정서함양에 큰 도움이 된다. 그간 국어 교육이 문장 단어 하나하나의 분석에 얽매여 너무도 기계적으로 흐르고 있어 걱정되었었다. 국어 시험이 객관식이라니 더욱 안타깝다. 보완책으로 논술 고사란 것이 생겼다는데 글쓰기는 평소 꾸준히 갈고 닦아야 할 것이다. 다행하게도 기쁜 소식이 들렸다. 중2에 오른 손녀의 숙제가 "아전인수(我田引水)와 역지사지(易地思之)〉에 관하여 생각을 정리해 보라."였다. 강제성 시험도 아니고 학생이 제시된 四字成語를 충분히 이해하고 주관적으로 글을 쓰게 하고 있다. 참으로 훌륭한 교육 방식이 도입되어 다행스럽다.

고교 국어 시간에 명작이라고 소개 받은 도스토예프스키의 「죄와 벌」을 法大에 들어가서야 마치 의무적으로 읽듯 난해하다 불평하며 읽었었다. 훨씬 나이 들어 읽은 감은 또 달랐었다. 과연 필자는 위대한 思想家였다. Dostoevski는 "내가 활용할 수 있는 시간은 오로지 현재 뿐이다" 란 명언을 남겼다. 자연 현상은 만고불변이고 누구에게나 공평하지만 그 현상을 깨닫고 글로 표기하기는 쉽지 않다. "콜럼버스의 계란 세우기" 에 비유할 수 있을 것 같다. 바로 그런 도스토옙스키의 형안(炯眼)이 남다른 글을 쓰는 바탕이었을 것이다.

대학 2학년인가 그 해에 소련(U.S.S.R) 작가 보리스 파스테르나크(Boris Pasternak. 1890~1960년.)의 장편소설「닥터 지바고(DOCTOR ZHIVAGO)」가 나왔다. 세계 26개 국어로 번역되고 세계 젊은이들이 열광하며 읽는다고 신문 광고 란에 소개 되었다. 한국어 번역본을 구입하였다. 도입부분에 낯선 러시아의 단어들이 길게 나열되는 생소함에 책을 덮어버릴까 생각이 들었으나 세계 수많은 젊은이들이 읽는다는데 내가 빠질 수야 없지 않겠나 하는 설익은 자존심 때문에 인내심을 돋우며 읽어나갔다. 무엇보다도 소련에서 저항 작가로 알려져서 사실상 구금상태에 있는 작가가 공산당의 감시를 피해서 이 책 원고 뭉치를 서방세계로 내 보내는 작업 그 자체가 한 편의 모험 소설 같았다.「닥터 지바고」가 노벨문학상에 지명되었으나 저자 보리스 파스테르나크는 이 영광스런 상을 받으러 출국할 수 없었다. 어쩔 수 없이 운명처럼 아내 토냐와 라라 두 여자를 사랑하게 된 지바고와 그의 허망한 죽음에 이르기까지 무엇 하나 가슴을 울리지 않는 장면이 없었다. 혁명의 대서사시 속에 사랑의 진수가 있었다. 후일 작가가 철학을 전공했다는 것을 알고 "역시! 과연!"을 연발했었다. 이 소설을 세 번 넘게 거듭 읽었을 무렵 미국 〈Wonder Works〉

사가 1965년에 제작한 영화 "닥터 지바고"가 들어와 상영되었다. 주연 배우 오마 샤리프의 이국적이고 수려한 용모에 마음을 빼앗겼었고 유리 지바고의 어린 시절 텅 빈 방에서 고독과 두려움에 떨며 러시아 전통 악기를 품고 잠드는 모습에 눈물을 흘리기도 했었다. 영화 닥터 지바고의 신비롭고 매혹적인 OST에 영혼이 빠져들었었고 주연 배우 오마 샤리프가 영화 마지막장면처럼 현실에서도 심장마비로 세상을 뜬 것은 우연의 일치였을까. 1991년 여름, 이집트 여행 갔을 때 카이로에 있는 호텔 방에서 길 건너에 있는 오마 샤리프의 대저택을 내려다보면서 나는 보리스 파스테르나크를 떠올리며 그 작가의 위대함을 기억해 내고 새삼 머리 숙였었다.

빅토르 위고(Victor Hugo)의 「레 미제라불(Les Miserable)」은 가난한 누이와 일곱 명의 굶주리는 조카들을 위하여 빵 한 조각 훔친 장발장과 그를 집요하게 쫓는 자베르 경감의 이야기는 너무나 잘 알려져 있으니 나의 독후감은 생략한다. 건물 입구에 "조국이 위대한 사람에게 감사를 표한다."는 글이 새겨진 판테온(Pantheon) 신전 지하층에 당시 위대한 사상가 장 쟉 루쏘와 함께 빅토르 유고(1802~1885년)의 조각상이 모셔진 것에 깊은 감명을 받고 신전을 돌아 나왔었다.

미국 소설 「바람과 함께 사라지다(Gone with The wind)」는 무명작가 Margaret Mitchell에 의해 쓰여져서 하마터면 세상의 빛을 못 볼 뻔했었던 대하소설이다. 미국 남북전쟁과 전후(戰後) 복구 상황을 그리며 주인공 스칼렛 오하라의 억센 삶과 고향 토지 "타라"에 대한 믿음 같은 사랑을 이어가며 애틀란타 조지아 등을 배경으로 쓰인 책이다. 이화여대 교양학부 영어 선생이 이 책을 읽고 독후감 써 내는 것으로 학기말 성적을 주기로 해서 그 긴긴 책을 읽기 시작했었는데 몇 장도 못 읽고 번역본을 사서 읽었었다. 후일 영화가 들어와 상영되었을 때 除百事하고 극장에 갔다. 소설의 감동을 능가하는 걸작이었다. 스칼렛 오하라 역을 맡은 비비앙 리의 연기도 감동이었다. 클락크 케이블의 능글맞은 렷트 역이 압권이었다. 1939년에 어떻게 저런 걸작 영화를 만들어냈을까, 미국이란 나라가 대단하다는 생각을 다시금 했었다. 뭔가 채워지지 않은 아쉬움에 그 책을 다시 한 번 읽었었다. 책으로 읽어야 그 장면마다 스스로 음미하는 즐거움이 솟기 때문이다.

「The Good Earth」를 써서 노벨문학상을 받은 Pearl S. Buck의 「letter from Peking」을 빼놓을 수 없다. 「Gone with the wind」는 난해해서 중도 포기하고 일본어 번역본으로 옮겨 읽었었는데 펄 벅 여사의 원문 영어는 부드럽고 감성을 살려내는 마성이 있는 듯 느껴졌었다. 사람의 심리를 너무도 잘 그려서 처음부터 마음에 닿았었다. 영문 아니고는 표현이 어려울 것 같은 문장은 더욱 매력적이었다. 대학에 입학해서 읽었었는데 지금까지 책상머리에 두고 수시로 읽는다. 그 내용에 심취해서인데 영어공부는 덤이다. 주인공의 남편 Gerald가 아내에게 보낸 마지막 편지는 굽이굽이 특히 첫 부분은 외워질 만큼 읽고 또 읽는다. 어쩌면 이런 사랑을 동경해서인지도 모른다. 제럴드가 자유와 아내를 찾아 미국을 향하여 공산치하 탈출을 시도하다가 밀정의 총에 맞아 죽는 최후의 장면은 가슴을 먹먹하게 한다. 펄 벅 여사는 선교사의 딸로 부모 따라 중국에 건너가서 오래 살았었다. 미국과 중국, 자유민주주의와 공산주의 그리고 사랑의 순수함을 스스로 체험하였기에 이런 아름다운 글을 남길 수 있었을 것으로 믿어진다. 펄 벅 여사는 「한국에서 온 두 처녀」를 비롯하여 한국을 주제로 다룬 책 몇 권을 출간하기도 하였는데 〈한국은 고상한 국민이 살고 있는 보석 같은 나라다〉란 말로 한국에 대한 존경심과 사랑을 표하고 있다.

레오 톨스토이 원작 소설 「War and Peace」는 William Wyller가 감독하고 오드리 헵번, 멜 파라, 헨리 폰다 등 세기의 명배우들이 출연하는 영화로 재생되어 온 세계가 관람하는 거작으로 다시 태어났었다. 이 영화를 본 감흥은 오래 지속되었다.

〈모든 행복한 가정은 다 비슷한 모양새지만 불행한 가정은 제 각각 불행의 이유가 다 다르다〉로 시작되는 톨스토이의 「안나 까레니나」는 이 심상치 않은 첫 구절로 해서 나로 하여금 계속 읽게 하였다. 러시아 문학의 진수를 읽었다는 만족감을 주었다. 이 책은 내가 습관적으로 뒤표지 안에 기록하는 메모에 보니 내 나이 서른 중반 늦은 나이인 1971년 3월 4일에 구입하고 있다. 이 책의 방대한 양으로 해서 익숙지 못한 이름들 그리고 난맥처럼 얽힌 이야기로 해서 역시 읽어 내리기가 힘들었었다. 주인공 안나는 카레닝의 젊고 아름다운 아내. 부호이며 사교계의 총아 우롱스키와의 사랑에 몸을 맡기고 냉소적인 관료정치가와 이혼하고 기차에 몸을 던져 자살한다. 나이 많은 정치가와 젊은 아내와의 사이에 얽힌 이야기를 주축으로 그린 이 작품은 사상적 역사적 심리학적 사회학적 연구의 교본 같다고 느끼기도 했었다. 국내 출판 축소 본으로는 성이 차지 않아서 일본의 河出書房의 세계문학전집 21, 中村白葉의 「안나 까레니나」 완역본(1969년판)을 종로 '외국서적'에서 구입하였었다. Pont 7~8호 정도로 작은 활자체로 국배판 710 페이지에 달하는 巨大한 量의 巨作이다.

시집살이 남편 뒷바라지 아이들 기르기 등으로 나는 한동안 책을 들지 못하다가 십여 년의 연구 공백을 뒤로하고 1981년 3월 대학 강단에

서게 되었다. 형법은 〈죄와 벌〉의 본질을 묻고 있고, 法解釋學은 내 성격에도 잘 맞는 사회과학이다. 合目的的인 해석을 추구한다. 내겐 실로 벅찬 학문이었다. 대학교에 형사법 담당 교수가 나 하나뿐이어서 5~6년을 다람쥐 쳇바퀴 돌 듯 형법 총론 각론, 형사소송법, 형사정책 그리고 형사연습에 이르기까지 강의하다 보니 허름한 낡은 집 지붕 틈새로 햇살이 스며들 듯 우둔한 내게도 한 가닥 깨우침이 비치기 시작하였다. 刑法만큼 재미있는 이야기책이 또 있겠는가. 총론은 철학적 사고를 길러 주었고 각론은 각론대로 세상만사 모든 이야기를 품고 있었다.

정년퇴임 후, 하는 일 없이 시간을 보내는 것이 힘들었다. 젊은 날의 취미였던 그림을 그리기도 하였으나 그림보다는 글쓰기가 더 절실한 욕망으로 다가왔다. 비록 체계적인 作文 수업을 받지 못해서 내 수필들이 영원한 습작에 머물지라도 내 생각들을 정리하는 차원에서 내 취미를 긍정적으로 여기며 글 쓰게 되었다. 어려서 한글을 깨우친 후부터 일기를 쓰게 되었고 웃어른들께 문안편지 쓰기를 즐겼었다. 가끔 종합문예지 등에 발표도 하는데 내 글이 부드럽지 못한 흠을 느낀다. 법학을 하면서 권리의 主體와 客體, 범죄의 가해자와 피해자를 분명하게 하는 思考가 굳어서 또박 또박 主語를 쓰기 때문이다. 특히 1인칭을 부각시키니 더욱 그렇다. 그래도 나의 법학 연구의 길에 굳은 이 思考는 습관처럼 버릴 수 없다. 주어가 생략되는 우리 문체에도 확실성을 위해서 주어사용이 필수가 될 날이 올 것이다.

나의 글쓰기 중 2015년의 작품 하나가 기억에 남는다. 대하소설 「객주」의 작가 김주영을 배출한 경북에서 김주영 선생을 명예위원장으로 모시고 〈김주영 문학관 개관기념 "제1회 경북일보 문학대전"〉을 열었다. 나는 어릴 적 이웃 친구가 한센 병 앓는 무리들의 희생이 된 가슴 아픈 기억을 살려서 「非情의 계절」이란 수필을 써서 응모하였다. 수필부문에서 7등으로 입상하였다. 6등만 하였어도 銅賞을 받았을 텐데 아쉬웠다. 옛날엔 아쉬움을 달래주는 "아차상"이란 것도 있었는데…. 어쨌거나 佳作 5편 중 첫째이고 1,270여 명의 수필 응모자 중에서 7등을 하였으니 그리 나쁘지는 않았다.

돌아보니 책 읽기는 내 삶의 길잡이가 되어 주었고 글쓰기는 내 삶의 흩어진 기억을 살리고 경험을 되새기는 좋은 기회가 되었다. 글 한 편을 마무리할 때면 산소가 내 폐에 들어와서 신선한 산소를 온몸에 뿌려 주는 듯 산뜻한 기분이 될 때도 있고 마신 물 한 컵이 온몸에 활기를 준 것 같은 성취감을 느낄 때도 있다. 비록 재미없는 個人史로 흐르는 경향이 있지만 한 시대를 살아 낸 사람으로서 한 시대의 역사를 기록한다는 어떤 사명감도 있어서 내 기억과 일기장 등을 뒤지며 이 글들을 써 내렸다. 어쩌면 내 글들은 그 시대를 밝히는 역사의 증언이라 할 수 있다.

삶은 괴로워도 참고 이기는 것이다.
—톨스토이

심신단련에서 얻은 것들

1. 어린 시절

요즘 집안에서만 지내니 삶 자체가 지루하게 느껴질 때가 있다. 역병 COVID-19 공포에 더하여 긴 장마에 태풍까지 겹쳐 삼중고(三重苦)에 시달려왔기 때문이다. 집안에 갇혀 생활한지도 벌써 아홉 달이 넘어간다. '방콕'이란 말이 있는데 방콕은 선택의 여지가 있는 것이고 '집콕'은 코로나19 펜데믹으로 인한 사회적 거리 두기에서 크게 강요받은 결과이다. 하지만 요즘 집콕이 안전하게 느껴지고 외출하기는 겁난다.

가끔 코로나19가 아무리 무서운들 내 어릴 적 통학길만 할까 하는 생각이 들곤 한다. 내 기억에서 지워지지 않는 공포의 통학길이다. 어린 시절 초등 고학년과 중3 합해서 5년 동안 하루도 빠지지 않고 왕복 10km를 걸어서 甘川동에서 영양(英陽) 읍내로 통학했다. 요즘처럼 노면이 잘 다듬어진 길도 아니고 바위산들을 폭파해서 만든 길이어서 모난 돌들이 뒹구는 거칠고 험한 길이었다.

그 신작로(新作路)를 걸어가면 2km 정도 더 멀게 돌아가서 학교에 지각하기가 예사였다. 학적부 〈출석에 관한 소견〉에 1학년 때는 "통학거리가 먼 관계로 지각이 있음"으로 기재되었고 2학년 때는 "근실치 못함"이라고(사진 1) 기재되어 있다. 1학년 담임선생님은 이해심이 많은 분이었던 것 같고, 2학년 담임은 객관적으로 지각한 사실관계만 기재한 것 같다.

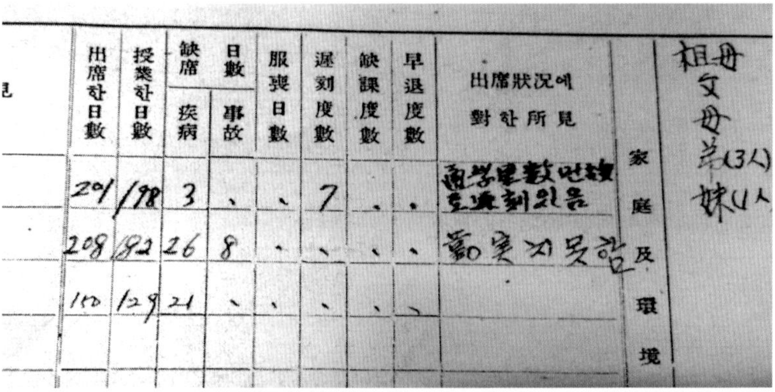

出席한日數	授業한日數	缺席日數 疾病	缺席日數 事故	服喪日數	遲刻度數	缺課度數	早退度數	出席狀況에 對한所見	家庭及環境
201	198	3	、	、	7	、	、	[illegible]	祖母 父 母 弟(3人) 妹(1人)
208	182	26	8	、	、	、	、	勤実치 못함	
150	129	21	、	、	、	、	、		

사진 1

등교할 때 으스스한 느낌을 애써 지우면서 시간 절약하느라 굽이쳐 돌아나가는 강 사이 지름길을 택해서 다녔는데 거기에는 길 양쪽으로 넓은 공동묘지가 있었다. 초등 고학년이 되어 귀가 시간이 늦어지기도 하고 특히 운동회 예행연습이라도 있는 날에는 학교가 늦게 끝난다. 한밤중에 그 공동묘지 샛길을 걸어 귀가할 때는 등에 씩은 땀이 흐르곤 했었다. 부엉이가 우는 밤엔 더욱 으스스해졌었다. 이런 생활이 이어지는 사이 나는 참을성이 있는 아이로 자란 것 같다. 중학교 학적부 인품 란에 2, 3학년에 걸쳐서 연속 〈沈着. 침착〉이라 기재되어 있다.(사진 2).

집이 멀어서 학과가 끝나면 지체 없이 집으로 향하였기 때문인지 협동 칸에는 〈中. 中〉으로 기재 되었는데 책임감 칸에는 〈上. 上〉으로 기재되어 있다. 특별히 공부를 열심히 하려 한 것은 아니었는데 등교 때는 지각하지 않으려 잰 걸음으로 걷는 습관이 생길 정도로 정신없이 달렸

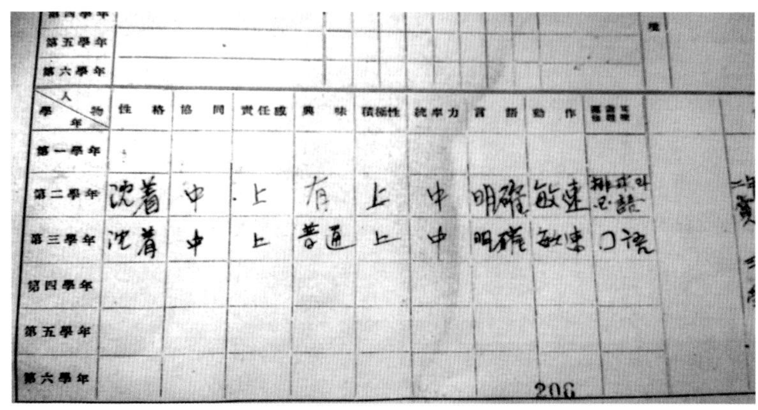

學年＼人物	性格	協同	責任感	興味	積極性	統率力	言語	動作	[illegible]
第一學年									
第二學年	沈着	中	上	有	上	中	明確	敏速	[illegible]
第三學年	沈着	中	上	普通	上	中	明確	敏速	[illegible]
第四學年									
第五學年									
第六學年									

206

사진 2

지만 하교 때는 느긋하게 그날 배운 것들을 생각하며 걷다 보니 자연적으로 복습이 이루어졌었다. 고시조(古時調) 100首 정도는 힘들이지 않고 외웠었다. 학적부에 보니 언어 〈명확(明確)〉, 동작 〈민속(敏速)〉에 이어 국어를 잘한다고 쓰여 있다. 어려서부터 글쓰기를 좋아한 것 같다.(사진 2). 상·벌란에 2학년수료 시 우등상 수상. 3학년 졸업 시에 우등상 수상이라고 기재된 것이 눈물겹다.(사진 3). 신발은 커녕 교과서도 못 사서 선생님의 강의를 받아 적으며 공부한 날들이 새삼 서러워져서이다.

영양중학교의 우등상은 60명 한 반에 한 명 아니면 둘 정도에게만 주어지는 상이어서 어머니께서 기뻐하셨다. 중학교에 올랐을 때는 하교 시간이 늦어졌었다. 겨울철이 되면 해도 짧아서 높은 산골 아래 마을엔 해는 빨리 넘어가고 어둠은 순식간에 내려 깔린다. 고학년이 되어 나의 하교 시간이 더 많이 늦어질 때 어머니는 늘 동구 밖까지 마중 나오셨다. 동네로 들어서는 길목에 있는 가무냇 골은 아총(兒塚)이 모인 곳이라 낮에도 사람들이 피해가는 곳이었다. 칼바람 부는 한밤중까지 홑옷으로 추위에 떨면서 기다려 주시던 어머니께 나는 지금 눈물 말고 드릴 것이 없다.

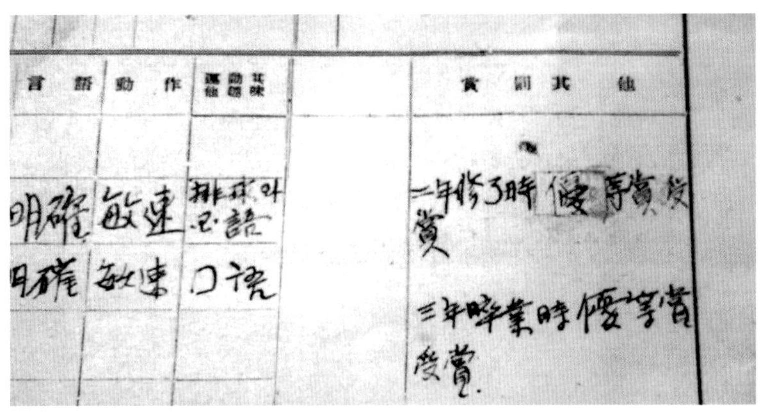

사진 3

가난의 서러움은 경험 없이는 절대로 이해 못할 아픔이라 생각된다. 그 때는 온 나라가 가난해서 돈 좀 있는 집 아이들이 고무신이나 운동화를 신고 다녔고 그 외는 거의 맨발이었다. 밥을 제대로 먹고 학교 다니는 아이들도 드물었다. 억센 산나물을 듬뿍 넣고 쌀은 어쩌다 하얗게 뜨는 갱죽이나마 먹고 다니는 아이들은 부잣집 자식들이었다. 초등 5학년의 겨울이었다. 서리가 내렸는데 무서리가 아니고 급강하한 기온 탓에 돌에 맺힌 서리가 칼날 같아서 발바닥에 닿는 느낌은 살을 베이는 것 같이 날카로웠다. 그런 통증과 발 시린 느낌은 얼마 아니 가서 마비되고 그 다음은 그냥 습성인 양 걷기만 했다. 악조건의 날씨가 계속되던 어느 날 도저히 맨발로 학교까지 갈 엄두가 안 나서 집으로 돌아왔다. 아버지는 "사람으로 태어났으면 목표가 있고 의지가 있어야지."라며 다시 학교로 가라 하셨다. 아버지 말씀을 수긍할 이해력이 있었던 것도 아니어서 눈물을 흘리며 돌아나갔다. 철들어 돌아보니 그 때 신발을 사 신겨주지 못한 아버지의 마음은 얼마나 시렸을까를 헤아리게 되었다. 그런 모진 가난은 아버지께서 〈금은방〉을 차리시면서 가셨다. 그 때 다져진 어떤 고통이라도 이겨내야 한다는 가르침은 나의 일생을 통한 정신적 큰

자산이 되었고 신체적으로도 굳건한 체력을 갖게 해 주었다. 후일 국립 서울대학교 총장을 지내시고 국무총리에 오르신 이현재(李賢宰) 교수님이 나와 똑 같이 맨발로 학교에 다닌 이야기를 듣고 동병상련(同病相憐)으로 나는 크게 위로 받았었다. 그 시절의 살아있는 우리나라 가난의 역사이다.

어려서 모진 가난을 참으며 극복하여서 웬만한 부족쯤은 견디고 남는 뱃심이 내게 생겨 있었다. 그래서인지 평생을 통하여 부자를 부러워한 적이 없다. 그래서 부자가 되지 못하였는지도 모른다.

2. 山行의 어려운 고비를 극복한 기억

전국 유명 산들을 탐방하는 백산회(百山會)가 있었다. 주로 중앙일보 산악회원인 기자들과 성균관대학교 등산 애호가 교수들이 동참하고 있었다. 젊은 시절 우리 내외도 자주 이 모임 등반에 따라 나섰었다. 어느 해 초가을에 태백산맥을 넘는 큰 산행길에 올랐다. 저만치 산 아래 벼가 누렇게 익은 황금 들판이 펼쳐져 있었다. 남편과 나는 자연의 아름다움을 감상하며 서둘지 않고 천천히 하산하는데 뜻밖의 절벽을 만나 당황하였다. 능선 끝에 난 절벽이어서 붙들고 의지할 나무 가지 하나 없고 내려다 만 봐도 현기증이 났다. 고교시절 기계 체조를 한 남편은 어렵지 않게 폴짝 뛰어내리고 나를 처다 보며 내려오기를 기다린다. 능선 끝자락이라 양쪽에는 깊은 골이 낭떠러지처럼 깎여 나가 폭이 매우 좁아져 있다. 손이 미끄러지면 나는 낭떠러지 아래로 떨어질 것이란 생각에 장갑을 벗었고 등산화도 벗어 던졌다. 발바닥에 닿는 감각에 의지하는 편이 안전하다고 판단해서였다. 배낭까지 아래로 던져놓고 비장한 각오로 내려간다. 위험천만한 순간이다. 높이 2m가 넘는 절벽을 두 팔로 안은 자세로 손과 발로 절벽 바위를 더듬으며 힘을 안배해가며 조금씩 내려간다. 호흡 조절이 헝클어지면 힘의 균형도 깨질 것 같아서 그야말로 전심전력을 다하였다. 성공이다. 평지로 내려 선 순간 울컥해졌다. 어린 아들을 혼자 남기게 되지 않은 사실에 뜨겁게 감사했다. 이 후 나는 어지간한 일에 주저하지 않게 되었다. 정신일도하사불성(精神一到何事不成)을 체험으로 터득한 것이다.

그 다음 해 산행은 한 겨울이었다. 경북 풍기 쪽에서 소백산을 오른다. 태양은 빛나고 저만치 보이는 능선에서는 바람 부는 대로 흰 눈가루가 하얗게 하늘로 날아가고 있었다. 길게 이어진 능선 위 길을 한 시간 정도 걷다가 능선 아래 하산 길로 내려서니 기온이 영하 16도로 떨어져 있었다. 햇살 아래서 받던 온도를 합하면 영하 20도 이하로 급격히 기온이 떨어진 셈이다. 게다가 길에 쌓인 눈이 깊어 무릎까지 푹푹 빠진다. 중앙일보의 베테랑 등산가의 안내가 없었으면 우리는 산에서 길을 잃고 얼어 죽을 수도 있는 상황이었다. 아니나 다를까. 젊은 여기자 하나가 추위를 견디지 못하고 까무러쳐버렸다. 등반대장이 그녀 입을 벌리고 위스키 한 잔을 흘려 넣고 자기 배낭을 비우고 그 속에 여기자를 담아 둘러메었다. 그 낭패를 그렇게 수습하고 우리는 다시 걸었다.

한 두어 시간 내려오니 자그마한 절이 있었다. 먼저 도착한 사람들이 마당에 모닥불을 피워놓고 우리들을 맞이했다. 누군가가 친절하게도 의자를 불 앞에 갖다 놓고 나를 앉으라 했다. 절에서 내주신 차를 마시며 몸을 녹이고 일어서려는데 내 다리가 펴지지 않는다. 영하 20도 이하에서 꽁꽁 언 다리에 갑자기 뜨거운 열을 가한 꼴이었다. 경험이 있는 분들이 달려들어 나의 팔 다리를 마사지 해주시는 등 애써주셨다. 출발이

한 시간 정도 지연되었다. 피가 도는 생명체일지라도 얼었다 녹았다 열을 가했다 순으로 급격한 체온 변동은 매우 나쁘다는 것을 알게 되었다. 백문이 불여일견이라 하는데 나는 그에 더하여 백문불여일체험(百聞不如一體驗)이란 말을 남기고 싶다. 진실로 힘든 등산 경험들 속에서 나는 진리 같은 지혜를 많이 터득할 수 있었다.

남편이 정치적 유고(有故)로 이른바 "해직 교수"가 되었을 때 나는 가장의 역할을 하게 되었다. 어렵게 얻은 직장에서 내가 강의하는 형법은 〈죄와 벌〉에 관한 철학적 역사적 배경으로 해서 매우 어려운 학문이다. 대법원 영어통역관을 그만 둔 후 전업 주부로 지낸 7년 세월이 너무 길어 새롭게 강의 준비하는 일과 강의하는 그 자체가 쉽지 않았다. 초임인 나에게 주간 9시간, 야간 9시간 도합 열여덟 시간이 맡겨졌다. 가히 살인적이다. 두어 달 지날 무렵에는 너무 지쳐서 발이 땅에 닿지 않고 구름 위를 걷는 느낌이 들곤 했다. 나는 대 식구를 책임진 실질적인 가장이었고 그 책임감은 나의 마음을 더욱 굳세게 하였다. 그런 와중에도 쓰러지지 않고 그 상황을 견뎌낸 것은 어린 시절 아버지의 가르침과 등산하면서 다진 체력 덕택이라고 믿고 있다.

We must look to the future with hope, not to the past with bitterness.

언어의 품위

두메산골에서 화전(火田)을 일궈 생계를 꾸려온 집 딸이 시집을 가게 되었다. 부모는 언어 예절을 가르치지 못한 것이 염려되어 웃어른에 대한 호칭에는 반드시 "님"을 붙여야 하고 시댁에 관련한 모든 말은 높여야 한다고 가르쳐서 시집보냈다. 어느 날 시아버지가 의관을 갖추고 외출하려는데 며느리가 배웅하려 나오면서 "아버님 대갈님 위에 검불님이 앉았니더." ―아버님 머리 위에 검불이 앉았습니다. 라고 말한 것인데… 이렇게 웃지 못 할 이야기로 남았다.

갓 시집 온 며느리를 시아버지가 끔찍이 예뻐하고 있었다. 어느 날 시아버지가 건넛마을에 볼일 보러 나가려던 참이었다. 며느리가 부엌 문 앞에서 행주치마에 손을 말리면서 "아버님! 메밀묵 쳐 잡숫고 가이소." 란다. 시아버지는 한 순간 걸음을 멈칫하면서 불쾌한 심사를 감추지 못하였다. "고이얀지고. 나더러 쳐 먹으라고 하다니……." 시아버지는 며느리 말버릇을 가르쳐야겠다고 다짐하고 돌아서기는 했는데 문득 묵은 칼로 체 치기 때문에 관습적으로 〈쳐 먹는다〉고 하는 것이 떠올라 속히 감정을 정리하였다. 하마터면 며느리 앞에서 채신없는 시아버지가 될 뻔 했다.

우리 고향 삼지연(三池淵) 절에서 있은 실화로 남은 이야기가 또 있다. 나이 어린 공양주가 장작불을 너무 세게 집힌 탓에 밥을 다 태우다시피 했다. 쌀이 귀한 시절이라 다시 밥 짓기는 난감했다. 공양주가 재주껏 누룽지 한 사발 만들어서 승(僧)님께 올렸다. 이를 마땅치 않게 여기신 스님도 어쩔 수 없이 체념은 하였지만 불평할 형편도 아니어서 종일토록 언짢은 기색을 감추지를 못하였다. 이를 미안하게 생각한 철없는 공양주가 "승님! 삐이졌니껴?" 하면서 스님 턱밑에 쫑그리고 앉는 모습을 본 보살님들이 터져 나오는 웃음을 참을 길이 없었다. 스님 위신이 말이 아니었다.

오랜 삶 속에서 말은 의사소통의 귀중한 수단이므로 말을 가려서 써야 함을 당연지사로 여겨져 왔다. 위 이야기는 전해들은 이야기지만 실제로 내가 놀란 일도 있었다. 내가 주중 4일을 집을 비워야 하기 때문에 늘 가정부가 필요했다. 어느 해 30대 후반의 비교적 젊은 사람이 와서 내게 인사하면서 "내 주먹이 나가야 남의 눈알이 빠질꺼 아입니껴."란다. 섬뜩한 생각이 들었으나 내색 않고 무슨 뜻이냐고 물었다. 내 노력이 나가야 남의 귀한 돈 월급이 들어온다는 뜻이라 했다. 뜻은 옳은 말이지만 그 표현이 너무 거칠다. 위 이야기들은 교육을 받지 못한 세대들이 남긴 구시대의 이야기이지만 의무교육 시대에 태어난 세대는 기초교육을 잘 받았고 신분 상승을 염원하는 부모들이 자식들을 앞 다투어 대학에 보내게 되어 훌륭한 인재가 많이 배출되었으니 이젠 언어상 예절이나 언어의 구사 능력도 함께 향상되었어야 한다고 생각한다. 우리나라가 세계에서 교육 수준이 높은 국가 중의 하나로 손꼽히게 된 오늘날에는 더욱 그러하다. 이런 현실에도 말의 오류를 두렵게 여기지 않는 현상이 생겨나고 있는 현실에 진정 두려움을 느낀다.

6월 12일에서 13일로 계속 이어지는 KBS1-TV 뉴스에 "구독경제"란 쌩뚱맞은 단어가 등장했다. 기사의 핵심은 코로나19로 해서 세태가 많이 바뀌어가고 있다는 것이다. 요즘 아파트 촌 각 가정에서 세탁물을 현관 앞에 내 놓으면 어느 업체가 이를 가져가는데 다음날 아침 출근 전에 다림질까지 잘 된 옷이 배달된다는 것이다. 또 주부가 시장에 갈 필요도 없다. 전화로 주문만하면 모든 것이 새벽녘에 문 앞으로 배달된다. 이런 현상을 두고 기자가 "구독경제"가 형성되고 있다고 말했다. 구독이 무엇일까? 購讀 —구독을 생각해서 거기에다 경제를 붙인 것으로 짐작할 수밖에 없었다.

민중서림(民衆書林) 표준국어사전에 보면 〈구독 = 책이나 신문 잡지 등을 사서 읽음〉이라 한다. 우리 생활 속에서는 신문이나 잡지 따위를 정기적으로 받아 읽는 것을 구독이라 해 왔다. 그렇다면 위 사례 같은 세탁물 다루는 행위는 도저히 구독이라 할 수 없고 구태여 경제란 단어와 엮어 바뀐 세태를 표현하고 싶다면 차라리 〈배달 경제〉라고 하는 편이 옳을 것 같다. 나의 직업병이 도져서 그냥 넘어가기 힘들어졌다. KBS 고위직을 거친 제자 England Kim(별명)에게 전화를 걸어서 사실을 적시하고 후배 기자들이 좀 더 공부하도록 닦달을 하라고 주문했다.

2021년 1월 12일 화요일 KBS 뉴스에 '보복적 소비'란 낯선 어휘가 등장하고 있다. 내용인즉 일 년 넘게 이어져 오는 코로나19 창궐 사태로 인하여 경제 흐름도 막히고 각기 소비 기회도 줄어서 가용 현금이 쌓여 구매 현상이 솟아오른 현상을 표현하기 위해서 등장한 단어라 한다. '보복'이라 함은 쉽게 말해서 故意에 의한 타인의 利益에 대한 침해 내지는 공격이라 할 수 있다. 따라서 솟아오르는 구매 심리를 보복이라 할 수는 없다. 비록 그간 구매 활동을 못해 온 데에 대한 억울함이 있을 것이기는 하다. 나는 이런 현상으로 나타난 소비 현상을 "반등(反騰)소비"라 해야 옳다고 생각한다. 언론매체는 단어 하나하나 선택에 신중을 기해야 할 것이다. 혹여 외국 서방세계에서 보복적 소비라 표현할지라도 그들의 문화적 배경을 안고 있는 표현일 것이니 맹목적 모방은 삼가야 할 것이다.

1954년 노벨 문학상을 받은 헤밍웨이의 소설 「The Old Man and The Sea」를 읽으면 단어 하나 문장 하나하나마다 말의 의미를 명확히 하려 한 것이 느껴진다. 헤밍웨이는 사람이 망가진 모습이 외관상 같게 보일지라도 파멸(destroy)과 패배(defeat)를 가려서 표현하고 있다. 인간의 존엄과 가치를 강조하면서 파멸 당할 수는 있어도 패배할 수는 없다고 했다. 말은 그 의미를 잘 가려서 써야 상황이 명확해지고 진실이 온전히 전달됨을 깨닫게 해 주고 있다.

인류가 추구해온 영구불변의 가치는 행복이다. 특이한 사람이 아니라면 인간은 누구나 누군가와 더불어 살고 있고 이들의 의사소통이 손짓 몸짓 표정 등으로도 이루어지고 있지만 그 중에서 주된 도구는 언어이다. 따라서 고운 언어 활용 능력이 뛰어난 사람일수록 고운 감정을 증폭시켜서 좋은 인간관계를 쌓는다. 이러한 언어의 순 기능이 행복을 부른다. 그러나 안타깝게도 현재 우리 주변에서 거침없는 언어폭력이 난무하고 있는 것을 쉽게 볼 수 있다. 고달픈 삶에 지친 사람들이 울분을 토해낼 때 말이 거칠어지는 경향이 있다. 부부 간에도 이혼에 이르는 첫걸음이 언어폭력이란 사실은 내가 서울가정법원 가사조정위원을 할 때 실감한 사실이다. 거친 말에 의한 상처가 깊어가면서 사랑이 깨지고 가정이 무너지는 사례를 수 없이 접하면서 말의 역할이 얼마나 중요한지를 다시 한 번 생각하게 된 경험이었다. 지금은 언어의 품위를 살려나가도록 노력할 시기인 것 같다. 서로 상대를 존중하면서 그 마음에서 우러나는 고운 말을 쓰노라면 잃어버린 평화와 행복도 다시 살아날 것이라 믿는다.

孔子의 손자 子思가 썼다는 中庸에 의하면 고운 말은 상대를 존중하는 성실한 마음에서 나오고 성실한 마음보다 더 聖스러운 것은 없다고 했다. 이어서 성실한 것은 하늘의 道이며 성실해지려 함은 인간의 道라고 하였다.

우리 조상들은 '말 한마디로 천 냥 빚을 갚는다'는 말을 남기셨다. 지혜로운 이 말씀은 속담처럼 퍼져서 사람들의 마음속에 자리 잡고 있다.

어찌 고운 말 쓰기를 멀리 할 것인가.

사람은 나이 먹어서 늙는 것이 아니라 꿈을 잃을 때 비로소 늙는다.

나의 English 修業

한 때 우리 사회에 "하숫뽀이"라는 직업이 있었다. 말하자면 주한 미군부대에서 잔심부름하는 소년을 일컫는 말이었다. 하숫뽀이는 House-Boy를 무식하게 발음하는 것이라기보다는 그들 스스로가 그렇게 발음하였다. 그 시절 하숫뽀이가 쓰는 그런 수준의 영어도 부러워하는 사람들이 많았다.

미군 지프차가 한국 낡은 트럭을 치고 도망가 버린 사건이 있었다. 한국 트럭이 옆으로 벌러덩 넘어져 있는 현장에 한국에 진주해서 1950년대 전후 한국 치안을 담당하고 있던 미군 헌병 MP(Military Police)가 조사하러 나왔으나 아무도 설명할 사람이 없었다. 이 때에 한 중학생이 나서서 "American Jeep Korean Truck kiss kiss. Korean truck knock out, American Jeep good bye" 라고 말했다. 이 기본 단어 몇 마디만으로도 상황이 충분히 설명되었고 달아난 미군 지프차는 수배되었고 운전자의 책임을 물었다 한다. 재치 있게 영어를 구사한 그 학생은 단박에 교내 유명인이 되었다. 영어 구사 능력으로 신분이 달라지는 시절이었다.

나는 일본 동경에서 자라다가 1945년 우리나라가 독립한 뉴스를 들었다. 무슨 뜻인지 알지는 못하였어도 뭔가 변하고 있다는 현실을 어렴풋이 이해하고 있었다. 아버지는 12살 언니와 열 살인 나를 영어 개인교사를 들여 영어회화를 가르치셨다. 우리는 2차 대전 말기에 태평양에 정박한 미군 전투 함대(艦隊)에서 發進하는 B29 편대가 매일 밤 날아와서 폭격을 가하는 것을 피해서 東京에서 이바라기縣으로 소개(疏開) 가서 피난살이를 하고 있었다. 이 마을에 종전 후 안정을 찾으러 本家에 와있는 일본 東京大 의과대학생인 젊은 남자 다테노 마사요시(立野 正宜)님이 있었다. 전쟁 당시 일본은 敵國 언어인 영어 교육을 금지시켰었지만 의과대학생은 영문 원서를 읽어야 하기 때문에 예외로 영어 공부할 기회를 허락 받고 있었다. 우리 자매의 개인교사가 되어 준 다테노 선생은 우리를 보고 영어 L R, F V 를 분간하고 th 발음을 잘 한다고 칭찬했었다.

귀국 후 중학교에 진학했을 때 다테노 선생에게서 배운 영어가 빛을 발하였다. 영어 담당 장억수(張億洙) 선생은 수업 시작 첫 번째로 나에게 Leading을 시키셨다. 반 친구들이 부러워하고 시샘도 하였다. 경북여고에 진학해서는 학생훈육담당 서용택(徐龍澤) 선생이 영어 담당이었다. "누가 읽어 볼 사람" 하시면 나는 손을 뻔쩍 들었다. 서용택 선생은 내가 교과서를 읽고 해석하면 그 때마다 칭찬을 아끼지 않으셨다. 다른 학생들이 그 훈육 선생 앞에서 벌벌 떠는 내력을 나는 눈치 체지 못했었다. 하루는 張四秀(가명)라는 같은 반 학생이 나를 불러내서 교사 뒤로 끌고 가더니 "니가 뭔데 나댔샀노. 앞으로 가만 안 있으면 재미없데이. 잘못하면 골로 가는 줄 알아라." 고 겁을 주었다. 경북여중 출신으로 경북여고로 수직상승(垂直上昇)한 장사수는 그녀 자신 우등생이었는데도 라이 벌 의식을 느낀 것 같았다. 산골 영양 출신 나는 주눅이 들어서 이후 침묵했다. 갑자기 변한 나의 태도를 추궁하는 서용택 선생님 앞에서 진실을 말하지 못했었다. 그대로 말하면 장사수는 퇴학당할 수도 있고 그 보복 또한 두려웠다.

대학 진로 선택할 때 영어 잘하고 싶은 일념에 영문학과에 가고 싶어 했었다. 아버지처럼 나를 돌보아주시던 엄민영(嚴敏永) 선생께서 문필가가 될 것이 아니라면 영어는 교양삼아 공부하고 자기 전공을 갖는 것이 좋다고 조언해 주셨다. 아버지도 전적으로 같은 의견을 주셨다. 아버지는 신학, 철학, 의학, 법률, 경제를 학문이라 하시고 다른 분야는 기술이거나 예술이라 하셨다. 여자니까 신학 철학은 아니면 좋겠다고 하셨다. 법률학과에 지원하였다. 법해석학(法解釋學)은 내 기질에도 잘 맞는 것 같았다. 그래도 영어를 마음껏 활용하고 싶은 꿈은 버릴 수 없었다.

梨花女大 입시에 합격하고 서울에 와보니 을지로 입구에 있는 국립중앙도서관 건물 지하에 E.L.I.(English language Institute)가 있었다. 이 E.L.I. 영어학원은 6·25 전쟁 중에 대구로 피난하여 명성을 올린 강습소이다. 그 분위기를 알기에 서울에 온 즉시 신촌 하숙집에서 가까운 영어학원을 두고 멀리 을지로 입구까지 수강하러 다녔다. 새벽 5시부터 강좌가 열린다. 새벽 4시 통행금지 해제 사이렌이 울리면 梨大 입구 하숙집을 나서서 아현동 굴레방 다리까지 걸어가서 거기서 마포에서 오는 땡땡 전차를 타면 간신히 첫 강의 시간에 닿을 수 있었다. 5시, 6시 연속 강의를 듣고 하숙집에 돌아와 아침 먹고 학교 9시 수업에 닿기에 시간이 빠듯했다. 이렇게 4년 동안 더러는 방학에 대구 집으로 귀향하지 않고 E.L.I.에 다녔다. 강사는 거의 용산에 주둔하고 있는 미8군 尉官급 장

교들이었다. 2차 세계대전 당시의 징병제를 이어오던 미국은 지금 같은 지원병제도가 아니었고 따라서 교육 수준이 높은 장교들이 많았었다. 말쑥하고 품위 있는 장교복장을 입은 강사가 구사하는 영어가 아름답게 느껴지고 잘 전달되었다. 어느 날 새로 온 강사가 나를 일으키려 "My young girl!" 하고 손짓하며 부를 때 기분이 좋았다. 나는 웃어른이나 남자를 똑바로 처다 보는 것은 예법에 어긋난다고 교육을 받아서 항상 눈길은 아래가 아니면 허공에 두고 있었다. 지금 세대는 상상조차 어렵겠지만 그때는 그것이 반가(班家) 여인의 바람직한 몸가짐이었다. 하루는 강사가 질문하고 답을 청했다. 나는 서슴없이 답을 했다. 그런데 그 선생은 다시, 다시, 다시, Again을 연발하였다. 내가 정답을 하고 있다고 확신하는데 '왜 그러지' 하고 선생을 쳐다봤다. 강사는 그때서야 "Good, Very good!" 하며 앉아도 좋다 했다. 그리고 정원 열다섯 명 수강생을 향해서 상대방의 진심을 알려면 눈을 똑바로 보고 시선을 부딪칠 수 있다면 그 두 사람 사이는 진심이라고 믿어도 된다고 하였다. 낡은 예의범절에서 벗어날 수 있는 값진 새로운 깨우침이었다.

이화여자대학교에 입학하면서 Miss Marion Canrow 선생이 집필한 교양학부 교재 영어책을 통째로 외웠다. 다 외우고 나니 중간시험을 치르기도 전에 연한 하늘색 표지가 너덜너덜해져 있었다. 석사 과정에 들어가서는 Miss Runnals 교수의 수업을 받았다. 당시 梨大 석사과정 등록자 각과 합해서 총17명이었는데 모두 수강 신청하였으나 면접 끝에 일곱 명만 수강하게 되었다. 런날스 선생은 영어를 잘 하려면 서양식 사고를 길러야 하고 이를 위해서 서양식 생활환경에서 강의해야 한다며 梨大 오른쪽 산언덕에 있는 〈Long- View〉 석조(石造) 건물 안의 자기 숙소 겸 연구실에서 강의를 했다.

O' Henry의 Short Story, 「The Last Leaf」를 무조건 외웠다. 수필 「마지막 잎새」의 도입 부분은 그 작품 속 복잡한 골목만큼이나 복잡해서 헤매며 반복하며 외우는데 꽤 시간이 걸렸었다. 이 단편 소설을 다 외우고 나니 다음 다른 글 외우기는 쉬워졌다. 尹順德 선생(후일 尹厚淨으로 개명. 梨大 총장)의 영어 原講 교재는 고급 법률 전문 용어 때문에 외우기가 지난(至難)하였다. 강의 시간에 호명 받으면 읽고 해석하면 되는 것을 굳이 진도에 앞서 책 두 페이지를 깡으로 외워서 출석했다. 지금은 누가 시킨대도 그리는 못할 것 같다.

법학사 학위를 받고 취업하기로 했다. 금란여고 공민 담당교사 공모에 지원했다가 떨어졌다. 미 연방대법관이었던 Benjamin N. Cardozo의 사상을 섣불리 논했다가 시험 면접관 이대 영문학과 禹형규 교수로부터 감점 당한 것이다. 그 때 선발되었었다면 나는 일생을 고교 선생으로 금란여고에 뼈를 묻었을 것이기에 "낙방"은 아주 잘 된 일이었지만 그 당시에는 상심이 컸었다. 사실 대학 시절부터 교수가 꿈이었기에 이 낙방은 공부를 더 해야겠다는 생각을 굳혀주었다. 석사 과정을 마쳤을 때 때마침 대법원의 영어통역사 공모 광고가 났다. 자신이 없었지만 원서는 마감일에 접수 시켰다. 생각보다 많은 이들이 응시하고 1차 필기시험 합격자 80% 이상이 영문과 출신이라 했다. 내심 걱정이 되었다. 2차 면접시험에 나갔다. 면접관 중 일곱 명이 미 8군 법무관이고 한국인은 연년 간격으로 사법 행정 兩科 高試에 합격하여 천재라 소문난 朴天植 판사와 경기고교 수재로 알려진 曺奎大 판사가 앉아 있었다. 과연 영문과 출신들은 영어 대담을 매우 매끄럽게 진행하고 있었다. 더욱 죄형법정주의 같은 것은 미리 공부해 온 것일까 막힘없이 줄줄이 외우다시피 답변하고 있었다. 나는 틀렸구나! 낙담하고 있었는데, 한 미군 장교가 "야간에 남의 집에 침입하여 절도하고 그 기회에 잠자던 그 집 아내를 강간하고 목을 졸라 실신시킨 후 달아났다." 이 때에 어떻게 처리하여야 할까 라는 질문을 했다. 여덟 명이 한 조를 이루어 면접 보는데 영문과 출신은 침묵하고 이번에는 내 차례다. 구성요건 성립과 위법성과 책임을 말했다. 이 때에 가장 큰 도움이 되었던 것은 주한 미8군에서 내보내는 AFKN 방송을 열심히 청취해서 Hearing 능력을 닦아 온 것이었다. 여자는 나 하나 그리고 남자 둘, 세 사람이 최종 합격하였는데 모두 법대 출신이었다. 서울 법대 출신 金洙烈 先生은 이미 다른 기관에서 통역사 경력이 있었고 또 한 사람 김대진씨는 미국 이민 가려고 영어를 집중 공부하던 경북대 출신이었다. 통역 일이 항상 있는 것은 아니어서 나는 대법원 법원행정처 총무과 인사계 서기(4급 甲)로 발령받았다. 아무리 시험에 통과하여 임명 받았을지라도 법정 통역하기는 두려움이 앞선다. 영어 공부는 계속되었다.

통역사 일 중 법정 통역 외에 매우 중요한 또 다른 임무는 외국 대사가 대통령에게 신임장을 제출한 후 삼부요인(三府要人)인 대법원장을 예방하러 올 때 그를 대법원장 실로 안내하고 통역하는 일이다. 당시 趙鎭滿 대법원장께서는 드물게 영어를 잘하는 법관으로 알려져 있었는데 본인은 절대로 영어를 구사하지 않았다. 외교 사절들은 각기 그 나라마다 특색 있는 억양과 발음을 해서 알아듣기 힘들고 통역하기가 여간 조심스러운 것이 아니었다.

부모님께 더 이상 폐 끼칠 수 없어 미국 유학을 포기한 것을 구비 구비 후회하였었다. 그래도 나의 첫 직장이 영어를 즐겨 온 삶과 엮어졌던 긍지는 유학 못 간 후회를 달래주고도 남았다. 그 때 미국으로 유학 갔더라면 아마도 지금쯤 나는 한국말이 어눌해진 미국시민이 되어 있을 것 같다. 비록 자수성가(自手成家)형 모자라는 영어로 고생하였을지라도 현재의 나는 영어를 조금 할 줄 아는 한국인으로 살아온 것을 매우 다행으로 여기고 있다.

목이 마르면 물을 마셔야 한다.

영어 공부에 얽힌 에피소드

1. 휘파람 부는 남자
2. Love me tender
3. 미군 장교와 찻집 찾기

1. 휘파람 부는 남자

1945년 광복 이후, 1948년 우리 대한민국 정부 수립 이전에 걸쳐 우리나라가 미군정하에서 3년을 지낸 역사가 있다. 그 시절 영어 잘하는 것이 많은 사람들의 소원이었다. 우리 정부 수립 이후 미군은 물러가고 정치적으로도 한국은 미국 보호 범위 밖으로 나가 있었다. 소위 〈에치슨 라인〉이 우리 보호 수역 밖으로 나갔었다. 이를 두고 미국이 한국을 보호할 뜻이 없는 걸로 착각한 소련이 한국 전쟁을 일으켰다. 다시 미군이 한국에 상륙하게 되었고 피란을 가도 영어 좀 할 줄 아는 이들이 덕을 보는 세상이 되었다.

1953년, 경북여고에 입학한 나는 나도 영어 잘해야겠다는 생각을 굳히고 영어 강습소에 다니기로 했다. 새벽 4시 통행금지 해제 사이렌이 울리기가 바쁘게 집을 나서서 아직 칠흑같이 어두운 골목길을 걸어 영어학원으로 갔다. 늘 조심스러웠다. 요즘처럼 가로등이 대낮처럼 밝은 세상에 사는 학생들은 어두운 골목길을 걸을 때 느끼는 공포가 어떤 느낌인지 상상하기 어려울 것이다.

그 당시 나는 친구의 호의로 대구 대봉동 육군관사에 방 한 칸 얻어 자취하고 있었다. 대봉동의 10여 채의 관사는 일본군 장교용으로 지어져서 건물도 크지만 내가 대문을 나서면 앞집이 저만치 보일 정도로 대지도 넓었다. 내가 울타리를 나서면 같은 시각에 앞 관사에서 어떤 사람이 나서는 것이 보였다. 며칠을 두고 보니 그 사람은 학생이었고 내가 가는 영어강습소로 다닌다는 것을 알게 되었다. 들으니 그 집에는 공군 대령 孫 ○○씨가 살고 있고 그 학생은 손 대령의 동생이라 했다. 신분을 확인하게 되니 안심이 되어 강습소에 갈 때 그 학생 뒤를 멀찌감치 따라 걸었다. 피난민들이 뒤엉켜 사회적 분위기가 뒤숭숭한 때여서 행여 유사시에는 도움을 청할 수 있을 것 같기도 하여서이다. 그는 여유 만만하게 휘파람을 불며 길을 걷는다. 그 때 유행하던 노래 "……/ 뽀뿌라 그늘에 앉아 쉬면 종달새는 비비 베베/ 노래를 불러라. 불러라. 첫사랑의 노래를~" 그는 그렇게 삼덕동 〈E.L.I.〉 강습소에 도착할 때까지 계속 휘파람을 불었다.

얼마 지나서였다. 그 학생이 보이지 않았다. 혼자서 집으로 돌아오는 길에 누가 뒤에서 "보이소. 보이소." 한다. 기겁을 하고 종종 걸음을 걸으면서 오늘 따라 손 대령 동생은 어딜 가고 보이지 않나 원망 같은 것이 일었다. 다음 날에도 같은 장소에서 같은 시각에 또 그 예의 굵은 목소리 임자가 "보이소. 보이소." 하고 부르며 따라온다. 나는 혼자 다니기가 위험하다고 생각하고 남은 수강료가 아깝지만 E.L.I. 다니기를 그만두었다. 며칠 후 편지 한 통이 왔다. 발송인이 "손○○"이다. 그 학생이다. 어쩐지 가슴이 떨려서 개봉하지 못하고 책상 서랍에 넣었다. 편지가 몇 통 더 왔는데 역시 열어 볼 마음이 생기지 않았다. 남학생과 여학생이 서로 대화만 해도 금방 남의 입방아에 오르고 불미스런 소문에 시달려야 하는 시절이어서 아버지가 아시면 큰일이란 생각도 들어서 매우 조심스러웠다.

그 후 나는 이화여자대학교 법률학과에 진학했다. 이화대학교 주최로 〈UN 안전보장이사회의 거부권 행사〉에 관한 학술 토론회가 열렸다. 겨우 2학년에 무얼 알았을까 마는 국제법 박관숙(朴觀淑) 교수님의 추천으로 나는 발표자가 되었다. 잔뜩 긴장하고 발표를 마치고 질문에도 잘 답했었다. 梨大 본관 3층 소강당에서 이 행사가 열렸었는데 경북여고 출신 친구가 보니 휘파람 불던 그 남자가 저 뒤쪽 끝 의자에 앉아서 처음부터 끝날 때까지 조용히 앉아 경청하더라고 전해 주었다. 그 말과 함께 그가 연세대 정치외교학과에 다니고 있다 라고도 전해 주었다. 당시 연대 정외과는 전국 수재들이 몰리는 인기학과였다.

그 후 어느 날 편지를 받았다. 그가 이승만 대통령이 다닌 Princeton 대학으로 유학 가게 되었다는 소식을 전하면서 떠나기 전에 꼭 한번 만나고 싶다는 내용과 시간 장소까지 적혀 있었다. 그런데 이 편지가 이대 법대 학장실 앞에 걸린 학생용 편지함에 꽂혀있어서 호기심 많은 친구들이 발송인의 이름이 남자라서 이를 열어보았고 짓궂은 친구들이 돌려가면서 읽었다 한다. 우리 반 대표였던 친구 유복영이가 이를 말려서 도로 편지함에 넣어서 나는 때늦게 그의 편지를 보았다. 그가 정해준 "시간"을 놓쳐서 지정 "장소"에 나가지 못했다. 그 무렵에는 그룹 미팅 등에도 익숙해진 시절이어서 제때에 편지를 읽었다면 나는 그를 만나러 나갔을 것이었다.

세월이 흘러 생각하니 모든 것이 내 탓이었다. 고교생이 E.L.I.에 다니면서 하루도 빠지지 않고 그의 뒤를 따라다녔으니 그 학생이 착각할 수도 있었을 것이고 "보이소."라고 말할 용기를 낼 만도 했었다. 미안할 뿐이다. 그는 학업 마치고 귀국했을까? 미국에 눌러앉았을까? 한 가닥 그리운 마음이 인다.

2. Love me tender

내가 서울로 유학 오면서 엄민영 선생님 댁에 맡겨졌었다. 嚴 선생님은 당시 경희대학교 법대 학장이셨기 때문에 학교가 가까운 성북동에 사시게 되었다. 엄 선생님 따님이 나보다 세 살 아래였는데 나하고 한 방을 쓰고 있었다. 안채를 휘돌아 뒤쪽 방이었는데 그 방이 행길 가로 난 벽돌담 안에 바짝 붙어 있는 위치였다. 나이는 3살 차이지만 학년은 내가 2학년이고 따님 혜경이(가명)는 1학년이었다. 돌아보면 철없는 시절이었지만 그 때 나름 우리는 한창 꿈 많은 소녀시절이었다고나 할까.

그 때는 1950년대 후반이었고 미국 문화가 물밀듯 흘러 들어오고 있었다. 미국 영화 OST를 비롯하여 아름다운 영어 노래를 배우려는 욕망이 대학생들 사이에 최고조로 달해 있었다. 고교 때 훌륭한 음악 담당 이윤옥 선생이 계셔서 Handel의 aria, Largo를 가르쳐 주셔서 지금도 "움브라 마이 푸이~"를 흥얼거리며 감상할 수 있는 것은 매우 고마운 일이다. 나와 혜경이는 밤마다 영어노래 연습하느라 목청을 돋우었었다. 우리 방이 엄 선생님 서재에서 멀리 떨어져 있으니 조심할 이유도 없었다. Pat Boone의 "I'll be home my daring, Please wait for me—." 그 아름다운 低音에 달콤한 가사에 마음을 빼앗겨서 열심히 배웠다. 영화 주제가 〈Indian love call〉의 "When I calling you woo woo woo…." 는 다람쥐꼬리가 달린 모자를 쓴 여주인공이 산봉우리에 올라 건너편 산꼭대기에 있는 사랑하는 남자에게 보내는 노래는 영화 제목을 잊었지만 OST는 여전히 아름답게 기억에 남아 있다. Patti Page의 〈Tennessee Walz〉와 〈Chainging Partners〉는 매혹적이었다. 미국 민요 작가 Foster의 〈Old Black Joe〉, 〈O! Susanna〉, 〈켄터키의 옛집〉 등도 즐겨 불렀었는데 〈한 송이 들국화 같은 제니〉를 부를 때는 그의 父性이 진하게 느껴지고 울아부지 생각에 이어지게 하였다. 마음 아프게 하는 것은 Lynn Anderson이 부르는 민요 〈Red River Valley〉 등이었다. Elvis Presley의 〈Love me tender, Love me sweet…〉 우수에 젖은 듯 감미로운 음성에 매료당해서 혜경이와 나는 밤늦도록 이 노래를 연습하며 불렀다.

Love me tender love me sweet never let me go.
You have made my life complete, and I love you so.
Love me tender, love me true all my dreams fulfill.
For my daring I love you and I always will.

영어 익히기는 영어 노래만큼 편리한 것이 없고 덕택에 나의 관심은 오로지 영어 노래 배우기였다. 우리의 노래 사랑은 계속되었다. 노래 연습하다가 언젠가 깨닫고 보니 어떤 남자가 우리 방 바로 밖 담 아래에서서 이 노래를 부르고 있었다. 그것도 새벽 4시에. 우리 둘은 놀라서 노래 부르기를 중단하였다. 그런데 그 이름도 얼굴도 모르는 남자는 매일 눈이 오나 비가 오나 한 번도 거르는 일 없이 그 이른 새벽에 와서 이 노래 부르고 사라진다.

혜경이와 나는 차츰 호기심이 생겼다. 구름 흐르듯 다가오는 그 남자의 노래가 들리면 혜경이는 "언니! 언니 찾아 저렇게 구슬프게 노래 부르는데 좀 내다 봐주면 좋겠네." 란다. "어이구! 웬 소리. 나야 하숙생인데. 선생님 따님에게 바치는 노래 아니겠니. 내일 새벽에 네가 내다봐줘." 라고 농반 진반 응수한다. 서로 그렇게 미루는 사이 엄 선생님 댁은 북아현동으로 이사를 가게 되었다.

우리가 이사한 줄도 모르고 오늘도 그 남자 그 노래를 부르고 있지 않을까 하는 생각이 들 때면 죄책감마저 느끼지 않을 수 없었다. 대문에 아니면 그 담벼락 끝에라도 "우리 이사해요" 라고 메모 한 마디 남기고 오지 못한 것이 죄스럽다.

미안해요. 지금 어느 곳에 사시더라도 행복하세요!

3. 미군 장교와 찻집 찾기

서울이 수복되면서 대구로 피난 갔던 E.L.I. 영어강습소도 서울로 돌아와서 을지로 입구에 있는 국립중앙도서관 지하에 영어학원을 차렸다. 나는 또 이 영어학원에 다니기로 하였다. 대구 때보다 그 분위기가 향상되어 있고 강사 수준도 월등히 높아지고 있었다. 중급 반 이상 강의에는 원어민이 담당했는데 거의 백 프로 미군 장교들이었다. 2차 세계대전 이후의 징병제를 유지했던 관계로 학벌이 높은 장교들이 많았다. 열다섯 명이 정원인 반이어서 50분 강의에 호명 받는 기회가 많아서 매우 유익한 학습이 계속 되었다. 수강생 거의가 직장인들인데 나 홀로 단발머리 어린 대학생이었다. 하루는 미남형 Brigadier Lieutenant가 강사로 들어왔다. 화장기 없는 내가 눈에 띄었는지 그는 "My young girl!" 이라고 손짓하며 첫 번째로 일으켜 세워서 교재를 읽게 하였다. 그 모습이 매우 상냥스러워서 그가 마음에 들었다. 두 달 계속 나오는 그 강사는 자기 이름은 Robert Swenson이라고 소개했다. 그리고 "Bob"이라 부르라 했다. 그는 강의 틈틈이 자기 고향 부모형제, 그의 성장과정과 군 복무 경험 등을 학습 삼아 이야기하며 1대 1 대화를 이끌어갔다. 그리고 수강생에게도 각자 자기 소개하도록 하였다. 학습의 일환으로 회화 실력 훈련방식이 참 좋았다. 그가 수강생들과 친숙해질 무렵이었다. 강의가 끝나고 Bob이 나에게 개인적으로 말을 걸었다. "하숙집에 가서 아침 먹는다며? 나랑 근처에서 함께 아침 식사하면 어떨까요?" 란다.

평소 호감이 가던 선생이라서 아니요 할 이유도 없었다. 흔쾌한 마음으로 답하고 함께 밖으로 나왔다. 을지로 입구 사방을 헤매도 스낵바는 커녕 찻집조차 찾지 못했다. 뒷골목에 들어가면 무언가 요기할 가게가 있었을 터인데 대구 출신인 나는 물론 외국인인 그에게도 어디에 무엇이 있는지 알 수가 없었다. 그렇게 한 20여 분 길가를 헤매는데 길거리에는 출근 인파가 늘어나기 시작하였다. Bob은 미안하다며 용산 미군주둔지 〈Gate 10〉앞으로 나를 데리고 갔다. 잠시 기다리라고 하더니 한참 만에 커다란 갈색 봉지를 안고 나타났다. 먹음직한 햄버거를 비롯하여 샐러드, 과일, 커피 등이 가득했다. 〈Gate 10〉 앞 큰길을 가로질러 맞은편 영내로 들어가니 넓은 잔디밭에 의자가 가지런히 놓여 있었다. 허기져서인지 그가 사온 것들을 참 맛있게 먹었다. Bob은 내 먹는 모습이 아름답다고 했다. 그렇게 그런 데이트가 시작되었다.

우리는 친해졌고 나는 그의 옷깃이 스쳐도 긴장하거나 놀라는 일이 없어졌다. 일주일에 한 번이던 만남이 두 번으로 이어지고 헤어질 때는 서로 서운한 마음을 감추지 못했었다. 어느 날 그가 눈시울을 붉히며 "네 손 한 번 잡아 봐도 되겠니?"라고 물었다. 나의 차가운 손을 잡은 그는 "Cold hand warm heart, Warm heart cold hand."라고 말하며 미국인들이 쓰는 속담이라 했다. 내 마음이 따뜻하다고 느낀 그가 자기 감정을 표한 것이다.

그는 본국으로 가서 전역하게 되었단다. 그것도 5일 후 서울을 떠나 일본 요코하마에 일주일 정도 머물다가 미군 전용기로 귀국한다고 했다. 그는 미리 준비하였는지 양식 진주 한 알이 달린 은제 펜던트가 담긴 아담한 상자를 내 손에 쥐여주었다.

아쉬운 이별이었다. 파랑새는 그렇게 하늘 높이 날아서 하얀 구름 너머로 사라져 갔다.

마음에 남는 편지

편지 하나

오선주 선생님께

손수 정성들여 한지에 써서 보내 주신 편지에 다시 한 번 감격하였습니다. 이 귀한 편지를 집에 가지고 가서 안 사람과 함께 읽고 또 읽으며 오 선생님의 귀한 성품을 다시 한 번 느꼈습니다. 비록 30년이라는 짧지 않은 기간을 외국에서 보낸 저로선, 한국 고유의 정서와 법도를 아직도 간직하고 계신 분들에게는 감탄과 경의를 표하지 않을 수 없습니다. 뒤 늦게 돌아와 30년 타향 생활 중에 몹시 아쉬웠던 것들 중의 하나가 어렸을 때 누구보다도 존경했던 탁희준 선생님이며 몇 몇 선배들과 좀 더 사적인 관계를 즐기지 못했던 것이 시간이 갈수록 너무 아쉬워 집니다. 두 분 중에 오 선생님이라도 살아계셔서 이렇게 친절히 옛정을 대신하여 표시하여 주심에 다시 한 번 한국의 끈끈한 정을 느끼고 감격하였습니다.

재작년에 갑자기 돌아가신 저의 어머님 —전 여성유림회 회장으로 내방가사 편집 등에 적지 않은 공로가 있다고 합니다.— 이 평소에 그리도 자랑스러워하던 영양 주실에 대해 비록 외손이나마 어렴풋이 알고 있던 대로, 아마도 영양 산골이라는 데가 다른 곳과 달리 저의 어머님이며, 더더군다나 오 선생님같이 여자 분이 일하기에는 너무나 어려웠던 그 시절에 딴 학문도 아닌 그 어렵다는 형법학을 꿋꿋이 해 올 수 있도록 영양의 정기(精氣)가 작용한지도 모르겠습니다. 바다 건너 미국에 남기고 온 가족이며 친구들에게로 돌아갈 시간이 비록 몇 년 남지 않았으나 일컬어 지구촌이라 할 만큼 좁아진 요즘 세상에서 제가 어디에 있던 오 선생님과 탁 선생님의 유족들에게 관계되는 문제라면 서슴지 말고 저에게도 도와드릴 기회를 주시기를 진심으로 바랍니다. 다시 한 번 보내주신 편지에 감사드리며 정성들여서 써 주신 편지를 고이 간직하여 나중에 미국에 돌아간 다음에도 간간이 꺼내서 읽어 보겠습니다. 계속하여 건강하시기를 바랍니다.

2002년 3월 18일

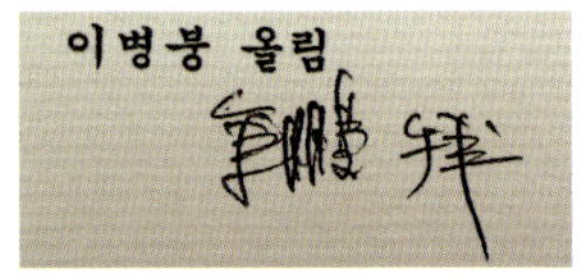

* 이병붕 교수님은 명문가문 출신이며 나의 고향 주실 한양 趙씨의 외손이시다. 서울의대 졸업 후 미국에 유학하고 삼성병원에서 삼고초려 끝에 모셔온 세계적 권위자이시다.

편지 둘

존경하는 오선주 교수님께 올립니다.

싱그러운 5월 담장 위에 수 놓여진 빨간 장미들이 아름다움을 발산하고, 한낮의 열기는 한여름의 폭염처럼 세상 모든 만물을 성장시키는 기폭제가 되어 세상을 풍요롭게 만드는 계절이 되었습니다.

교수님 그 동안 편안 하셨는지요?

항상 바쁘다는 핑계로 자주 연락도 드리지 못하는 저를 보면서 참으로 바보처럼 세상을 살고 있구나 하는 반성을 해 봅니다. 마음과 정성이 부족하여 전화번호 한번 누르지 못하는 것인데 스스로 위안을 찾고자 '나는 바쁘구나' 하는 최면을 걸고 있나 봅니다. 그리고 보면 저 자신도 세상사는 다른 사람들처럼 어쩔 수 없는 속물인가 봅니다. 그것은 내가 否認하고 싶어도 否認할 수 없는 것처럼 오늘 제 마음속에 착잡한 심정으로 다가와 저를 무척이나 부끄럽게 합니다.

교수님을 처음 뵙던 1984년도 봄이 생각납니다. 교수님의 첫 모습은 너무나 엄격하신 그야말로 호랑이처럼 강하신 형법 교수님이었습니다. 그러나 시간이 흐르면서 2학년이 되고 제가 과대표를 맡아 저희 2학년 지도교수님이셨던 교수님을 만나 뵈면서 느낀 감정은 한없이 자애롭고 인정이 누구보다 많으시며 저희 학생들을 진심으로 걱정해 주시던 참 스승님이셨습니다. 교수님의 모습은 강의실에서와 私的 만남은 그야말로 하늘과 땅 차이였고, 그 자상스럽고 따스한 모습과 배려에 반하여 청주에서 자취생활을 하던 가난한 학생의 마음속에는 교수님이 고향의 어머니처럼 편안하고 좋았었던 기억이 되살아납니다.

특히 제가 5·18 광주민주화 투쟁을 기리는 시위 도중 최루탄의 파편에 왼손 새끼손가락을 잃어버렸을 때 교수님이 전찬희 조교님을 통하여 청주병원에서 수술을 받도록 배려해 주셨던 것도 큰 은혜로 생각하고 있습니다. 최루탄 파편에 잘려나간 손가락을 들고 5월 17일 남궁병원을 찾았을 때 그들은 저에게 치료보다는 먼저 "수술비가 있느냐" 고 물었고, 용돈으로 겨우 생활하던 제가 "수술비가 없다" 고 하자 그들은 치료를 거부하고 저를 돌려보냈었습니다. 손가락이 잘라져 나가고 살점이 너덜거리고 뼈가 하얗게 드러난 손에 수건을 동여매고 통증에 잠을 못 이루며 눈물로 밤을 지새야 했던 제 스물 세살의 가슴에 응어리진 돈에 대한 원망을 恨처럼 품었습니다. 다음날 그 사실을 아시고 저를 연구실로 불러 병원으로 가도록 배려해 주시던 그 모습에서 교수님이 아닌 어머니를 보는 듯 했었습니다.

제가 4학년이 되어 교수님의 원고를 정리해 드리면서 깨우쳤던 형사정책에 대한 매력은 내 인생의 전환점이 되었고 대학원에 진학하여 교수님의 슬하에서 형법을 공부하고자 마음먹고 국내의 서적은 물론 도서관에 비치되어 있던 일본에서 간행된 모든 형법교재 및 학술지를 복사해 구입했던 시절 교수님께서는 저에게 용돈을 주셨고 저는 그 용돈으로 교재를 하나씩 사 모으며 즐거워했던 시절이 있었습니다. 그런 제가 대학원에 입학하여 전공을 선택할 때 형법이 아닌 헌법으로 전공을 바꾸겠다고 말씀드렸을 때 쏟아지는 소낙비를 모두 몸으로 맞으시며 슬퍼하셨던 교수님의 그 모습을 떠올리면 무겁고 죄송스러울 따름입니다. 그럼에도 제가 박사학위를 받을 때까지 교수님은 늘 다정다감하게 저를 대해 주셨고 그러한 교수님의 은혜로 무사히 학위과정을 마칠 수 있었습니다.

항상 5월이면 더 가슴 시리게 그리워지는 교수님.

지난해 연말 뵈었을 때 이제는 교수님도 연세가 드시는구나 하는 생각을 하면서 가슴이 아팠습니다. 늘 자애로운 그러한 모습으로 언제나 건강하시고 당당한 모습으로 우리 곁에 계실 줄 알았는데 세월의 흐름은 어쩌지 못하나 봅니다. 많은 제자들이 그래도 잊지 않고 교수님을 그리는 것은 그만큼 교수님이 베풀어 주셨던 은혜가 컸었던 때문이겠지요.

언젠가 교수님이 보내주신 넥타이 선물이 생각납니다. 교수님은 넥타이 속에 작은 메모로 "쑈 윈도우에 걸려있는 넥타이를 보니 강 박사가 매면 참 잘 어울릴 것 같아 하나 샀어요"라고 써서 저에게 보내 주셨지요. 직장에서 단정한 옷매무새를 하라시는 말 없는 가르침이셨습니다. 아무나 할 수 없는 스승님의 참사랑이셨습니다.

이제 저도 50이 되었고 두 아이들이 대학에 다니는 가장입니다. 그럼에도 이렇게 교수님에게 글을 쓰는 이 시간은 정말이지 내가 스물세살 젊은 법학도의 꿈 많은 청년이라는 생각을 떨칠수가 없습니다. 교수님 뵙고 싶습니다. 늘 바쁘다는 핑계로 전화로밖에 인사를 드리지 못했던 제자가 금년 여름에는 꼭 한번 찾아뵙고 인사를 드리러 가겠습니다.

언제나 건강하시고 편안하시기를 두 손 모아 기원드립니다.

2012년 5월 31일
제자 강대식 올림

* 강대식 군은 변호사 사무실의 사무장 직을 맡아서 성실히 일한 덕에 법원 안팎에 소문 난 전문가로 발돋음 하였다. 따라서 성장기 학생시절의 가난의 恨을 일찌감치 말끔히 씻어냈다. 많은 신진 변호사들이 강 군을 사무장으로 두려고 쟁탈전을 벌리기도 한다. 사진작가, 문필가, 여행가 등으로 알려진 재주꾼이기도 하다. 직장인이 된 이후 한해도 거르는 일 없이 세찬과 생일 축하 꽃을 보내주고 있다.

군사부일체(君師父一體)
〈君〉은 임금을 뜻하였으나 민주국가에서는 나라, 나의 조국.

3부

世紀의 巨人
峨山 鄭周永 회장
ㅡ긍정적인 사고가 행복을 부른다.

아산 정주영 회장님

나는 오늘도 서울아산병원 동관 넓은 홀에 모셔진 아산(峨山) 정주영(鄭周永) 선생의 胸像 앞에 발길을 멈추고 잠시 마음속으로 기도한다. 지난 20여 년의 나의 건강을 지켜주고 생명을 연장시켜주신 분께 어찌 감사의 인사를 안 할 수 있겠는가. 두 손 모으고 묵례 올리는 내 모습을 이상한 눈길로 비스듬히 바라보는 이도 더러 있지만 나는 개의치 않는다. 무심히 지내는 분이 아니고 한번만이라도 아산 선생의 일생을 생각해 본 사람이라면 나의 기도하는 모습을 이해할 것이다.

'우리 사회에서 가장 불우한 이웃을 돕는다.'는 峨山 정주영 회장의 뜻을 담아 1989년 6월 〈아산사회복지재단〉 산하 병원으로 설립된 이후 아산병원은 발전을 거듭하여 오늘날에는 그 규모만으로도 세계적 순위에 오르고 의료 관련 치료와 연구 면에서는세계에서 가장 신뢰 받는 종합병원으로 자리매김하고 있다.

峨山 鄭周永 회장님께서 남편 생일축하 선물로 주신 소철.
1990년과 1999년 두 번 꽃을 피웠다. 꽃향기가 꿀보다 더 짙어 온 집안이 황홀경이었다. 드물게 피는 꽃이라 경사로 여겼다.
초록 잎들에 둘러싸인 황갈색꽃. 꽃높이 약 50cm.
몸통 전체 키가 약 120cm. 직경 30cm로 거대하여 정원을 가득 메운 듯 느껴졌었다.

아산병원은 처음 서관을 짓고 이어서 동관을 짓더니 국내는 물론 세계 여러 나라에서 오는 환자도 수용할 수 있을 만큼 신관을 지어 병원을 확장하였다. 병원이 워낙 커져서 가끔 내가 이 미로 같은 건물 안에서 길을 잃지 않고 다니는 것이 용하다는 생각이 들 때가 있다. 병원 측에서 요소마다 빈틈없이 안내표지를 해 놓은 덕에 수많은 환자들이 검사실 진료실을 잘 찾아다닌다. 길 안내마저 세밀하고 친절하다.

아산 회장은 울산대학교를 일으켜 의료 관련 인재를 양성하고 관계자를 유학 보내서 선진 의료 기술을 도입하고 동시에 세계 최고 최신 의료 기기들을 도입하고 세계 정상급 의사를 초빙하여 마침내 아산병원의 명성이 세계로 널리 퍼졌다. 과거 우리는 큰 병 또는 위급한 병이 생기면 미국 병원 아니면 일본 병원으로 가야 생명을 건지게 되는 경우가 부지기수였다. 돈 없는 사람은 앉은 자리에서 죽음을 맞이할 수밖에 없었다.

아산 선생께서 박정희 대통령을 도와 가난의 서러움 보릿고개를 넘겨주신 〈경제 황제〉이신 것은 역사에 널리 기록으로 남아 있고, 병원 설립 이후에는 죽을 고비에도 병원 못 가는 환자들의 절박함을 씻어 주셨다. 더러는 아산병원이 기업의 일환이라고 하기도 한다. 틀린 말이 아니다. 나는 아산 병원에 갈 때면 이 〈아산 병원〉이 소우주같이 느껴질 때가 있다. 인간이 살아가는데 필요한 모든 것이 갖추어져 있다. 지금은 세계 여러 나라 의사들이 아산병원으로 인턴과정을 수련하러 온다.

1990년대 초에 당뇨병이 깊어서 실명 위기에 처한 남편이 일본 동경 국립병원 안과의 치료를 받은 적이 있다. 동경대학교 경상대학장이신 스미야 미키오(隅谷 三喜男) 교수의 소개로 최상급 의사의 치료를 받고 시력이 호전되어 2주일 만에 퇴원하고 귀국하였었다. 눈 속에 목화섬유 현상이 생겨서 이를 레이저로 제거하는 수술이라 했다. 일본에서 우리는 외국인이라서 의료보험이 적용되지 않아서 고가의 치료비와 아들과 나의 교대 간병 차 드나드는 항공편과 동경 시내 교통비와 체류비를 합해서 지불한 돈이 청주의 내 아파트를 팔고도 모자랐었다. 나의 저축 통장은 텅텅 비워졌었다. 평생을 책 읽는 직업으로 살아온 남편에게는 〈사람이 천 냥이면 눈은 9백량〉이란 말 그 이상의 의미 있는 눈이다. 돈 아낄 개제가 아니었다. 다만 그 타격이 커서 나는 오래 그 경제적 빈틈을 감당하느라 고생했었다.

아산병원이 설립되고 박근혜 대통령 시절에 의료보험제도가 자리 잡고 보니 우리가 부담하는 치료비는 아주 일부에 지나지 않게 되었다. 모든 것이 감사할 따름이다. 정주영 회장님 덕에 우리는 내 나라에 앉아서 세계 일류의 최고의 의사로부터 치료 받을 수 있게 되었으니 진정 감사하지 않을 수 없다. 정주영 회장의 경제적 성취는 온 나라와 온 세계가 다 인정하는 것이다. 내가 새삼스럽게 논하기에는 너무나 높고 크다. 내가 정주영 회장님의 이야기를 쓰고 싶어진 것은 온 국민이 인정하는 그의 큰 스케일을 기록하려 함이 아니다. 그와 정 반대로 너무도 섬세한 그 분의 인간적 면모를 그리워하게 되었기 때문이다.

금년 여름은 유난히 덥다. 게다가 COVID-19의 만연으로 모든 것이 어렵다. 오래 전에 한 번 읽고 서가에 꽂아 두었던 책 『이 땅에 태어나서 —나의 살아온 이야기— 정주영. 1998년』을 다시 읽기 시작하였다. 처음 읽었을 때 보다 더 간절히 마음에 닿는 구절이 많다. 특히 〈긍정적인 사고가 행복을 부른다. —책 402면.〉는 제목의 글을 읽을 때는 마음 깊이에서 솟는 감동 때문에 눈물이 날 뻔하였다. 온갖 고난을 고난으로 여겨본 적이 없다는 그 분은 천출(天出)로 타고 나셨을까!

世紀의 巨人으로 우뚝 서 계신 아산 선생은 세상에 알려진 것처럼 걸출(傑出)하기만 한 분은 아니었다. 매우 섬세하시고 자상한 분이었다고 나는 기억하고 있다. 우리 내외에게 많은 기쁨과 위로를 주신 분이다. 사진에서 보는 바와 같이 가끔씩 주변 인사들과 야외 나들이도 하시고 연말 세찬 말고도 푸짐한 선물을 자주 보내주셨다.

좌로부터 : 탁희준, 하나 건너 정주영 회장

어느 해 중동에 나가 있는 현대의 수주 공사 현장의 노동 현황을 살피러 갔던 탁 교수가 귀국 보고하러 桂洞 現代 사옥의 회장실로 간 적이 있었다. 부부 동반으로 오라는 전갈이 있어서 나도 함께 갔었다. 꼭대기 층에 있는 회장실은 우리 학교 교실 몇 개를 이은 것 보다 넓고 환하였다. 저만치 삼각산 아래 〈청와대〉가 내려다보였다. 가지런히 놓인 그 분의 응접세트가 있는 탁자 위에는 언제나 처럼 깔끔한 Navy Blue 정장 차림의 Margaret Thatcher 영국 수상의 초상화가 놓여 있었다. 이 사진이 거기에 놓인 사연을 나는 금방 알아차렸다. 정 회장님이 '감사할 줄도 아시는 어른이시다'고 생각했다. 卓 교수의 〈보고서〉를 받아 들고 살펴보기도 전에 정주영 회장님은 〈팔이 펴져도 그 솥 안에 있어요. 상습적이거나 계획적이거나 범죄급 배임(背任), 횡령(橫領)이 아니면 나는 탓할 생각이 없습니다.〉 라고 정색을 하며 말씀하셨다. 나는 "大人의 모습이 이런 것이로구나" 라고 속으로 감탄했었다.

또 어느 해 소공동 롯데 백화점 지하에 있는 일식집으로 저녁 초대를 해 주셨다. 이런 저런 환담이 이어지는데 정 회장님이 "부인, 골프 얼마나 치십니까?" 라면서 필드로 초대할 의향을 보이셨다. 그런데 나는 골프채를 잡아본 적도 없었다. 즐거울 수 있는 기회를 놓친 일이 두고두고 아쉽다. 또 정 회장께서 서산 농장에 갈 기회를 주셨는데 학기 중 강의와 겹쳐서 사양할 수밖에 없었다. 행운이 날아가 버린 기분이었다.

사려 깊으신 정 회장님은 남편이 1980년 전두환 정권에 의해서 해직되었을 때 티 없이 소리 없이 우리를 도와 주셨다. 울산 현대에 노동정책 강의를 많이 개설해서 많은 강사료를 지급해 주셨다. 남편의 자존심을 해치지 않으려는 배려심을 읽을 수 있었다. 덕택으로 나도 울산 현대 영빈관에 머무는 호사를 누렸다.

정주영 회장님은 해마다 정월 17일, Hotel Lotte로 각국 외교사절과 국내 기업 관련 인사들을 위한 신년 하례회(賀禮會)를 열어 한 해의 번영을 위한 축배를 나누게 하셨다. 해마다 빠지지 않는 레퍼토리는 성악가의 〈그리운 금강산〉 독창이었다. 그 해는 "세월 앞에 장사 없다"는 말을 실감케 하였다. 맹호(猛虎)같이 느껴지던 우람한 체격의 정 회장님이 드디어 의자에 앉은 채로 하객을 맞이하셨다. 아래 사진처럼 서서 정 회장님과 악수를 한 卓 교수는 그 해 10월에 입원하고 다음 해에 타계하였다.

정 회장님은 卓 교수보다 몇 년 더 壽를 누리셨는데 혼자 남은 나를 여전히 챙겨 주셨다. 각종 모임에도 계속 초대해 주셨다. 초대장이 대개 우편으로 오지만 어떤 때는 인편(人便)으로 보내기도 하셨다.

앉아서 신년 하객 탁희준 교수를 맞이하는 정주영 회장님. 1998년.

정주영 회장께서 세계 각국으로부터 각종 박사학위를 비롯하여 수많은 훈장을 받으신 것은 국위 선양의 깃발이었다. 88올림픽 유치한 공로는 크고 우리나라 부흥의 또 하나의 길을 열어주신 일은 국민 모두 잊지 않으셨으면 한다. 1989년, 서산 농장에서 잘 기른 소 일천 한 마리를 트럭에 나누어 태워서 북한으로 보낸 일은 또 다시 한번 세계적 뉴스가 되었다. 이 일로 금강산 관광 개발 등 남북 협력의 길을 닦으셨는데 김대

중 대통령이 노벨 평화상을 받을 때 정주영 회장님과 공동 수상할 수 있게 하였으면 두 분 함께 빛났을 것이었다.

나는 이 世紀의 巨人 정주영 선생의 모습이 우리 화폐에 오르기를 간절히 바란다. 事理 밝고 매사 긍정적인 사고로 우리나라를 세계 10위권 경제 강국으로 도약시킨 그 공로를 기리는 길이 될 것이다. 후세가 세종대왕을 추앙하듯 정주영 회장님은 국민들의 존경과 사랑을 받아 마땅하신 어른이시라고 나는 믿고 있다.

밝은 홍안과

우리 조상들이 〈몸이 천 냥이면 눈이 구백 냥이다.〉란 말씀을 남기셨다. 수많은 신체 기관 중에 눈의 중요성을 이보다 더 강렬하게 표현한 말도 없을 것이다. 사람이 생명을 유지하기 위해서 중요한 장기로 뇌 심장 허파가 가장 중요한 3대 요소로 알고 있다. 눈이 보이지 않으면 귀로 들을 수 있고 현대에 이르러 시력장애자를 위하여 점자로 글을 읽을 수 있게도 되었다. 위 3대 요소인 뇌 심장 허파가 눈보다 더 중요함에도 변함없이 눈의 가치를 드높이고 있는 "눈이 900냥" 설을 부인하는 사람은 아무도 없을 것이다.

우리의 古典 「심청전」은 눈은 인간 행복의 역할 속에서도 가장 중요하다는 극치미(極致美)를 보여주고 있다.

나는 이 나이 되도록 살아오면서 숱하게 병원 신세를 지고 있다. 나이 들면서 병원에 가는 횟수도 늘어나고 병 치료가 잘 될 때마다 존경스런 의사 선생님께 감사드리고 싶은 마음도 커져만 간다. 서울 아산병원의 심장내과 박승정 교수님, 순환기 내과 이승훈 교수님, 정형외과 장재석 교수님, 소화기내과 김영환 교수님, 이비인후과 이윤세 교수님, 안과 국문석 교수님 등 언제나 감사드리고 있다. 지난 번 심장내과 정기 검사 때의 일이다. 심장내과 그 세계에서 가장 바쁜 의사 중 한 분이신 박승정 교수님이 의사로서의 업무적 대화를 마치고 나서 검사 결과 기록들을 확인하시던 컴퓨터에서 눈길을 나에게로 돌려 “잘 잡수시지요?” 라고 사사로운 말씀을 건네셨다. “네. 잘 먹고 있습니다.”라고 대답하면서 그 짧은 순간에 목구멍이 뜨거워지는 걸 느꼈다. 30년 넘는 知己라 하지만 진료 시간에 일반적 대화는 거의 불가능하리만큼 바쁘신 분이다. 그래서일까, 그 말씀이 귀히 여겨지고 나에게 큰 위안이 되어 며칠이 지나도록 행복감이 사라지지 않았다.

나는 고교 신체검사 때 시력 양쪽 모두 1.5를 기록한 적이 있었다. 대학 진학 후, 시력이 1.2로 내리더니 한 동안 安全勢를 이어왔다. 42세에 돋보기의 필요성을 느껴 안과 처방에 따라 도수 낮은 안경을 쓰다가 2년쯤 지나서 돋보기 없이도 아침 신문 작은 활자를 잘 읽을 수 있어서 안경을 버렸었다. 본격적으로 돋보기를 쓰게 된 것은 45세 이후였고 그 후에는 몇 년마다 안경 도수를 높여 가며 쓰고 있다.

1973년에 내가 이사 온 집은 행정 구역상 녹번동이 주소지이지만 지하철 3호선 불광역 4거리가 실생활 영위권(營爲圈)으로 살고 있다. 모든 걸 다 갖춘 재래시장이 있고 꽤 큰 백화점도 들어섰고 전철 3호선에다 6호선이 교차하니 교통이 편리해지고 인구가 증가하니 의료 시설도 날로 늘어나고 있다. 나는 이 불광 사거리 주변에서 아쉬운 것 없이 삶에 관한 모든 것을 해결하고 있는 셈이다.

눈이 불편해지기 시작하니 안과를 찾게 되었다. 불광역 1번 출구 앞에 〈白안과〉가 있었다. 치료를 잘하셨는데 전통적인 의사 스타일이어서 다소 권위적인 면이 있는 분이었다. 백 원장님은 환자들이 백발노인이라고 기피하는 현상을 느끼셨는지 어느 날 머리를 윤이 나도록 새까맣게 염색하신 모습을 보이셨다. 그래도 한 번 떠난 환자들은 돌아오지 않은 듯 보였다.

어느 날, 그 안과에 갔더니 병원 구조가 재정비되었고 인적 구성원이 바뀌어 있었다. 검은 단발머리가 인상적인 아름다운 청년이 원장이라 했다. 병원 이름은 〈밝은 홍안과〉로 바뀌었고 간판에는 "백내장 수술 전문"이라고 크게 쓰여 있다. 내가 〈밝은 홍안과〉에 두 번째로 갔을 때 원장님은 파마머리를 하고 계셨다. 그 때가 2008년 전후였던 것 같은데 내 눈에는 남성이 파마하는 것이 낯설었다.

나는 녹내장 수술을 해 주신 국문석 교수님께 정기적으로 진료를 받아오는 중이었다. 하루는 눈이 따갑고 가슴이 울렁거리고 도저히 견딜 수가 없어 가까운 불광 사거리에 있는 〈밝은 홍안과〉를 찾았다. 홍 원장님은 굵은 속눈썹이 빠져서 아래 눈꺼풀 안에 누워 있는 것을 제거해 주셨다. 즉석에서 한숨이 토해지고 맥박이 정상을 되찾은 듯 안정을 되찾았다. 이어서 홍 원장님은 내 눈을 여기 저기 살펴보면서 내 눈을 괴롭히는 가느다란 속눈썹들을 제거하고 빠진 굵은 눈썹으로 인해 안구에 생긴 상처를 치료해 주셨다. 그 손길이 매우 정성스러워서 뭔가로 감사를 표하고 싶어졌다. 정부 고위급 공무원을 위한 세미나에서 마련한 3색 3종 수건세트가 특강을 한 나에게도 주어졌었다. 웬만한 행사에서 기념적 문구를 프린트해서 타월을 기념품으로 주는 것이 상례처럼 되어 있어서 집에 타월이 넘쳐난다. 그 중 제일 고급스런 것이 바로 공무원 특강에서 받아온 것이었다. 오래 보관했던 탓으로 상자 모퉁이가 찌그러진 것이 유감이지만 이를 洪원장님께 갖다 드렸다. 환자 하나 볼 때마다 손을 씻고 닦으시니 타월 수요가 크리라 생각해서였다. 타월만 드리기에는 좀 허전해서 살균 성분이 들었다는 비교적 좋은 비누 3개들이 한 상자를 곁들였다. 이 변변찮은 선물에 홍 원장님은 매우 고마워하셔서 오히려 나를 부끄럽게 하셨다.

평생 직업이 나의 눈을 혹사하게 하였고 강단에서 은퇴한 후에도 학생들과 대면하지 않을 뿐 읽고 쓰는 작업은 습관처럼 계속되고 있었다. 따라서 안과에 가는 횟수도 늘어만 간다. 큰 종합병원에서는 온갖 기기(機器)가 검사를 하고 이를 종합해서 담당 교수님이 처치(處置)하신다. 말썽 눈썹 제거 같은 것은 해주지 않는다. 경험상 생각하니 국문석 교수님은 거시적(巨視的) 치료를 하고 대면도 30초 내지 길어야 1분이다. 상대적으로 표현하자면 洪孝昌 원장님은 〈백내장 수술 전문〉이란 간판이 무색하리만큼 미시적(微視的) 치료도 성심을 다하여 해 주신다. 시간을 아끼지 않고 일일이 모니터 화면을 보여주시면서 병의 원인과 치료방법을 설명하고 치료에 임하신다. 내 눈의 경우 아주 미세하게 돋아있는 속눈썹이 한 결로 나지 않고 이리저리 방향이 제 각각이어서 눈을 찌르고 괴롭힌다고 한다. 홍 원장님은 이를 제거하기 위해서 핀셋을 부지런히 움직이시는데 정 보이지 않은 미세한 것까지 제거하기 위해서 눈 속을 보라색으로 염색하여 말썽 눈썹을 보이기 쉽게 한 후 제거해 주신다. 이러한 치료는 큰 종합병원에서는 기대할 수 없는 일이어서 나의 입장에서는 고맙기 그지없다.

〈밝은 홍안과〉 병원 대기실은 언제나 환자들이 북적거리고 最小限 한 시간은 기다리기가 보통이고 어떤 때는 2시간 가까이 기다려야 한다. 그래도 홍효창 원장님을 신뢰하는 환자들이 오늘도 긴긴 대기시간에 불평 않고 기대를 갖고 자기 차례를 기다린다. 부지런하고 친절한 원장님의 영향을 받아서 일까 안명숙 간호사님을 비롯한 여러 간호사님들도 매우 친절하다.

오랜 경험으로 느낀 바로 내 눈 건강을 유지하게 하는 것은 洪 원장님의 우월한 의학적 시술에 더하여 나로 하여금 그 분을 신뢰하게 하는 그 정성과 친절함이 어우러져 서로 상승작용을 하기 때문이라고 믿게 되었다. 항상 그 섬세한 손길로 인하여 치료 효과가 극대화한 결과일 것이다. 덕택으로 나의 900냥짜리 눈이 오늘도 안녕하시다. 눈을 900냥이라 일컫는 까닭은 사물을 볼 수 있어서이기도 하지만 눈은 거짓말을 할 수 없는 진심을 담고 있는 마음의 窓이고 눈은 사람의 따뜻한 情을 표현할 수 있는 웅변보다 더 강력한 전달력을 지니고 있기 때문이라고 믿는다.

항상 마음 깊이 감사하고 있지만 나는 洪원장님을 위해서 해 드릴 것이 없다. 다만, 늘 과로에 시달리시는 洪 원장님께서 건강하시기를 빌 뿐이다. 오늘 저녁 눈에 안약을 넣으면서 문득 가슴이 찌르르 해졌었다. 내가 죽은 후에라도 영혼이 있다면 洪 원장님의 子子 孫孫이 世世토록 밝은 눈을 갖도록 끊임없이 축복하련다는 간절한 마음이 일어서이다.

施恩 生嘉 積德 起慶

긍정의 힘을 믿습니다

—이윤세 선생님! 고맙습니다.

무릇 生老病死는 생명을 지닌 모든 동식물에게 주어진 숙명이며 신이 모든 피조물들에게 내린 가장 공평한 대우이다. 秦始皇도 온 세상에서 不老草를 찾았지만 이 공평함 앞에서 이승을 떠날 수밖에 없었다. 태어나고 늙고 죽는 것은 공평하지만 병들어 아픈 것은 사람에게 주어진 환경이나 스스로의 섭생에 의해서 달라지기도 한다. 세상에서 제일 무섭다는 암에 걸렸어도 사람에 따라 의사 잘 만나서 이겨내는 이도 있고 치료에 온 힘을 기울였어도 절망 끝에 눈 감는 이도 있다.

열아홉 살부터 우리 내외와 인연을 이어오며 청주대학교도 함께 봉직하다가 정년퇴임한 이ㅈㅇ 교수는 유방암 위암 대장암을 거의 동시에 수술 받았지만 기본적으로 단단한 골격을 타고 났고 평소 섭생을 잘하였던 결과로 건강을 회복하고 있다. 이 교수는 나이가 듦에 따라 이 번엔 허리가 아프기 시작하였다. 발바닥에 불이 나고 허리가 아파서 뜬 눈으로 밤을 지새운다고 호소하곤 했다. 더 버틸 수 없었던 이 교수는 수소문 끝에 사계 명성이 높은 李○○ 교수가 있는 서울 은평구 가톨릭 성모 병원에서 허리 수술을 받았다. 5시간이 넘는 수술을 받고 혼자서 걸을 수 있을 때까지 40여 일 동안 입원 치료 받고 귀가하였다. 차츰차츰 기력도 회복하고 보행도 한결 편안해졌다. 아주 성공적이고 행복한 결과이다.

그런데 비슷한 시기에 나의 고교 동기 동창 친구인 신ㅅㄹ 선생도 비슷한 고통으로 서울의 큰 대학병원에 입원하여 척추 수술을 받았다. 그녀는 천부적으로 타고난 천재였다. 6·25전쟁 중에 오라버니 두 분이 戰死하여 실질적인 가장 노릇을 해야 했고 수입을 위해서 스웨터를 짜서 시장에 내다 팔고 있었다. 학교 수업시간 중에도 책상 밑에서 뜨개질 하느라 노트 같은 것은 아예 없어도 성적은 최상위를 유지하며 늘 긍정 마인드가 충만하였다. 그런 친구가 불행하게도 허리 치료 수술 후 효과는 보지도 못하면서 대장에 천공까지 생기는 덤터기까지 쓰게 되었다. 심신의 손상이 이루 말할 수 없이 커서 삶의 의욕까지 놓아버린 듯하다. 잠이 오지 않고 먹어지지도 않고 말할 힘도 없다며 자기 불행을 호소하는 등 정신적으로도 큰 타격을 맞고 있다.

위 두 사례는 같은 기술로 수술하였을 터인데 결과가 극과 극으로 나뉘고 있다.

나도 나이 들어가면서 병원 신세를 지는 일이 늘어만 간다. 2016년 여름, 지난 수년간 서서히 괴사(壞死)한 고관절을 인공뼈로 갈아끼웠다. 같은 수술을 한 주변 이야기를 들으니 나이 들어 고관절 수술을 하는 이들 절반은 병석에 누운 채 일어서 보지도 못하고 치료만 받다가 눈을 감는다 하고 남은 절반도 걷게 되는 이가 드물다고 했다. 나는 고맙게도 의사를 잘 만난 덕택으로 지팡이에 의지할망정 걸을 수 있게 되었다. 집도해 주신 서울아산병원 장제석 교수님께 깊이 감사드린다.

그 고관절 수술 후 여섯 달 만에 또 다른 수술을 받게 되었다. 오른쪽 귀 밑이 점점 부어올라도 무심히 지내다가 가끔 통증을 느끼게 되어 병원을 찾았다. 담당 선생님은 귀밑에 물주머니가 생겼는데 아프지 않으면 두고 봅시다 하셨다. 물주머니가 계속 커질 것인지 질문하니 그렇다고 답하시고 커지면 수술해야 되는지 여쭤보니 또 그렇다고 답하셨다. 그렇다면 더 기다릴 필요 없이 바로 제거 수술을 해 주시라고 청하니 선생님께서 즉시 입원시켜주셨다.

담당 교수님은 물주머니 제거 수술에 관해서 상세히 설명해주셨다. 물주머니가 안면으로 가는 가느다란 신경 다섯 줄기 중 가운데 신경을 둘러싸고 있어서 함께 절제할 수밖에 없고 후유증으로 입이 반대방향으로 삐뚤어질 수 있다고 하셨다. 진실을 다 告知하시는데 매우 담담하게 말씀하셔서 나는 조금도 의심하거나 두려워하지 않았다. 수술을 마치고 회복실에서 일반 병실로 옮겨진 후 거울에 비친 내 모습은 처참했다. 눈만 남겨진 채 내 얼굴은 상하 좌우 하얗게 칭칭 감겨 있었다. 입을 움직여서는 안 된다는 지시를 받았다. 며느리와 겨울 방학 휴가로 귀국 중인 딸이 "보호자"라고 입원실로 들어와서 이 내 모습을 보고 둘이서 마주보며 소리 내어 웃었다. 속으로 '괘씸하게스리…'라고 서운해 하면서도 말은 커녕 표정으로도 내 마음을 나타낼 수 없었다.

담당 교수님의 인상이 매우 온화하시고 하시는 말씀마다 마음을 편안하게 해주시는 분이 궁금하여 퇴원한 후 그 분을 인터넷에서 검색해 보았다. 교수님 프로필 첫 줄에 〈긍정의 힘을 믿습니다〉라는 글귀가 선생님의 얼굴 사진과 함께 커다랗게 떴다.

물혹을 제거해 주신 이윤세 교수님은 학창시절 의사되길 꿈꾸는데 "나는 의사할 자격이 있는가? 의사라는 직업이 갖는 무게감이 사춘기의 소년에게 그런 고민을 안겨주고 있었다. 이 때 어느 선배가 '남이 아픈 걸 볼 때 같이 마음이 아프면 의사할 자격이 있다.'고 하여 망설임 없이 의과대학에 진학하였다"고 쓰여 있다. 내가 이윤세 교수님의 치료를 받는 동안 그 분의 心性이 佛心이 베어나듯 인자하시다고 느끼게 된 것은 바로 이윤세 교수님의 이러한 타고난 심성이 있었기 때문이었을 것이다. 말없이 가만히 옆에 서 계시기만 하여도 자비심으로 그윽한 그 눈에 이끌려 들어 입원 기간 내내 마음이 평안하였다.

이윤세 교수님은 "긍정은 기적을 만들어내는 힘이고 기적은 긍정에서 나온다."고 오랜 경험상 터득하신 믿음을 적어놓으셨다. 입원환자가 일반병실로 그리고 일상생활로 순조롭게 가는 과정에서 중요한 것은 환자와 의료진이 다 잘 될 거라는 믿음이 있어야 된다. 환자와 의료진 사이에 불신의 벽이 생기면 방어적으로 진료할 수밖에 없고 서로 힘들다. 반대로 서로 믿고 적극적으로 치료에 임하다 보면 안 될 줄 알았던 병이 기적적으로 낫기도 한다고 써 놓으셨다.

어디 환자와 의료진 간의 믿음뿐이겠는가. 어려운 세상사도 다소의 어긋남이 있을지라도 서로 신뢰하면 안 될 일도 순조롭게 풀리고 또 성사 되는 경우도 많다. 긍정의 힘은 참으로 위대하다는 믿음이 내 마음에도 자리잡게 되었다.

이윤세 교수님의 수술을 받은 지 몇 달 후, 아산 병원의 다른 科 진료를 받게 되었을 때의 일이다. 인턴 선생님이 내 기록을 살피더니 "암 수술을 받으셨네요."라고 혼잣말처럼 하는 것을 듣고 그 때 그 수술이 암(물혹)제거 수술이었음을 알게 되었다. 또 이윤세 교수님은 암이란 말을 사용하지 않으시고 물주머니라고 표현하시면서 나를 안심시켜 주셨던 것도 깨닫게 되었다.

COVID-19 사태로 정기검진을 두 번씩이나 연기했다가 오늘은 모든 것을 무릅쓰고 이윤세 교수님을 뵈었다. 교수님께서 귓속을 보시다가 미간(眉間)을 좁히시는 것을 보고 내 가슴이 철렁하였다. "면봉을 쓰시나요?"라고 확인하시고는 귀속이 자연으로 마르게 두어야지. 아니면 염증이 생기고 심해질 수 있다고 주의를 주셨다. 내가 이윤세 교수님의 작은 표정 변화에도 크게 반응하게 된 것은 그 분을 100% 신뢰하고 있기 때문이다.

내가 오른쪽 빰 근육이 두꺼워지고 굳어가는 것 같다고 호소하니 "양쪽이 다 잘 움직이는데요."라며 미소 지으셨다. 이윤세 교수님의 미소가 마법처럼 내 마음을 편안하게 해 주었다. 이러한 작은 말이나 표정으로 마음이 위로받기도 하고 상처 받기도 하는 인간은 참으로 나약한 존재라고 생각되기도 한다. 이렇게 마음이란 것이 매우 연약해 보이지만 주변을 어떻게 수용하고 어떻게 마음을 쓰느냐에 따라 가이없이 자비로워지고 한없이 강해지기도 할 수 있을 것이라고 믿는다.

평소 긍정적 마음을 유지하면 어느새 습관이 되어 내 인생살이에도 반드시 무한한 힘을 발휘하게 될 것이라는 생각이 굳어지고 있다. 이윤세 교수님을 뵈면서 내 마음에도 긍정 마인드가 계속 자라고 있는 덕택이다.

이윤세 선생님에 대한 감사의 마음이 나를 행복하게 한다. 이 어설픈 글이 선생님께 누를 끼치지 않기를 바라며 이윤세 선생님께 내 작은 감사의 마음을 올린다.

心淸事達 ―맑은 마음은 모든 일을 잘 풀리게 한다.

M자에 서린 감회

뭐니 뭐니 해도 Money=돈이 제일 좋다는 우스갯소리가 있다. 농담 같은 진담이 아닐 수 없다. 공수래공수거(空手來空手去)는 만인에게 평등한 만고불변의 자연 현상이고 옛 선비들이 돈을 돌보듯 하라고 가르치셨지만 현대 사회에서 돈은 삶의 필수 요소라고 해서 부인할 사람은 아무도 없을 것이다.

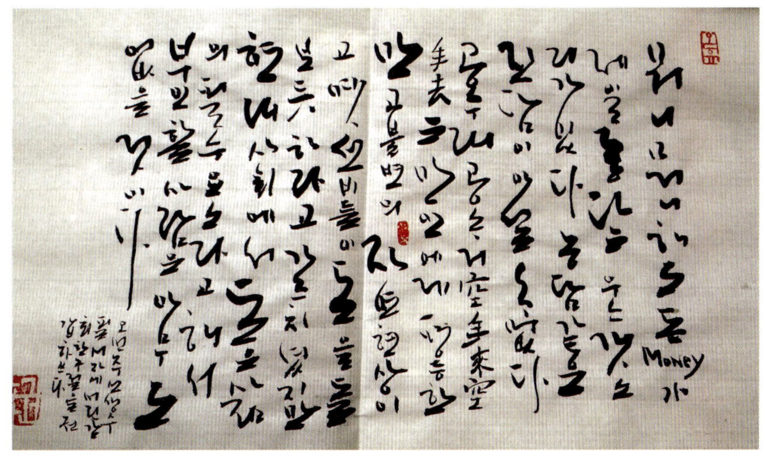

한국문인협회 권갑하 부이사장님이 위 글을 멋진 서예로 昇華시켜 보내주셨다.

나는 부를 탐하지 않지만 의식주를 해결하기 위해서 사랑하는 사람들에게 정을 표하기 위해서 그리고 주변에 적절한 예의를 차릴 수 있기 위해서 최소한 일정한 돈은 필요하고 생각하고 있다.

동양인의 정서를 논할 때 Moon=달을 빼놓을 수 없다. 이태백이 밤낚시 하다가 강물에 잠긴 달을 건지려다 물에 빠져 죽었다는 일화는 낭만적이기까지 하다. 세종대왕께서 부처님의 일대기를 쓴 석보상절을 한글로 옮긴 월인천강지곡(月印千江之曲)은 한글문화의 정수(精隨)로 〈국보 제320호〉로 지정되어 전해지고 있는데 달은 부처요 강은 민중으로 부처가 몸을 바꾸어가며 교화하는 것은 달이 천 개의 강에 비치는 것과 같은 뜻을 담고 있다 한다.

「The Good Earth」로 노벨문학상을 받은 Pearl S. Buck 여사의 소설 「Letter from Peking」에는 미국인 아내가 북경에 남겨두고 온 남편을 생각하는 달=Moon 밤 장면이 가슴 아리게 애잔하게 그러나 너무도 낭만적으로 그려져 있다.

제망찰해(帝網刹海)를 몸소 깨닫기 위해 무동력 일엽편주로 북태평양을 횡단 항해하신 바 있는 석지명 큰스님의 초대로 배를 타고 밤바다에 나간 적이 있다. 태안 천수만에 항해한 것이다. 조류가 멈추는 곳의 해류가 멈추는 시간대는 한 밤이었다. 작은 배가 미동도 없이 정박한 채 물 위에 떠 있다. 세상이 온통 다 멎은 듯한 느낌이 드는 달밤이다. 밤하늘의 별들마저 숨죽이게 하는 밝은 달밤이다. 잔잔한 파도가 달빛을 받아 춤추는 금빛 파도는 천상의 아름다움이었다. 피아노 멜로디로 들으며 상상만 했던 금파 은파 그 느낌을 현실로 보는 경이로움에 눈물마저 고였었다. 달이 지구를 도는 한 이 광경은 계속될 것인데 이 광경을 볼 수 있는 자는 축복 받은 이에 限할 것이다.

무릇 생명 있는 모든 것은 종족 번식의 본능을 부여 받고 있다. 여성이 인간으로 성숙해지면 Menstruation=월경을 시작한다. 이웃 일본에서는 딸이 월경을 시작하면 팥밥을 지어 축하해 주는 풍습이 있었다. 월경은 생명을 잉태할 수 있는 몸으로 완성되었다는 신호이기에 축하할 만하다.

남자, Man=인류. 나는 이 지구상에 사는 수많은 생명체 중에 인류로 태어난 것에 무한 감사한다. 사람으로 태어나면서 예절 교육을 받는다. 밥 흘리지 말고 먹어라. 시끄럽게 굴면 안 된다. 남에게 폐 끼치지 않도록 늘 조심해야 한다. 그리고 일정 나이에 따라 사회적 교육을 받고 학령에 이르러 학교에 다니며 인문학을 익힌다. 사람다움의 가치를 배우고 스스로 선한 삶을 추구하게 되었다. 사람은 제각각이고 서로 다름을 인정하는 사회가 좋은 인간관계를 형성한다는 사실도 알게 되었다. 그런데 누군가가 "인간은 만물의 영장"이란 말을 남겼다. 참으로 오만함이 하늘에 닿아있다. 인간이 말을 하고 문자를 사용하고 과학을 발전시켰다 해서 나온 말일까? 인간 아닌 동물들도 저들만의 말로 의사소통을 하고 그들 나름의 삶의 방식이 매우 과학적인 것이 경이롭기 그지없지 않은가. 철새들은 나침반이 없어도 천릿길 하늘을 날아서 정확하게 목적지에 도착한다. 인간은 겸손해질 필요가 있다. 동물들의 서식지가 그들의 삶의 터전임을 인정하고 더 이상 자연 환경을 파괴하지 말아야 하지 않겠는가.

Mother=어머니. 말만 떠올려도 마음이 편안해지는 단어는 어머니 말고는 다시없을 것이다. 똑같이 피를 물려주신 같은 부모지만 사람들은 "아빠 엄마"라 하지 않고 "엄마 아빠"라 한다. "아버지 나를 낳으시고 어머니 나를 기르시니" 라는 글귀를 보면 아버지가 종(種)의 근원으로 인정받고 있지만 사람들은 젖 물려 길러주신 어머니의 포근함을 더 그리워하고 평생토록 잊지 못해 한다. 神이 모든 곳에 있을 수 없어 '어머니'를 만들었다 한다.

고교생 시절에 나는 한 여인이 옥색 치마에 하얀 모시 적삼을 입고 노란 양산 받쳐 들고 걸어가는 모습에서 더할 수 없는 아름다움을 느꼈었다. 여인의 차림새도 고왔지만 그보다도 나는 그 여인의 묵직한 몸매에서 한 생명이 자라고 있음을 알고 진한 감동을 받았었다.

정작 내가 어미가 되었을 때 나는 인간의 도리를 다하지 못하였다. 시어른 모시는 일과 부잣집 도련님 출신 남편의 비위 맞추기 그리고 강의 준비에 전심전력을 기울이다 보니 내 자식은 항상 후 순위로 밀려나 있었다. 어미 손이 가장 많이 필요한 때에 따뜻하게 품어주지 못했고 격려해 주지 못하였다. "어버이 섬기기에 정성을 다하라. 지나간 후면 애달파 어이하리." 라는 시조가 있는데 나는 지금 아이들이 어릴 때 정성을 다하라는 말을 덧붙여 남기고 싶다.

여자는 약하나 어머니는 위대하다는 말은 진리이다. 보릿고개 모진 배고픔을 겪으시면 서도 자식을 위해 모든 것을 내주시며 희생하시던 어머니를 가슴 아프게 그리워한다. '울어 봐도 불러 봐도 못 오실 어머니'를 생각하며 나의 불효를 이제야 뜨거운 눈물로 용서를 빌어본들 무슨 소용이랴. 용서를 빈다는 사실조차 너무도 염치없고 이기적이다. 내 마음 편하기 위한 이 기도는 가증스럽기까지 하다. 어머니가 적멸(寂滅)에 드신 후에 달을 보고 빌었다. 부디 "보릿고개 없는 세상에 다시 태어나시고 만인의 사랑과 존경 받으시며 한 세상 사시라"고. 어머니의 내세를 축복하고 나니 내 마음에 약간의 위로가 깃들었었다.

우리 전통 가치관과는 다소 어긋난 젊은 여인들의 매정한 행태로 해서 마음이 울적해질 때가 많아졌다. 인터넷을 열 때마다 오른쪽 머릿자리에 "태어나자마자 버림받은 아기들" 이란 글귀와 함께 홀로 뒹구는 아기 사진이 올라와 있는 것을 본다. 생명은 존엄하다는 사실을 일상 가정생활이나 학교 성교육 시간에 반드시 강조해서 버려지는 아이가 없도록 해 주기를 바란다.

어린 형제가 라면 끓이다가 화상을 입고 아직 의식을 회복하지 못하고 있는 이 안타까운 현상을 미연에 방지할 수 있는 제도 마련도 시급하다. 23kg 아이를 가방에 넣어 질식사를 도모하고도 모자라 가방 위에서 방방 뛴 여자를 未必的 故意가 아닌 "故意에 의한 살인죄"로 엄히 처벌하라고 외치지 않고는 견딜 수 없다. 이 세상 모든 어머니의 이름으로 단죄하기 바란다.

여자는 약해도 어머니는 강하다.

한 번 보는 것이 백 번 듣는 것보다 낫다

—百聞不如一見

"남대문 大자의 파임이 자알 빠졌더라." 남대문은 커녕 서울 문턱 과천에도 못 가 보았으면서 아는 척 하기를 좋아하는 사람이 한 말이라 한다. 남대문 현판에 〈崇禮門(숭례문)〉이라 쓰여 있는 줄을 꿈에도 모르고 사람들이 남대문이라고들 하기 때문에 그렇게 믿고 아는 척 우겨대는 것이다. 무식한 자가 용감하다는 말이 그래서 나왔을까? 한 번만 현장에 가서 보았다면 그렇게 말하지는 못하였을 것이다.

나는 20세기에 태어나서 21세기의 정보 홍수 속에 살고 있다. 하루라도 뉴스를 시청하지 못하면 세상이 바뀐 줄도 모르는 낙오자로 전락하기 쉽다. 라디오 시대가 가고 텔레비전 시대에 이르러 많은 것들이 화면으로 전해진다. 실로 실감나는 세상에 살게 되었다. 진실만이 통하는 세상이 도래한 듯하였다. 카메라 성능이 날로 좋아지고 전파 송출 시스템이 발달하여 세상 만물을 다 보여준다 해도 그래도 내가 직접 보지 않고는 진실을 다 알 수는 없는 경우가 허다하다는 사실을 나는 꽤 나이 들어 깨닫게 되었다. 나는 우리 선조들이 〈한 번 보는 것이 백 번 듣는 것보다 낫다(백문불여일견 : 百聞不如一見)〉이란 말을 남기신 현명함에 수시로 감명 받고 있다.

미국 수도 워싱턴 D.C.의 사진을 보면 널따란 평야에 높다란 탑이 있다. 나는 미국을 딱 두 번 밖에 방문하지 못하였지만 요즘 웬만한 사람들은 미국을 이웃나들이 하듯 드나든다. 나는 그들이 〈동아연필〉이란 애칭을 붙여 준 저 탑의 겉모습만 알고 있었다. 현장에 가서야 그 탑 안에 숨은 장치를 알게 되었다. 그 탑 속에 상승 하강 교차하는 엘리베이터가 있다는 것에 놀라고 엘리베이터가 상승하면서 미국 애국가가 울려 퍼지기 시작하고 애국가가 끝남과 동시에 頂上에 도착한다. 내가 현장에 가서 직접 엘리베이터를 타 볼 기회가 없었다면 평생 모르고 살았을 수 있다.

이 기회에 '기적 같은 이야기'를 살려두고 싶다. 미국 워싱톤 D.C. 체류 시에 미 국무부에서 정해 준 〈듀퐁 프라자 호텔〉에 머물고 있었다. 어느 날 한국말을 하는 키가 자그마한 약간은 못생긴 편인 중년 남성 한 분이 내 방 앞에 서서 노크했다. 좀 이상하였지만 대낮이니까 하고 문을 열었다. 그는 "가끔 서울말이 들려 반갑기도 하고 궁금해서"라고 했다. 그는 바로 '천하의 고바우, 김성환 선생'이었다. 자유당 말기의 부패상을 네모 네칸에 촌철필살(寸鐵必殺)의 재치로 풍자 그림을 그려서 국민들의 울분을 씻어주던 동아일보의 보배적 인물로 국민의 사랑을 받고 있는 분이다. 약속에 따라 귀국 후 신라호텔에서 함께 점심을 먹었다. 이 귀한 인연으로 해서 우리는 몇 번 더 만났고 신나게 지구를 몇 바퀴씩 돌며 을지로 종로도 뒤지며 세상을 비판했었다. '고바우'의 진가를 몸소 느끼게 된 것도 '만남의 一見'이 있어서 가능하였다.

나는 1970년대에 자원봉사 활동과 관련하여 비교적 해외 나들이를 많이 하였다. 이승만 대통령이 국무위원 등 고위 인사가 해외 출장 나갈 때에 USD $100 이상을 소지하려면 반드시 대통령의 결재를 받게 하였었다. GNP 60달러 시대의 우리 외환 관리 지침이었다. 따라서 일반 시민의 명분 없는 해외나들이는 엄격히 제한되고 있었다. 전 국민 해외여행 자유화가 이루어진 것은 그리 멀지 않은 1989년이었다. 요즘은 누구나 복수여권을 받고 있지만 그 해 이전에는 이른바 건수(件數)가 있어야 단수여권이 나오고 해외 나들이가 가능하였다. 말하자면 나의 해외 나들이는 남 먼저 바깥세상 구경하는 특혜를 누린 셈이다.

1974년, 미 국무부와 미 여성유권자연맹 해외교육재단 —Overseas Education Fund/ American League of Women Voters (약칭 OEF/ ALWV)의 공동초청으로 나는 3개월 간 동남아 5개국 대표들 7명과 함께 미국 수도 워싱턴 D.C.와 대륙을 가로질러 중부 도시와 샌프란시스코를 견학한 적이 있다. 워싱턴 D.C.에서 4주간 민주주의 국가 시민에 의한 자원봉사의 기본 가치를 교육 받은데 이어 미국 중부 도시 루이빌에 가서 며칠 그곳 자원봉사활동에 동참하였다. 그 곳에 미국 중부 개척의 상징인 〈Gateway Arch〉가 하늘 높이 무지개처럼 걸쳐져 있고 그 아래로 헬리콥터가 유유히 날고 있었다. 둘째 날 그 그림 같은 현장에 갔다. 그 규모만으로도 가히 압도당할 지경이었다. 그 건축물 기저가 넓은데 놀라고 정상에 오르는데 게걸음처럼 옆으로 오르는 엘리베이터가 서서히 움직이며 올라가고 정상에 다다르니 문이 열리고 밖에 나서니 유리 상자처럼 고정된 전망대가 있다. 여기서 바라보는 미국은 참으로 넓기도 하여라! 사방에 지평선이 보였다. 이 감격은 누가 말로 전해 주어서는 절대로 느낄 수 없을 황홀감이었다. 처음으로 미국을 부러워하였다.

태평양 연안 도시 San Francisco로 갔다. 우리 일행은 "국무부 초청객" 이란 신분으로 미국 최고 부호 중의 한 재벌인 Koshland 家의 만찬에 초대 받았다. 집안을 보여주는데 연한 하늘색 계통으로 통일한 침실이 아늑하고 품위가 있어 보였다. 태평양이 바라보이는 마당 양편에는 하늘로 치솟은 울창한 나무숲이 있고 그 안으로 넓은 마당에는 푹신한 파란 잔디가 아름답게 깔려 있었다. 집사의 설명에 의하면 Koshland 家의 기업은 미국 내 본사를 비롯하여 홍콩 마카오 支社 등 〈남녀 동일노동 동일임금의 원칙〉을 철저히 준수하는 기업이라 했다. 세계가 알아주는 〈Levi's Jean〉 제품을 생산하는 공장과 판매망을 운영하고 있다. 미국무부가 파견한 우리 일행 안내자 Miss Jan Magolis 는 〈동일노동 동일임금〉이 잘 지켜지고 있는 것은 사실인데 이 회사 종업원 중 남자는 단 5% 뿐이고 나머지 95%가 여성이라며 웃어 보였다. 방문 선물로 빨강 손잡이가 달린 Jean 손가방 하나씩 받았는데 서울에 돌아와 보니 그 물품이 귀하고 값은 팔짝 뛸 만큼 높았다. 리바이스 상품 특허 50년이 경과해서 다른 비슷한 제품 출시가 홍수를 이루며 우리 남대문 시장에서도 청바지가 상식선에서 거래되기 시작하였다. 내가 보아서 깨달은 것은 Koshland家 같은 세계적 부호가 그들의 능력에 비해서 사치하지 않고 절제된 생활을 하고 있다는 사실이었다. 이것이 "미국의 힘의 원천"이라고 믿고 있다.

말레이시아 하면 영국의 식민지였던 半島 말레이로만 알고 있었다. 1976년 말레이시아를 갔을 때 보르네오 섬 서북쪽 일부가 이스트 말레이시아란 걸 알게 되었다. 서민들의 주거로 여러 기둥 사이에 높이 마루를 깔고 바나나잎 등으로 지붕을 덮고 집단 거주하는 Long House가 있는 것을 처음 보았다. 3m 가량의 둥근 나무를 도끼로 적당한 간격으로 찍어서 출입구에 세워서 사람이 밟고 오르내린다. 사나운 도마뱀 등의 습격과 이방인의 침입을 막기 위해서 세운 사다리인데 밤에는 걷어 올린다. 그들의 멀지 않은 역사에 Head Hunter가 있었다. Head Hunting은 범죄이기에 앞서 부족의 용맹성을 인정받는 행위였다. 실제로 그들의 집안에는 우리나라 시렁에 메주를 매달아 놓듯 해골이 주렁주렁 달려 있었다. 1975년 독일 오지 탐험대 3인의 행방불명은 이들의 소행으로 의심 받고 있었다. 내 눈으로 직접 보지 않았다면 절대로 믿지 않을 믿지 못할 풍습이고 끔찍한 풍경이다.

태국 하면 수도 방콕에 불교 사원의 높고 둥근 황금 탑이 솟아 있는 것을 연상하고 있었다. 태국은 절대 왕권을 누리고 있었다. 귀족이며 의회 의원인 쿤 챤타니 여사 집에 초대 받았을 때 그녀의 사치를 극하는 생활에 진심 놀았었다. 방 하나에 세계에서 모은 명품 향수병이 가득 진열되어 있었다. 방콕을 떠나 그녀의 별장에 가는데 차편으로 3시간이나 걸려서 동행 卞文圭 선생이 졸음을 호소하였었다. 그 곳 그녀의 별장은 本家보다 더 화려했고 메콩강 상류에 그녀의 전용 요트 장이 있어서 뱃놀이를 시켜 주었다. 변두리에 다닥다닥 붙은 빈민가의 삶과 너무도 대조적이어서 굽이굽이 한숨이 나왔다. 이 불공평한 제도를 누가 언제 어떻

1976년 말레이시아 정부 주최 여성 지도자 세미나. 오른쪽 끝이 필자.

게 개선하려는지 하는 의문을 잔뜩 안게 된 것이 태국을 보고 생긴 어떤 정의감이었다.

어느 해, 중국의 〈北京醫科大學〉을 견학하였다. 약초 本을 설명하는 글들이 현대의 간자를 쓰지 않고 전통 한문으로 쓰여 읽을 수 있어서 편히 느긋하게 사방을 둘러보았다. 그들이 설명하는 것을 통역을 통해서 듣는 것보다 나의 한문 실력을 백분 활용하였다. 의대 교수들과의 대담 겸 차 한 잔의 시간에 우리나라 허준(許浚) 선생을 저들도 익히 알고 있다 했다. 허준 선생의 의술은 우리의 훌륭한 의술이다. 여기서 나는 우리 한의학을 대체의학이라 하는데 이의를 제기하지 않을 수 없다. 서양식 의학을 기준으로 우리 의학을 대체의학이라 하는데 이는 잘못된 표현이다. 우리 입장에서는 우리 의학을 〈정통의학(正統醫學)〉, 〈전통의학(傳統醫學)〉 또는 〈한의학(韓醫學)〉이라 하여야 옳다. 우리 의학계에서도 우리 전통의학을 존중해서 한방 양방 함께 연구 발전해 가기를 바란다.

한국학술연구재단의 후원으로 1991년 여름 방학에 각 대학 학장급 교수 열 네 명이 우리나라와 여행 교류가 금지되어온 동구라파 지역에 견학을 가게 되었다. 11박 12일 코스 여행이었는데 첫 기착지가 모스크바였다. 와해 직전의 소련(U.S.S.R.)을 들여다 볼 수 있었다. 수도 모스크바에 5천명이 동시에 宿食하고 동시에 회의를 할 수 있는 거대한 길게 옆으로 정박한 군함같이 생긴 호텔에 묵었다. 공산주의 소련의 勢 과시용이었을까 동시에 의사전달이 가능한 시설이 필요했었던 것 같다. 러시아와 US 합작 운영으로 이름이 RUS Hotel이었다. 그 냉전 시절에 미·쏘 합작이 어떻게 가능하였는지 지금도 의문으로 남았다.

소련은 神과 "짜아르"를 내쫓은 자리에 Marx Lenin 이 자리 잡고 있었다. 거리마다 레닌의 동상이 서 있고 레닌 기념관 입구에서 거룩한 분위기를 풍기기 위해서 파리 판테온 신전의 〈빛의 연출〉을 그대로 설치해 두었다. 레닌 기념관 전시실에는 그의 유품이 진열되어 있고 어느 방에서는 방 크기가 모자라서 대각선으로 앉힌 레닌의 거대한 돌 조각 흉상이 버티고 있었다. 프롤레타리아 혁명이 아니라 레닌에 의한 권력 찬탈이었다는 생각이 들었다. 聖 피터폴 요새 안에 있는 표트르 大帝 동상은 그가 아이들을 사랑했다는 이야기를 안고 있었다.

〈겨울 궁전〉에서 보는 로마노프 왕가의 예술품을 보는 것이 감명 깊었으나 그들의 사치를 극하는 삶에서 어쩐지 그들이 몰락을 자초한 것이 아니었나 하는 생각이 들었다.

청년동상. 오른쪽이 필자.

동 베를린에서 본 동상을 가슴 아프게 기억한다. 우리 안중근 의사는 의거를 성공시켜서 영웅으로 기억되고 있는 현실과 대조적이다. 제1차 세계대전의 주범 히틀러를 암살하려다 미수에 거쳐 재판도 없이 발가벗겨진 채 총살형을 받은 한 젊은이의 동상 앞에서 숙연해 졌다. 그의 거사가 성공했더라면 세계 역사가 달라질 수도 있었을 것이다. 왼편에 게재된 사진에서 보듯 후세가 그 청년을 기려 총살형 그 자리에 그의 동상을 세워 그 넋을 위로하고 역사를 가르치고 있었다.

동 베를린에서 본 역사적 기억이 하나 더 있다. 독일에서 가장 오랜 역사를 지녔다는 훔볼트(Humboldt) 대학 방문이었다. 학교 설립자 훔볼트의 동상을 우러러 보고 바로 본관에 든다. 메인 홀 계단 위, 즉 계단을 오르는 누구나 읽을 수 있게 정면 벽에 Karl Marx의 名句가 새겨져 있다.

〈철학자는 세상에 대하여 다양하게 인식하지만 그러나 어떠한 것도 변화시키지는 못 한다〉. 나는 우리 교육 환경 탓인지 칼 막스가 공산주의자란 생각 외엔 다른 생각을 해 본 적이 없었다. 그러다가 영국 BBC에서 "지난 1000년 동안 가장 위대한 사상가를 설문 조사하였는데 칼 막스가 1위를 차지하였다는 기사를 읽고 갑자기 호기심이 생겨났었다. 그러나 그 당시 우리나라에서는 공산주의 사상가라고 해서 그의 책은 禁書로 분류되어 서점에 나오지도 않았었다. 1976년에 일본 여학사협회 장학금으로 일본에 갔을 때 제일 먼저 그의 저서 『Das Kapital(자본론)』을 구입해서 읽었다. 나의 체류를 위해서 당신의 집필·연구소로 쓰던 아파트를 내어 주신 스미야 미키오(隅谷 三喜男) 교수는 "吳상! 귀국할 때 이 책은 놓고 가는 것이 좋아요"라고 조언해 주셨다. 그래서 나는 몇 번을 더 읽었었다. '동물은 살기 위해서 먹지만 사람은 보다 나은 미래를 위해서 먹는다.'는 그의 젊은 날의 생각이 예사롭지 않았다.

스페인의 도시 그라나다와 마드리드 등을 견학하였다. 역사적 자취를 보면서 감탄도 하고 유머러스한 돈키호테의 동상을 보며 즐거워도 했었다. 가톨릭 성당을 방문하였을 때 유리장에 모셔둔 대주교의 옷이 사치의 極에 달해 있음을 발견하고 크게 이는 거부감을 감당키 어려웠었다. 가톨릭 대주교가 王을 파문한 역사가 생각났다. 마틴 루터의 종교개혁은 필연이었다고 고개를 끄덕였다. 길게 기록된 역사보다 눈으로 본 한 순간의 깨우침이 더 컸다.

대영박물관에서 많은 것을 보았다. 쭈그리고 앉은 채로 미라가 된 노

예를 보고 현세에 다시 태어나 평범한 시민으로 한 세상 살기를 빌었었다. 영국은 '우리가 간직하여서 지금까지 잘 보존되고 있다'고 말하지만 아프리카 등 그들이 유니온기를 게양하였던 곳에서 약탈해 왔을 것이 분명한 문화재를 이젠 원 주인에게 돌려 주워야 한다는 생각이 강하게 일었다. 세계 최초의 성문법(成文法)을 새긴 Rosetta Stone은 "세계 역사의 三大發見"이라 평가 받는 대단한 유물이다. 이 보물은 이를 만든 나라, 왕조의 나라 안에 있어야 한다. 우리도 잃어버린 문화재들을 속히 환수하도록 국가적 노력을 계속 기울여야 한다. 우리 민족이 면면히 문화 대국이었음을 입증하고 후세에 물려주어야 한다. 역사는 모든 것을 증명하기 때문이다.

이집트 카이로와 그들의 옛 수도 룩소르를 견학하게 된 것은 가장 큰 소득이었다. 이집트 문명은 경이로움 그 자체였다. 세계7대불가사의(世界7大不可思議)라는 피라미드를 그 바로 앞에서 본 기분은 어느 다른 별에 온 느낌이었다. 그 피라미드를 쌓은 돌 크기가 저걸 어떻게 다루어 성을 쌓았을까 하는 의문을 즉시 갖게 하였다. 그 겉면을 발랐을 재료가 부식되어 가는 모습이 안쓰러웠다. 공중에서 내려다 본 결과 현대 과학으로도 놀랄만한 수학적 기하학적 원리가 적용된 건조물이라 한다. 카이로 시가지가 피라미드 바로 옆까지 팽창해 가는 것에 관련하여 저 인류 유산이 인위적으로 훼손될까 어떤 두려움을 느꼈다.

기념품 가게에서 여러 형태로 만들어져서 팔리고 있는 한 여인의 흉상(胸像)을 하나 샀다. 4만여 명의 학생이 다닌다는 카이로 국립대학 박물관을 방문하였을 때 인류학 박사라는 분에게 이 흉상이 누구냐고 물었다. 그는 의기 당당하게 〈Queen Nefertiti〉라고 힘주어 말했다. 우리에게 잘 알려진 클레오파트라는 로마의 집정관과 염문을 퍼뜨려 국위를 손상한 여왕이어서 국민들의 존경을 받지 못하고 있다 했다. 파라오 18世의 아내 네파르티티는 남편 사후 집권하여 남편보다 훨씬 훌륭하게 나라를 다스려서 국민의 추앙을 받고 있다고 했다. 예나 지금이나 민심은 같은 것 같다. 카이로에서 비행기로 2시간 거리 남쪽으로 가서 옛 수도 룩소르에 도착하여 왕가의 무덤이라는 계곡을 간다. 한참을 걸어서 〈투탕카멘의 무덤〉을 본다. 입구부터 대단하였다. 무덤으로 향하는 동굴 양편에 쭉 그림이 그려져 있는 데 방문자들의 입김에 수분이 차서 그림이 훼손될까 유리벽을 쳐두었다. 길고 긴 복도를 지나 길이 끊어진 곳에서 가이드가 20여 미터 앞을 가리키며 저 곳이 왕의 무덤이라 했다. 도굴 당하여 원형이 망가졌다 했다. 죽어서도 이승과 같이 산다는 신앙적 믿음으로 해서 그들은 왕위 등극과 함께 자기 왕묘(王墓)를 짓는다. 그래서 부장품이 넘쳐나는가 보다. 영국 탐험대가 발굴 유품의 반은 가져갔다 한다. 지금 카이로 정부가 유품 반환 운동을 하고 있다 한다.

〈Queen Nefertiti〉

하트셉슈트(Hatshepsut) 여왕의 장제전(葬祭殿)으로 간다. 나무 한 포기 없는 거대한 바위산이 병풍처럼 둘러선 석벽 아래 드넓은 평야에 옆으로 길게 3층 건물로 지어져 있다. 여왕의 내세 복과 부활을 축원하는 神殿이라 한다. 사계절이 있고 여름엔 덥고 잎이 무성하고 겨울에 눈 오고

하트셉수트 여왕의 장제전. 오른쪽이 필자.

얼어붙는 땅에서 나고 자란 나에게는 모든 것이 불가사의였다. 이곳에서 건설 공사는 어떻게 일꾼들 밥은 어떻게 제공하였을까도 불가사의하다. 눈으로 직접 보고도 믿기지 않은 것이 한두 가지가 아니었다. 그날 낮 온도가 섭씨 45도였다 한다. 그래도 덥다고 느끼지 않은 것은 사막에 습기가 없기 때문이라 했다.

내 이름이 새겨진
〈카보 다 로카 방문증명서〉

유럽 대륙 서쪽 끝나라 포르투갈로 갔다. 리스본을 둘러 이베리아 반도 서쪽 끝이라는 〈Cabo da Roca〉에 이른다. 북위 38도 47분, 동경 9도 30분, 해발 140 m. 땅 끝은 파도치는 모래사장이란 선입견이 싹 씻어지는 순간이었다. 해발 140 미터 바위 절벽 위에 거센 바람을 맞으며 서 있는 내 모습을 발견하고 묘한 감동 같은 것을 느꼈다. 아이들에게 보여줄 기념으로 Cabo da Roca 방문증을 신청했더니 USD 5달러를 내라 한다. 와아, 장삿속도 대단하다.

스웨덴 남쪽 항구 도시 옛날 덴마크 영토였다던 말뫼에 갔다가 다시 덴마크, 코펜하겐으로 돌아오니 꽤 늦은 저녁 식사를 하게 되었다. 몸도 지쳐서 눕고 싶은데 밖은 아직 훤하다. 시계를 보니 새벽 3시. 아! 이것이 백야로구나! 말로만 듣던 白夜! 흥분이 되서 호텔 밖으로 나왔다. 〈Mid Decade Forum for Women〉이라 간판을 건 세계대회에 참석 중이었던 나는 회의 사무국에서 권유한 Tivoli 공원에 갔다. 1843년에 개관했다는 오랜 역사를 자랑하는 공원답게 오밀조밀하게 꾸며져 있고 공원 내를 장식한 오색등(五色燈)이 아름답다. 백야의 지루함을 달래주는 시설이다. 모든 것이 자연환경에 순응하는 것이란 생각을 새롭게 깨달았다. 백야는 현지 경험 없이는 표현이 불가능한 자연 현상이었다.

비행기 환승을 위해서 두바이 공항에 몇 시간 머물러야 했던 적이 있었다. 공항 밖으로 나갈 수 없어서 공항 내 쇼핑가를 둘러보았다. 나는 세상에 이렇게 휘황찬란한 공예품을 본 적이 없어 놀라웠었다. 황금을 마치 엿가락 늘리듯 거미줄 치듯 자유자재로 다루는 그들의 솜씨는 신의 손길처럼 느껴졌었다. 온갖 종류로 세상에 있음직한 모양은 다 만들어서 진열장 안을 가득 채우고 있었다. 상품이라기엔 아깝고 미안한 神의 예술품이었다.

현지에 가 볼 수 없었다면 누군가의 이야기나 책을 통해서 얻었을 지식이었을 것이다. 고맙게도 현장에 가 볼 기회가 부여되어 나는 진실에 관한 추억이 많다. 풍부한 경험을 갖게 된 나의 삶에 행복을 느낀다.

유행가 노랫말은
人間事의 人間史

"눈물과 한숨의 날은 지나고 건국의 아침 해 솟아오르니
힘차게 울려라 자유의 종소리 천지가 진동하게 울려라. "

"어둡고 괴로워라 밤도 길더니 삼천리 이 강산에 먼동이 텄다.
동무야 자리 차고 일어나거라. 산 넘어 바다건너 태평양 건너
아아 자유의, 자유의 종이 울린다."

1947년, 내 나이 열두 살에 조국의 초등학교 4학년에 입학하고 입학 후 처음 배운 위 두 노래가 내 기억 속에 지금도 굳건히 자리 잡고 있다. 1946년 봄에 귀국하고 한글을 깨우친 후 다음 해에 영양국민학교에 편입 하였었다. 1945년, 일본 동경에 있을 때는 주변 분위기 탓이었을까 "조선 해방"의 의미를 몰랐었다. 귀국 후 학교에 들어가서 이 노래를 매일 아침 조회 시간에 큰소리로 합창하면서 광복의 의미를 알게 되었었다. 노래는 그 본질상 거듭 불러서인지 사람의 생각을 확실하게 굳혀주는 중요한 기능을 하는 것 같다.

몸이 사람의 영혼을 머물게 하는 집이라면 말은 그 사람의 생각을 담아 두는 그릇이고 표현하는 도구라 할 수 있다. 사람뿐만 아니고 자연

속 만물도 각기 자기 언어를 가지고 의사소통을 한다고 나는 믿고 있다. 고운 말로 속삭이기도 하고 고성을 지르기도 하는 노래로 평생토록 가슴 속에 응어리로 맺혀 있던 상처를 치료 받기도 하고 하늘에 오를 만큼 격려 받기도 한다.

1946년 5월, 우리 가족은 광복 조국으로 귀국하기 위해서 일본 큐슈 하카타 항(九州 博多港)을 떠나는 연락선을 탔다. 뱃머리에 선 큰 언니가 멀어져 가는 항구를 바라보며 "소녀의 꿈을 푸른 바다 물결 위에 버리고 떠나누나~"란 노래를 연신 부르고 있었다. 열여섯 살 소녀의 그 때 그 뱃머리에서 노래하던 모습은 진실로 애절하게 내 마음에 남아 있고 내 기억 속 큰언니의 가장 아름다웠던 모습이다.

나의 어머니는 엄격하셔서 유행가를 부르지 못하게 하셨다. 정신이 해이해지기 쉽고 도덕적으로 일탈할 가능성이 있어서라고 하셨다. 내가 열한 살 때 귀국해서 정착한 곳은 태백산맥 남쪽 끝자락에 있는 경북 영양(英陽) 산골이었다. 음악에 접할 수 있는 기회는 오로지 축음기(畜音機)에 〈Victor〉사가 제작한 LP 레코드판을 돌리는 것뿐이었고 대체로 정통 음악이거나 세미클래식들이었다. 이 축음기를 놀음판에 정신나간 작은아버지가 들고 나가서 도박 빚에 넘겨버렸다. 우리 세 자매는 음악에 접할 기회를 잃어버렸고 어머니 말씀에 순종하느라 노래 부를 생각조차 못 하였다. 어느 달 밝은 밤에 아무도 없는 넓은 강변으로 산책 나가서 우리는 신나게 노래 불렀다. 모처럼의 해방감으로 우리는 시간 가는 줄 모르고 노래 불렀다. 이 노래 소리가 강 건너 높이 솟은 암벽에 닿아 메아리가 되어 우리 마을까지 닿을 줄이야! 할아버지께서 첫잠 드시다 말고 달려 나오셔서 기다란 담뱃대를 흔들며 다 큰 처녀들이 협률회(協律會 —오케스트라)를 차렸느냐면서 크게 역정을 내셨다. 아버지는 우리가 이 마을에서 살려면 이 마을의 예의범절에 맞게 처신하는 것이 옳은 것이라고 말씀해 주셨다.

어린 시절에는 위와 같은 사연으로 노래할 기회를 잃었었고 젊은 날에는 삶이 고달파서 노래할 여유로움 같은 것도 없었다. 그러던 차에 직업상 매주 월요일 청주행 고속버스 첫차를 타게 되고 매주 금요일 밤 서울행 막차를 타게 되었다. 고속버스 기사는 차 출발과 동시에 목적지에 도착할 때까지 음악을 틀어놓았다. 좋던 싫던 간에 유행가를 듣지 않을 수 없었다. 23년을 두고 그렇게 유행가를 듣다 보니 내가 직접 노래하지 않을지라도 웬만한 노래는 다 흥얼거릴 수는 있게 되었다.

직장에서 정년퇴직하고도 노년에 들어서야 노래를 즐길 여유가 생겼다. 요즘 인기 절정인 트로트 노래를 들으면서 호젓한 시간을 달래곤 한다. 금년 들어 아직 앳된 정동원 군과 이찬원(李燦元) 군의 노래에 심취하게 되었다. 풍부한 성량에 탁 트인 시원한 음색이 곱고 그들의 아름다운 모습이 귀여워서 아무리 밤이 늦어도 그들의 노래 한 두 곡 시청하지 않고는 허전하여 잠들기 어려워졌다. 알코올만 중독 증상을 일으키는 것은 아닌 것 같다. 20년 넘게 내가 고속버스에서 들어서 귀에 익은 유행가들을 부르고 있기 때문일까 그들의 노래들은 친숙하게 다가왔다. 그런데 이찬원 군이 즐겨 부르는 노래 대부분이 가수 나훈아 선생의 노래란 걸 최근에 알게 되었다. 이찬원 군은 "진또베기"를 너무 신나게 흥겹게 잘 불러서 〈찬또베기=찬또〉란 별명을 얻고 있다. 내가 감동한 것은 이찬원 군이 "1등 트롯트맨을 찾아라!" 경연대회에서 진또베기를 부르려 준비할 때 노래 마무리 "얼쑤"를 잘하기 위해서 그 얼쑤만 500번 넘게 연습하였다는 소식에 접해서이다. 그 집념이 가상하다. 자기 길에 그 정도 진지하게 노력하니 그의 大成이 보인다. 이제 나훈아 선생의 노래를 잘 불러서 〈또훈아=찬또+훈아〉란 영광스런 별명을 훈장처럼 달고 있다. 사실 내가 젊은 시절에는 나훈아를 생각할 때 문자 그대로 딴따라류로 인식하고 있었다. 유행가를 업신여기는 것은 전적으로 어머니의 영향 탓이었다. 이젠 다행스럽게도 유행가를 우리 문화의 일부로 즐기게 되었다. 내가 좋아하게 된 가수 가운데 시니어 층에서 나훈아, 조항조, 임태경 順이고 신진 젊은 층에서는 정동원, 박영탁, 이찬원, 김희재 등 여러분이다. 내가 무거운 책가방을 들고 강의실에 드나들 때만 해도 내가 대중가요를 즐기게 될 줄은 정말 몰랐었다. 이런 변화가 있으리라고는 진실로 상상도 못하였었다.

2020년 가을, 멋진 老신사의 예술작품 같은 사진이 〈대한민국 어게인〉이란 문구와 함께 KBS-1TV의 광고에 뜨기 시작하였다. 코로나-19 참화로 인한 집콕 세월이 무료한 날들이라 〈대한민국 어게인〉에 관심이 일었다. 270분 연속 공연이라 하기에 아예 대형 TV가 있는 큰 방으로 옮겨가서 안락한 소파에 느긋하게 자리를 잡았다. 한 때 흥행계에서 "님과 함께"란 노래를 부른 가수 남진 씨와 나훈아 선생을 억지스런 대결 구도로 몰고 가는 현상이 있었다. 그 두 분은 문외한인 내 눈에도 각기 특색이 있다고 생각되고 있다. 남진 씨는 현역 원로 가수 대우를 받으며 각종 행사 심사위원으로도 나오고 있다. 어려서 노래 부르기 시작한 이래 60년 가까이 노래를 불러왔다고 한다. 나훈아 선생은 오랜동안 침묵하더니 11년 만에 코로나 팬데믹으로 고통 받는 시청자들을 위하여 공영방송 KBS에서 출연료 없이 철학자의 경지에 이른 신선(神仙) 같은 느낌으로 우리 곁에 돌아 왔다. 나훈아는 가수 생활이 무르익은 80년대 이후의 작품 특히 〈작사 작곡 노래〉 이 세 가지 모두 스스로의 작품일 때 더욱 빛나고 있다고 自評하고 있다. 그는 문화훈장 제공을 하겠다는 당국을 향하여 "나는 훈장 무게 때문에 어떤 제약을 받게 될 것이 두렵다"며 사양하고 있다. 자신이 작사 작곡한 노래를 함에 있어 자유로운 영혼을 지키려는 그 마음씨마저 존경스럽다. 가황(歌皇)이라 칭송받기에 합당하다고 생각하게 되었다.

나훈아 선생은 노래 한 곡, 가사 한 편 쓰기 위해서 수십 편의 책을 읽고 참고한다고 했다. 노래 한 곡 완성 위해 최소 6개월 내지 1년 이상 걸리기도 한다 했다. 그가 부른 〈테스 형〉을 들을 때마다 나는 철학자 소크라테스가 살아 돌아온다면 나훈아 선생을 향해서 〈훈아 형〉이라 불러 올 것으로 믿어진다. 이 〈대한민국 어게인〉 공연에서 나훈아 선생은 깊은 충정에서 우러나오는 선각자적 경각심을 용기 있게 세상을 향해서 외치고 있다. 특히 KBS를 향해서 "국민의 방송으로 거듭나라"고 일갈하여 시청자들의 감동을 자아냈다. 그 기개(氣槪)가 드높아 시청자들은 나훈아에 대한 가황이란 존칭에 아무도 이의를 달지 않는다.

나훈아 선생이 작사 작곡한 노래 〈공(空)〉을 들었을 때 그가 철학자의 경지에 이르렀다고 확신할 수 있었다. 그의 노래는 철학 교수들의 특강보다 울림이 더 크고 여운이 길다.

> 살다보면 알게 돼 일러주지 않아도,
> 너나 나나 모두 다 어리석다는 것을
> 살다보면 알게 돼 알면 웃음이 나지.
> 우리 모두 얼마나 바보처럼 사는지
> 잠시 왔다 가는 인생 잠시 머물다 갈 세상

백년도 힘든 것을 천년을 살 것처럼
살다보면 알게 돼 버린다는 의미를.
내가 가진 것들이 모두 부질없다는 것을
띠리 띠리띠리띠리 띠 띠리 띠리
띠리 띠리띠리띠리 띠리디리띠리디리리
살다보면 알게 돼 알고 싶지 않아도
너나 나나 모두 다 미련하다는 것을
살다보면 알게 돼 알면 이미 늦어도
그런대로 살만한 세상이라는 것을
잠시 스쳐가는 청춘 훌쩍 가버리는 세월
백년도 힘든 것을 천년을 살 것처럼
살다 보면 알게 돼 비운다는 의미를
내가 가진 것들이 모두 꿈이었다는 것을
모두 꿈이었다는 것을 (후렴)

나훈아 선생이 작사 자곡한 노래 〈명자야〉는 또 다른 감동을 주었었다.

나 어릴 적에 개구졌지만 픽 하면 울고 꿈도 많았지
깔깔거리며 놀던 옥희 순이 지금 어디서 어떻게 변했을까
자야 자야 명자야 불러 샀던 아버지 술심부름에 이골 났었고
자야 자야 명자야 찾아 샀던 어머니 청소해라 동생 업어줘라
어스름 저녁 북녘하늘 별 하나 눈물 너머로 반짝반짝 거리네.
나 어릴 적에 동네사람들 고 놈 예쁘다 소리 들었고
깐죽거리며 못된 철이 훈아 지금 얼마나 멋지게 변했을까
자야 자야 명자야 불러 샀던 아버지 약심부름에 반 의사됐고

자야 자야 명자야 찾아 샀던 어머니 팔다리 허리 주물러다 졸고
노을 저편에 뭉게구름 사이로 추억 별들이 반짝반짝 거리네.
눈물 너머로 반짝반짝 거리네.
자야 자야 명자야 무서웠던 아버지 술 깨시면 딴사람 되고
자야 자야 명자야 가슴 아픈 어머니 아이고 내 새끼 달래시며 울고
세월은 흘러 모두 세상 떠나시고 저녁 별 되어 반짝반짝 거리네.
눈물 너머로 반짝반짝 거리네.

이 노래 처음 들었을 때 어린 시절 집안 일 돕던 또래 친구들의 일상이 아스라이 눈에 어리게 스쳐 갔었다. 뿐만이 아니다. 미처 깨닫지 못했던 큰 언니의 노고에 울컥하고 말았다. 육 남매의 맏이로 태어나서 어머니의 분신처럼 아래 동생들 거두느라 자기 삶이 없었다. 십 리 길 통학하는 동생들 밥 먹이기기 위하여 새벽 별 보고 일어나 가마솥에 보리쌀 안치고 보리밥 뜸들 동안에 나의 도시락 반찬 준비하고 낮엔 강가에 나가 가족들 의복 빨래하고 저녁엔 엄마와 함께 호롱불 아래서 내 옷을 깁고 손질 해 주던 큰언니, 으스름 달 밤에 뒤뜰에 나가 혼자 울지는 않았을까. 내가 대학 나와 직장에 다니게 되면서 언니와 형부에게 고마운 표시를 하며 지냈지만 지금 생각하면 언니의 잃어버린 처녀시절의 낭만을 되찾을 수는 없을 것이었다.

큰 언니처럼 막내 여동생도 심성이 고왔다. 동생이 다섯 살 때, 할머니 생신 날 아침에 마당에서 놀던 장닭을 잡는 것을 보고 길길이 뛰며 울다가 까무러쳐 버린 막내 동생의 모습이 영화 속 장면처럼 강렬한 기억으로 남아 있다. 내가 고3 여름 방학 때 교통사고로 사경을 헤매다가 되살아난 이후 부모님은 마치 나훈아의 "명자야"처럼 내 동생을 "유리

야, 유리야" 부르시며 나를 보살피게 하셨다. 동생도 밤하늘의 별을 보며 울지는 않았을까 가슴이 아리다. 이 빚을 내세에라도 갚을 수 있기를 기도한다.

COVID-19 탓에 이미 집밖으로 못 나간 지 1년 반이나 넘은 2021년 여름 들어 새롭게 내 가슴에 스며드는 노래가 들린다. 나훈아 선생이 부르는 "해변의 여인아" 이다. 어쩐지 옛날을 그립게 하여 듣고 거듭 들었더니 이젠 나도 부를 수 있게 되었다. 오랜 삶 속에 시들어버린 나의 젊음을 다시 불러다 주는 것 같은 느낌이 든다.

요즘 김용임씨가 노래한 나옹(懶翁)스님의 선시(禪詩) "훨훨" 을 즐겨 듣는다.

> 사랑도 부질없어 미움도 부질없어.
> 청산은 나를 보고 말없이 살라 하네.
> 버려라 훨훨 벗어 버려라 훨훨. 사랑도 미움도 버려라 벗어라 훨훨훨
> 아 아 물같이 바람같이 살라 하네. 탐욕도 벗어 놓고 성냄도 벗어 놓고
> 창공은 나를 보고 티 없이 살라 하네.
> 버려라 훨훨 벗어 버려라 훨훨. 탐욕도 성냄도 버려라 벗어라 훨훨훨
> 아 아 물같이 바람같이 살라 하네. 물같이 바람같이 살라 하네.

너무나도 널리 많이 알려진 詩句이고 누구나 한 번쯤은 읊어 보는 마음이 맑아지는 노래다. 구태여 절을 찾아가서 법문을 듣지 않아도 내 마음을 부처의 경지에 이르게 해 준다.

오랜 역사 속에 면면히 이어져 오는 온갖 유행가 노랫말 속에 인간의

모든 희로애락의 역사가 담겨 있음을 알게 된 듯하다. 유행가가 남녀노소 간에 사람들의 사랑을 받아 온 이유를 이 나이 되어 이해하는 나는 많이 부족한 사람이었다.

내가 65세에 상배(喪配)한 후 4~5년이 지난 어느 날 나이는 훨씬 아래지만 지체는 높으신 분으로부터 〈갈대의 순정〉이란 노래를 스마트폰을 통해서 받았다. 연이어 김창완의 〈언젠간 가겠지 푸르른 이 청춘, 지고 또 피는 꽃잎처럼, 달 밝은 밤이면 창가에 흐르는 내 젊은 연가가 구슬퍼…〉라는 노래도 받았다. 무심히 지내다가 1년도 훨씬 넘어서 그 노래 생각이 났다. 노래를 보내주신 그 마음이 고맙지 않은 것이 아니었고 내 마음에 어떤 감흥이 일지 않은 것도 아니었지만 새삼 뭐라 응답할 분위기도 아니어서 묻어두었었다. 그런 나를 의식해서인지 그 분은 어느 만남의 산책길에서 "참 성실한 사람이야"라는 말을 탄식하듯 거듭 허공에 날려 보내고 있었고 나는 그 뜻을 이해하면서도 못들은 척 했었다. 삶은 변함없이 높은 하늘의 구름처럼 흘러갔다. 세상사 모두 내가 원한다고 다 이루려 함만이 능사가 아닐 것이다. 절제하며 살아온 내 삶에 긍지를 갖는다.

동화 같기도 한 상큼한 노래 〈내 마음 별과 같이〉란 노래를 좋아한다.

> 산 노을에 두둥실 홀러가는 저 구름아
> 너는 알리라 내 마음을 부평초 같은 마음을
> 한 송이 구름 꽃을 피우기 위해 떠도는 유랑별처럼
> 내 마음 별과 같이 저 하늘의 별이 되어 영원히 빛나리~

가끔 나도 저 하늘의 별이 되어 영원히 빛나고 싶다고 생각한 적이 있다.

그 많은 노래 중에 내 마음에 아련히 그러나 가장 깊이 남아 있는 노래는 가수 태진아 씨가 부른 〈思母曲〉이다.

앞산 노을 질 때까지 호미자루 벗 삼아
화전 밭 일구시고 흙에 살던 어머니
땀에 찌든 삼베 적삼 기워 입고 살으시다
소쩍새 울음 따라 하늘 가신 어머니
그 모습 그리워서 이 한밤을 지샙니다.
무명치마 졸라매며 새벽이슬 맞으시며
한 평생 모진 가난 참아내신 어머니
자나 깨나 자식 위해 신령님께 빌고 빌며
학처럼 선녀처럼 살다 가신 어머니
이제는 눈물 말고 그 무엇을 바치리까.

나의 어머니가 살아오신 길은 이 노래 가사의 상황과는 다를지라도 자식 위하던 어머니의 희생과 그 어머니에 대한 절절한 그리움과 감사의 마음이 담긴 이 노래가 나의 마음을 모두 다 담고 있어서이다. 이 노래는 듣기만 해도 눈물이 흐른다. 나의 어머니도 저 하늘에서 만인이 처다 보는 별이 되어 빤짝이고 계실 것이다.

來世에 어머니와 다시 母女로 만나서 알뜰한 효도 올리고 싶다. 어머니가 일본 동경에 계실 때, 저녁때면 창가에 서서 눈물지으며 자주 부르시던 노래가 생각난다.

> 타향살이 몇 해던고 손 꼽아 세어 보니
> 고향 떠난 십여 년에 청춘만 늙어.

낯설고 말도 서툰 타국에서 고생하시던 어머니 모습이 그리운데 그 모습이 가물가물 기억 속에 아른거리기만 한다. 가끔 KBS 가요무대에 어머니가 외로움을 달래시며 부르시던 이 노래를 신청하여 어머니의 외롭던 젊은 날을 위로해 드리고 싶은 마음이 일곤 한다.

노래가 사람의 마음을 움직이는 마력을 지니고 있음을 너무 늦게 깨달았다.

윷놀이 예찬(禮讚)

나라마다 고유의 민속놀이가 있다. 내가 어릴 때만해도 정월 초하루 설이 되면 널뛰기와 윷놀이로 온 마을이 들썩거렸었다.

일본 태생인 내가 아는 한 일본에는 윷놀이가 없다. 그들은 정월이면 카드놀이를 한다. 한 편에서 하이꾸(俳句) 시(詩)를 읊으면 다른 한 편이 그 후렴이 적힌 카드를 찾아 먼저 짝을 맞추는 쪽이 이기는 게임이다. 중국은 자기네 나름 전통 놀이가 많이 있을 것인데 중국은 욕심이 지나쳐서 우리 전통 문화를 자기네 것이라 우기는 것이 많다. 한국인의 소울푸드(Soul Food) 김치를 두고 자기네가 원조라고 공언하고, 우리의 恨과 정서와 얼이 서린 민족의 노래 〈아리랑〉마저 저네 것이라고 우긴다. 일제 압박을 피해서 북간도로 건너간 우리 조상들이 영변에 살면서 아리랑을 부르니 이를 근거로 자기네 것이란다. 같은 맥락으로 〈한글〉도 자기네 것이라고 떠들기 시작하였다.

우리의 현명하신 先祖 세종대왕께서 한글을 창제하시면서

나랏 말싸미 듕귁에 달아 문자와로 서르 사맛디 아니할세 라고 한글 창제 의도를 명시하셔서 이를 게양(揭揚)하니 중국이 더 이상 덤빌 수가 없게 되었다. 욕심 사나운 중국이 한국의 좋은 것은 모두 자기네가 원조라고 우기는데 중국이 "윷놀이"를 자기네 것이라고 말하지 못하는 것은 참으로 다행이다. 윷놀이의 진가를 알지 못하는 결과가 아닐까 하는 생각이 들기도 한다.

지난 주 내 집에 다니러 온 손녀들 셋이서 서양식 카드놀이를 하고 있는 것을 보았다. 고만고만한 셋이서 모였으니 Give and Take 와 Check and Balance 등에 나무랄 데가 없어 보였다. 그들이 놀이를 즐기는 것을 바라보다가 문득 우리 윷놀이를 가르쳐야겠다는 생각이 들었다. 한국 사람이라면 윷 놀 줄은 알아야지 않겠냐는 나의 말에 아들은 흔쾌히 동의해 주었다. 요즘 소화 상태가 나빠져서 흰죽만 며칠씩이나 먹었더니 힘도 없고 의욕 상실에 이르렀었는데 손녀들 윷놀이 가르칠 생각에 벌떡 일어나 앉았다.

윷을 가르치려면 무엇보다도 먼저 윷말 쓰는 법(말달리기)을 가르쳐 줘야 한다. 말판(馬田)을 보기 좋게 그렸다가 一回用이어서는 아니 되겠다는 생각에 광고용 4각 스카프를 찾아서 그 위에 말판을 정성들여 그렸다.

말이 머물고 전진하고 공격하고 후퇴하는 기지(基地)가 가진 고유의 역(驛) 이름으로 말판을 그리려는데 저 뒷마당 끝에서 팔도강산 유람으로 넘어가는 지역의 밭 이름이 기억나지 않아서 한참 고민하다가 고향 친척 동생에게 전화로 알아내어 겨우 말판 그리기 즉 말달리기 지도(地圖)를 완성하였다.

과	뒤지	뒤걸	뒷개	뒷도	모
짜도	뒷모도			앞모도	윷
짜개		뒷모개	앞모개		걸
		방여			
짜걸		윷길	숙여		개
짜지	두못			안지	도
냇째	날도	날개	날걸	밭지	맥여

우리 조상은 놀이 창작에도 지혜로웠다. 29개 역을 돌며 벌리는 전투에 엄격한 兵法 같은 규칙이 있다. 달리고 죽이고 연합하고 후퇴도 하는 기민성(機敏性)이 월등해야 하고 그렇기 위해서는 말판 역 이름 정도는 척척 외우고 있어야 하고 나와 적의 말이 어디에 어떤 대치상태(對峙狀態) 있는가를 파악하려면 말판 전투 현황을 훤히 꿰뚫어 보는 두뇌 활동이 있어야 한다. 결국 우리 민속 윷놀이에서 두뇌 싸움의 정수(精髓)를 보게 된다.

말 달리는 운행법(運行法)에도 엄격한 규칙이 있다. 말이 모에 머물게 되면 반드시 '앞모도'로 내려와야 하고. 내 말이 '윷'에서 머물 때 개가 나오면 새로 개를 달 던가 뒷도로 넘어가야 한다. 같은 이치로 '뒤지' 다음 '과'에 이르면 반드시 '뒷모도'로 꺾어 내려와야 한다. 정 중앙의 '방여'에 말이 서게 되면 반드시 '숙여'로 내려와야 한다. '윷길'이나 '두못'에 적의 말이 있어도 그를 뒤 좇아 잡을 수 없다. 손자병법 같은 운행법이 무궁무진한데 이는 각자 오랜 경험을 쌓아서 터득할 일이다.

윷놀이 판에서 남에게 말판 운행을 맡겨서 논다면 이것은 윷놀이가 아니다. 윷놀이는 하되 나는 단지 윷 네 가지를 던지는 인형에 불과할 뿐이다. 내가 내 말을 운행하면서 전략도 세우고 날쌔게 도망가는 법도 부려보고 상대를 안심시켜보는 수작을 부리게도 되는 그 재미는 절대로 느낄 수 없기 때문이다. 다만, 정초(正初) 마을 전체가 편 갈라 윷놀이 할 때는 멍석에 말판을 그려놓고 양 편 대표가 말판을 쓴다. 이 대표로 뽑히는 사람은 윷놀이 고수라야 대표 영광을 누리게 되는데 이 또한 책임은 막중하다. 이기는 쪽과 지는 쪽의 상벌(賞罰)을 미리 정해 놓기 때문에 양 편 모두 필사의 노력을 기울인다. 이 또한 윷놀이의 "찐 재미"다.

손녀들을 데리고 윷놀이를 가르치며 두어 판 놀았을 때이다. 어느 결에 말판 전투 이치를 알아서 큰 아이 둘째 아이 사이에 승부욕이 달아오르는 것을 느꼈다. 대성공이다. 祖上 노릇한 것 같아서 스스로 흐뭇하다. 한국인이라면 당연히 윷놀 줄 알아야 한다고 생각하고 있기 때문에 맛보는 성취감이다.

태국 방콕에서 열린 제2회 세계 문자 올림픽에서 한글은 세계 27개 문자와 겨루어 금메달 획득의 영예를 차지하였다. 문자의 창작, 유래, 기원(起源), 문자 수, 문자 활용, 응용 가능성, 문자의 독립성 등등이 평가 표준이었다. 참고로 영어 알파벳은 인도의 텔루구 문자에 이어 3위를 차지하고 있다. 우리 한국인의 혼이 깃든 전통 민요 〈아리랑〉은 세계에서 가장 아름다운 노래로 뽑혀서 UNESCO 무형문화재로 등록된 바 있고 우리 비빔밥은 가장 맛있고 영양가 있는 음식 1위로 뽑힌 바 있다. 한국 문화의 정수(精髓). 한글 아리랑 비빔밥 이른바 〈한·아·비〉 3종 세트다. 자랑스럽지 아니한가! 여기에 윷놀이가 더해진다면 금상첨화가 아니겠는가!

우리 윷놀이를 장려하면 가족 간 화합을 도모할 수 있고. 각종 내기에서 건전한 게임이 될 수 있고 특히 자라나는 아이들 두뇌 발달에도 크게 기여할 것으로 믿는다. 스마트폰에 푹 빠져서 헤어나지 못하는 아이들의 정서적 돌파구가 될 것이다.

〈윷놀이〉를 세계에 널리 알린다면 미래에 세계에서 가장 우수한 민속놀이로 지정 될 가능성도 없지 않다고 보고 윷놀이 예찬에 가름한다.

4부

가난의 역사를 넘어서

내 비록 어렸었지만 광복 후 우리나라의 가난의 역사는 영화를 본 듯 자세히 기억하고 있다. 나 자신이 배고픈 경험을 하였기 때문일 것이다. 열한 살, 내가 본 처참한 광경들을 진정 잊을 수 없다.

몇 달을 두고 밥 한 그릇 못 먹고 산나물로 배를 채워 온 이웃 할머니들의 휑하니 움푹 들어간 눈이 무서웠던 모습, 윗도리만 입은 어린 아이들의 풍선처럼 바람만 가득 들어 부풀어 올라 쑤욱 나온 배, 엄마 젖이 나오지 않아서 등에 업혀서 고개를 가누지 못하는 어린 아기들, 저녁 끼니때가 되면 바가지를 들고 마을 집집마다 다니며 문 앞에 서서 '밥 좀 주이소' 하던 가엾은 아이들, 가족 중 食口의 입 하나 덜기 위해 열 살만 넘으면 부자집 민며느리로 시집 보내지던 어린 여자 아이들이 말로는 며느리인데 노역꾼이 되어 날이 저물도록 디딜방앗간에서 방아 찧던 모습, 집안에 필목 길삼 거리가 없어 열 살이 다 되도록 네미치마(속옷) 없이 홑치마로 지내며 잔뜩 주눅이 든 여자 아이들, 소 꼴 먹이러 몰고 간 아이들이 개구리를 잡아 불에 구워 먹던 모습, 발뒤꿈치가 까져서 피 흘리기 일쑤인 억센 짚신만 신다가 시집가는 날에야 고운 삼(麻)으로 삼은 미투리를 얻어 신고 좋아하던 친구들, 황곡댁 시어머니가 고사리 꺾으려 산을 헤매다가 어느 곳에 다다르니 고사리가 잘 자라 있어서 정신없이 꺾어나갔다. 다래끼가 넘쳐서 돌아서는데 바위 위에 호랑이가 내려다보고 있는 것을 보고 다 집어던지고 구르다시피 산을 내려왔는데 이후 실성한 사람이 되었다는 이야기 등 이루 다 나열할 수 없는 숱한 가난의 모습들을 나는 너무나 많이 기억하고 있다. 정말 황당하리만큼 놀랐던 것은 부녀(父女)살이 친구 집에 놀러가서 보니 잘 때 멍석을 이불삼아 덮고 자는 것이었다. 곡식 한 알이라도 더 수확하기 위해서 목화를 심지 못한 결과였으리라.

나 자신, 며칠 전만해도 일본 동경에서 배급되는 감자라도 먹었었는데 고향에 당도하는 날부터 곡식 낱알이 어쩌다 보이는 송기(松肌) 밥과 산나물 무침을 주식으로 먹게 되었다. 이를 먹을 수 없어 주린 결과 내 얼굴에 열흘도 못되어 주근깨가 새까맣게 돋고 입술은 말라서 갈라지고 있었다. 그 무렵. 영덕에서 봇짐장수가 왔다. 황색을 띈 검은 톳을 가득 지고 왔다. 태백산맥 서쪽 영양에서는 이 톳을 바다에서 자란 것이라고 다량 구입하고 있었다. 이를 배고파서 억지로 씹어 삼키던 기억 때문에 나는 지금도 톳을 보면 진저리가 처진다. 1946년 서리 내릴 무렵 추수가 마무리 되면서 마을에 온기가 돌았다. 그래도 내년 보리 추수할 때까지 아껴 먹어야할 양식이라서 '하얀 쌀밥'만을 먹는 집이 별로 없었다.

그 사이 우리는 국제 원조 곡식을 받았다. 정식 명칭은 안남미(安南米)라 하는데 사람들이 '알랑미'라고 불렀다. 우리 한국 쌀은 차지고 기름기가 도는데 이 알랑미로 밥을 지으면 밥숟가락에 얹어져 있는 것만도 신기할 만큼 가볍고 입으로 불면 밥알이 날아갈 것 같았다. 동남아 아열대 나라에서 3모작 하는 쌀이다. 논에서 첫 번째로 수확한 것은 자기네가 먹고 두 번째 수확하는 것은 수출하고 세 번째 거두는 쌀은 가축 사료용으로 쓴다는데 이 세 번째 쌀을 우리에게 원조곡식으로 보내 준 것이 알랑미였다. 사람들이 먹어도 먹어도 배가 부르지 않는다고 볼멘 소리를 하고 있었다.

우리가 제대로 밥 먹기 시작한 것은 박정희(朴正熙) 대통령이 〈통일벼〉를 개발하고 장려하면서부터였다. 우선 배불리 먹을 수 있어서 좋았다. 사람들 입맛이 자꾸만 더 좋은 쌀을 추구하면서 통일벼도 종자 개량이 이어졌었다. 〈새마을 운동〉이 번지면서 이 서러운 가난을 물리칠 먼동이 트기 시작하였다.

며칠 전, 어느 언론 매체에서 세계 10대 지도자들이 제각기 자기 관점에서 朴正熙를 평가하고 있는 글에 접하게 되었다. 여기에 인쇄된 그대로를 옮겨본다.

1. 러시아 대통령, KGB 출신 브라디밀 푸틴
—박정희의 〈새마을운동〉에 관한 어떤 책이라도 다 가져오라.
  그는 나의 멘토다.
2. 싱가폴 총리 리콴유
—박정희 대통령이 눈앞의 이익만 쫓았다면 지금의 대한민국은 없다.
3. 캄보디아의 총리 마하티르 훈센
—나는 박정희 대통령을 최고로 존경한다.
4. 중국 주석 등소평
—박정희 대통령은 나의 최고의 멘토다.
5. 중국 주석 후진따오
—나는 박정희 대통령의 새마을운동을 많이 연구하였다.
  상당수의 중국인들이 박정희 대통령을 존경한다.

6. 미국 예일대학 역사학 교수 폴 케네디

—박정희는 세계 최빈(最貧) 국가를 불과 20년만에 세계 정상급 국가로 만든 인물이다.

7. 미국 미래학자 『제3물결』의 저자 엘빈 토플러

—민주화는 산업화가 끝난 후에 가능하다.

박정희를 독재자라고 말하는 것은 언어도단이다.

누가 뭐래도 박정희는 세계가 본받고 싶어 하는 모델이다.

8. 미국 외교관. 동서 냉전시대에 국무장관을 역임한 H. 키신져

—19~20세기 세계적 혁명가 5인 중에 경제발전 기적을 이룬 사람은 오직 박정희 한 사람이었다. 그는 산업화 후에 민주화를 이룩한 소위 민주화의 토대를 다진 인물이다.

나는 그를 존경한다.

9. 미국 역사상 가장 인기 높았던 제34대 대통령 D. 아이제하워.

—박정희 대통령이 없었다면 공산주의 마지노선이 무너졌을 것이다.

10. 한국 최대 재벌 회장, 세계적으로 존경 받는 우리 경제 부흥의 선구자 정주영.

—그가 북한 김정일 위원장에게 건넨 말씀 "예전의 유신에 대해 말이 많지만 박정희 대통령은 〈새마을 운동〉을 통해서 경제 성장을 시키지 않았는가. 서울을 보라!

서울은 Tokyo 보다 나은 민족 자산이다.

새삼 朴正熙 대통령이 고맙게 느껴진다. 배불리 먹게 해 준것에 감사드리지 않을 수 없다. 가수 진성 선생이 부른 노래 〈보릿고개〉는 우리들의 눈물겨운 살아있는 역사이다. 보수·진보 논객들은 논쟁을 위한 논쟁으로 박정희 폄하를 일삼지 말기 바란다. 오랜 가난의 역사를 몰아내

고 우리 경제를 살려내서 국민을 "등 따숩고 배부르게" 해 준 朴正熙 대통령을 우리들의 위대한 지도자로 기억하기 바란다.

나 개인적으로 朴正熙 대통령에 대해 하나 더 기록하고 싶은 것이 있다. 다 아시다시피 우리나라 국토 면적의 70%가 山이다. 이 산야들이 벌겋게 헐벗은 모습을 되살려낸 역사를 기억하시는 분들이 세월 따라 줄어들고 있어서이다.

6·25 전쟁 전후해서 공비들의 은신처를 없앤다는 명분으로 軍 당국과 결탁한 산판꾼들이 무자비하게 산을 깎아내렸었다. 전쟁 포화 속에서 산은 또 불타고 파괴되는 수난을 겪었었다. 온돌방을 달궈야하는 우리 전통 가옥 건축 구조상 우리는 장작이 필요했었다. 장날마다 장작을 사람 키보다 더 높이 괴어서 장터 한쪽에서 대기하는 장사꾼이 줄을 서 있었다. 이래저래 우리나라 산은 거의 맨살을 들어낸 민둥산이 되어가고 있었다. 필연적으로 장마에 산사태가 일어나고 논밭에 토사가 유입되고 경작지가 줄어드는 현상까지 나타났었다. 1960년대에 이를 걱정한 정부에서 "사방(砂防)의 날"을 정했었다. 朴正熙 대통령은 1970년 4월 5일을 "식목일"로 정하고 공무원을 비롯하여 온 국민이 나서서 민둥산에 나무를 심게 하였다. 山을 푸르게 가꾸려는 朴대통령의 강력한 의지였다. 해를 거듭하면서 산은 나무를 입었고 나무는 무성하게 자라나서 우리에게 쾌적한 환경을 제공해 주고 있다. 오늘의 푸른 산을 걷다보면 박정희 대통령이 참으로 고마운 분이었다는 생각이 떠오르곤 한다.

2021년 10월 26일
朴正熙 대통령 서거 42주년을 맞아 추모의 념을 담아서

再犯率 Zero에 도전한 사나이

―松井 崔秉錄의 一代記

청춘을, 삶의 열정을 다 바쳐 오로지 한 길 33년간 일하던 교정직에서 최병록 전주교도소장이 금년 여름에 정년을 맞이하였다. 나는 그의 퇴임 소식을 듣고 교정 전문가, 귀한 인재가 무대에서 사라지는구나 하는 아쉬움으로 가슴에 뭉클한 것이 일었다.

최병록군으로부터 「사람이 寶物이다」라는 題下의 A4 용지에 프린트한 그의 一代記 초고(草稿)를 받았다. 왠지 그 원고 뭉치를 보는 순간 내용도 읽기 전에 울컥하였다. 시간을 아끼지 않고 공들여 법률 전문서적 읽듯 한 줄 한 줄 읽어 내렸다. 나를 압도한 것은 그 방대한 양이 아니라 淡淡하고 수려(秀麗)한 그의 文體였다. 이 글은 한마디로 "개인 일생 정리 기록이자 교정계 후배들을 위한 살아 있는 교과서"라고 말할 수 있다. 일반 교과서에서는 찾아볼 수 없는 교정 체험 기록과 체험자만이 알아낼 수 있는 교정 기술(know how)가 기록된 斯界의 力著로 믿어졌다. 아울러, 관련 업무에 종사하시는 여러 분들의 필독서(必讀書)로 추천하고 싶어졌다.

崔군은 이 글을 엮어서 본인 정년퇴임에 즈음하여 刊行할 예정이라 하고, 원고를 보낸 까닭은 이 책머리에 실을 격려사를 의뢰하기 위함이라 했다. 내가 '격려사'라니? 당치 않다는 생각이 들었다. 겨우 청주대학교 법과대학에서 학생시절을 함께 하였을 뿐인데 너무 과분하지 않는가. 그래도 기쁨은 감출 수 없다. 대학생 시절의 사제지간 인연 이후 흐르는 세월 따라 면면히 이어온 우리 사이 정의(情誼)를 생각하면 이 기회가 주어진 것이 매우 흐뭇하고 그리고 영광이 아닐 수 없었다. 격려사란 것이 두 페이지를 넘으면 품위 문제도 있다고 생각되어 짧게 요약된 글을 쓸 수밖에 없었다. 그 짧은 글이 못내 아쉬워서 마음 속 묻어두었던 사향 주머니 풀어놓듯 최병록군의 아름다웠던 삶을 致賀하며 여기에 몇 가지 이야기를 남긴다.

최군은 학생시절부터 보스 기질이 있어 통 크고 야무진 모습으로 깊은 인상을 주었었다. 친구들과 어울리기를 좋아했었고 학우들 사이에 신뢰도 깊었다. 내가 1981년 3월 첫 강의에 들어가 강단에 섰을 때, 여학생 하나 없는 남학생 72명만으로 가득한 반에서 학생들은 강의에 귀를 기울이기보다는 호기심에 가득 찬 눈빛으로 나를 감상하고 있었다. 청주대학교 법대 역사상 처음 여성 교수가 나타났으니 신기할 수밖에 없었을 것이다. 나는 또 나 나름대로 女高에 이어 女大를 졸업한 까닭에 남성과 어울려 사회생활을 한 것은 대법원 법원행정처 영어 통역사 시절 5년뿐이어서 남학생들을 어떻게 강의에 집중하게 할 수 있을까를 고민하고 있었다.

내가 청주대학교에 취임한 1981년만 해도 우리나라는 보릿고개를 넘기고 겨우 안정기에 들긴 하였어도 지방 재정은 그리 넉넉하지 못하던 시절이었다. 나는 평소 입던 의복을 입고 그에 맞는 구두를 신었다. 구두래야 검정 흰색 갈색 회색 정도였다. 그런데. 하루는 내가 복도를 지나가는데 어떤 한 학생이 "울 엄니는 평생 구두 한 켤레 신어보지도 못하고…."라고 어머니에 대한 연민(憐憫)의 마음을 쏟아내는 것을 들었다. 학생들의 정서를 이해하고 이후 정년퇴임할 때까지 나는 여염집 아낙네처럼 수수한 차림새로 강단 생활을 마감하였다.

나 나름 학교생활에 적응하게 되고 나를 따르는 학생들이 많아지는 무렵이었다. 나중에 동료 교수의 귀띔으로 그 내막을 알게 되었지만 교수사회의 정치적 역학 관계로 나를 둘러싼 알력(軋轢) 같은 것이 일었고, 학생들 사이에까지 번져서 그 분위기를 내가 괴로워한 적이 있었다. 교수와 학생들 사이에 신뢰를 한 몸에 받고 있던 崔秉錄 군이 법대 학생회장에 당선 되더니 이런 비생산적인 분위기를 단시일 안에 평정하였다. 추종하던 학생들이 하나 둘 떨어져 나가니 주동하던 교수도 멈출 수 밖에 없었을 것이었다. 최군이 대단한 사람이란 걸 이 때에 알고 나는 그를 인간적으로 신뢰하게 되었다. 소리 없이 노력하는 것을 고맙게 여겨 나는 최군이 선거 공약으로 내 세운 면학 분위기 造成策으로 법대 건물 내 교실 하나를 "정독실"로 꾸몄을 때 나는 내가 아끼는 장서를 꽤 많이 기부했었다. 학생들을 위하는 마음으로 1956년에 구입하여 영어사전만큼이나 자주 열어봐서 손때로 찌든 "법률용어사전(1953년 판)"을 내 보낼 때는 마치 사랑하는 친구와 헤어지는 것 같은 아쉬움이 일었으나 최병록 군 생각에 아깝지 않았다.

친구들과 잘 어울리고 술도 좀 즐기는 것 같았는데 최군은 공부도 공들여 한다는 것을 짧은 시일 안에 확인할 수 있었다. 형법 기초 이론 강의는 내가 가장 중요하게 생각하고 또 그만큼 열의를 갖고 강의하였다. 내가 진실로 최군을 내 마음에 담게 된 것은 그가 학생회장이 되기 훨씬 전인 죄형법정주의(罪刑法定主義) 강의를 할 때였다. 형법 이론은 형사학 전반에 걸친 기본 바탕이 되는데 이를 수용하는 사람의 인격을 형성하게도 한다는 사실을 알게 해 준 이가 최병록 군이다. 구파 신파, 객관주의 주관주의, 행위주의 행위자주의, 응보형주의 교육형주의 순으로 가닥을 엮어 강의하는데 "눈에는 눈으로, 이에는 이로" 갚는 Talion 법칙 등에 관해서 최 군은 유난히 집중하고 있었다. 응보형이 약간의 위하력(威嚇力)은 있을지언정 그 무모함을 깨달아서 최군은 그 때에 이미 教育刑에 관심을 굳힌 것 같았다. 그가 3학년이 되어서 형사정책을 수강할 때였다. 범죄 수사와 기소는 검사의 날카로운 수사력에서 이루어지면 되고, 판결은 법관의 양심에 따라 법률에 의해서 쓰여지면 되는데, 5년 10년 등 장기 징역형을 받은 자의 재사회화-再社會化를 위한 교도관의 중요성은 너무도 크다고 나는 강조하였다. 안타깝게도 우리나라 법대생은 너도 나도 판사 검사되기를 꿈꾸고 있으니 누가 이 막중한 교도관 일을 할 것인가를 물었다. 최병록 군은 이 말을 마음에 담고 있었던 것 같다. 졸업 후 1988년, 교정 간부 교회사(教誨士)로 나라에 봉사하기 시작한 이래 최군은 교도소 깊숙이 눌어붙은 일제의 잔학한 폐단을 씻어 내가며 교정 행정의 선진화에 크게 기여해 왔다. 초기에는 최군을 비인기직에 몰아넣은 것 같은 미안함이 나를 불안케 했었으나 그것은 전혀 기우일 뿐이었다.

최 군은 〈가족과 격리된 것만도 큰 고통인데 그 이상의 괴로움을 주어서는 아니 된다〉는 신념을 굳히고 있었던 것 같다. 어느 교도소에 근무할 때, 그들의 재사회화를 위해서 一人一技 교육에 열을 올리는 중에 기술이 우수해진 수감자가 만든 검은색 장화를 보내줘서 나를 놀라게 했었다. 이 장화는 의미 있는 기념품이어서 지금도 간직하고 있다. 최 군이 악명 높은(?) 청송교도소에 근무할 때, 〈사람을 선도하는 것은 결국 사람이다〉는 깨달음을 적은 엽서를 나에게 보냈다. "드디어 道가 트셨구나." 입으로는 그렇게 말이 나왔는데 속으로는 그의 이른 깨달음에 감동 받았었다.

〈수감자의 말을 경청하며 그의 마음을 목욕시켜 주어야 한다〉. 최병록 군의 이 깨달음의 말은 모든 교도관들이 귀담아 들어두어야 할 名言이다. 교도관에게서 이 이상 무엇을 더 바라겠는가. 외곬 장기수의 말을 7~8시간을 들어주었더니 "사람이 달라졌다"고 했다. 어느 교도관이 죗값을 치르는 중에 있는 한 사람의 심중 토로의 말을 장장 7~8시간이나 들어줄 수 있겠는가. 강한 사명감은 물론 여간한 인내심의 소유자가 아니고서는 불가능한 일이라고 나는 지금도 그리 생각하고 있다. 그 때, 최군이 교정계의 道士의 경지에 이르렀다는 생각을 하였다. 최 군의 노력이 빛나는 고비마다 내 마음에도 보람이 서렸었다.

최 군의 일생에서 밤하늘에 폭죽 터지듯 가장 빛났던 역사는 역시 상주교도소 소장 시절이었다고 믿는다. 전국 교도소 112개 시설 상대로 한 "조직 개방성, 업무처리 책임성, 의사결정 공정성" 등 부패 방지 노력 8개 분야 조사에서 1등한 것과 동료들 사이에서의 신임 물음에서 1등에 등극한 사실이다. 또 지난 근무지 전주교도소에서 운동장을 늘려 재소자들의 체력 단련을 도모하고 재소자들의 정서적 순화를 위하여 음악 시설을 만들었던 일도 기록할만 하다. 최 소장이 인간적 측은지심(惻隱之心)의 소유자이며 부처와 같은 자비심(慈悲心)을 지니고 있음은 최 군과의 오랜 교류를 통하여 면면히 내게 전해지고 있었는데, 요즘에 들어 최 군의 교도관으로서의 자질은 타고 난 것이라 믿게 되었다

사사롭게는 최병록 군은 지극한 효자이다. 先親께서 노환으로 마지막 길을 가실 때 꽃과 나비가 춤추는 환상을 보았다는 최 군의 글을 읽었다. 이 아름다운 父子 동심일체의 기록은 나의 불효를 뉘우치게 하여 나는 어깨를 들썩이며 흐느껴 울었었다. 최 군은 세상에서 가장 살뜰한 남편이다. 아내가 어려운 병을 앓게 되었을 때였다. 좋아하는 술을 딱 끊고 아내의 회복을 기도하며 간병하느라 얼굴이 새까맣게 타 들어가는

최 군의 모습을 보았을 때 이 세상에 둘도 없을 순정남(純情男)을 보았다. 최 군은 세 자매의 자상한 아빠로서 시간 날 때마다 아이들과 잘 놀아주는 모범 아빠이기도 하다.

최 군이 鄭銀河 양과 함께 백 년 가약을 맺었을 때, 당차고 事理 밝은 은하가 최선의 내조자가 될 것을 믿어 나는 최 군의 아내를 "御夫人"이라 불렀다. 오늘의 최군이 무사히 영광스런 정년을 맞이하게 되는 데에 어부인 정은하의 내조의 공이 크다고 아무리 자랑하여도 탓할 사람이 없을 것이다.

이제 그가 제2 인생에서도 건강하게 보람 있는 삶을 영위해 가기를 기대하며 기도한다.

松井! 늘 푸른 솔밭 속의 맑은 옹달샘 같은 崔 秉 錄!
그대가 진정한 인간 〈寶物〉이요.

2021년 2월

* 附記: 2021년 6월, 최병록 소장의 정년퇴임에 맞추어 『사람이 寶物이다』가 출간되었다. 내 이름이 자주 비치기에 헤아려보니 302면에 이르는 이 책 안에 격려사를 비롯하여 오선주에 관련된 이야기가 끝맺음에 나온 「깨지지 않는 접시」에 이르기까지 무려 열두 군데에 나온다. 진실로 과분하다. 松井의 가식 없고 과장 없는 담담한 표현 속에 투영(投影)된 내 살아온 모습을 보았다. 2014년에 쓴 나의 肉筆 편지를 오늘까지 보관하고 있음을 알고 울컥 했었고, 그 간의 감사의 뜻으로 보낸 나

의 작은 선물 〈깨지지 않는 접시〉를 家寶 제1호로 존중해 주는 마음에 또 한 번 감동 받았다. 그의 저서 책 표지에 그려진 빨간 하트 안 Toon App 인물 16명 안에 내가 있음을 알아보고 내 마음이 울렁거렸다. 여기에 아들 진우가 엄마 알아보라고 노란색으로 마크해 보냈다. 이 책 마지막 페이지를 넘기며 나는 내 자신이 이 세상에 둘도 없는 가장 행복한 사람이란 믿음이 일었다.

변하지 않는 사랑이 참 사랑이다.

司法行政 改善에 一助

—US Asia Foundation Project에의 참여

그렇게 꼬박 이틀을 앓고 난 나는 휑한 눈으로 병가 3일 만에 다시 사무실에 나갔다. 9시 정각에 할아버지가 자기 어깨가 가려질 만큼 큰 꽃다발을 들고 들어와서 내게 안겨주면서 Good! good! good!을 연발하며 반가워해 주었다.

내가 전에 보지못한 거구(巨軀)인 이 할아버지는 미국 Asia Foundation의 支援으로 한국 사법부의 실태 조사를 하고 실질적인 사법부의 질적 양적 향상을 모색하는 연구를 책임지고 방한한 Dr. Will Shafroth이다. 당시 우리 사법부에는 일제 잔재(殘滓)가 고스란히 이어져서 재판 업무가 비효율적이라는 자가비판이 있어왔었는데, 이를 개선하기 위해서 아세아재단이 재정적 협력을 하는 조건으로 우리 사법부가 1964년 봄에 윌 샤프로드 박사를 초빙하게 되었다.

Dr. Shafroth는 미국 연방대법원 통계국장을 지낸 통계 조사 전문가로서 72세에 정년퇴임하고 바로 한국에 파견되었다. 당시 대법원 법원행정처 영어통역사로 일하던 나는 그의 통역인 겸 비서로 발령 받아 그의 업무를 조력하게 되었다. 노인이니까 여독도 풀 겸 쉴 것이라 짐작하고

첫 날은 공항 마중하는 것으로 내 임무가 끝난 줄 알았더니 샤프로드 박사는 趙鎭滿 대법원장과 도착 인사를 나눈 후 즉시 일에 착수하였다.

내가 미리 준비해둔 전국 법원 실태 현황 서류를 검토하더니 내게 몇 가지 지시를 내렸다. 치밀하고 역동적으로 일하는 샤프로드 씨의 체력을 나는 도저히 따라갈 수 없었다. 그 때 법대에서 석사학위 과정을 막 끝낸 나는 체중 45kg의 가느다란 약체였다. 내게도 비서 겸 영문 타이피스트와 고교 출신 사환이 각 한 명씩 배치되었으나 그들은 언어 소통이 되지 않아 내게 도움이 되는 데에 한계가 있었다.

샤프로드 박사와 일 한지 약 3 주쯤 지난 어느 날이었다. 샤프로드 박사의 필요에 따라 그의 책상머리에 서서 외부 기관과 통화하는 중이었다. 머리가 하얗게 빛이 바래는 것을 느끼는 순간 수화기는 내 손에서 흘러내리고 나는 그 자리에 맥없이 스르르 쓰러지고 말았다. 과중한 업무에다가 항상 긴장하고 있어서 에너지가 다한 탓이었다. 이를 본 샤프로드 박사가 놀란 것은 물론이고, 주변에서 난리를 치며 의사를 불렀다. 정신이 돌아오자 법원행정처 비서실에서 차를 내어주어서 나는 안전하게 귀가하였고, 샤프로드 박사는 부인과 함께 숙소인 조선호텔에 머물며 나의 회복 소식을 기다리고 있었다. 좀 더 쉬어야 할 상황이었으나 나는 책임감에 짓눌려 털고 일어나 사무실로 나갔다. 출근부에 도장 찍은 후 全禹榮 법원행정처장님께 심려 끼쳤던데 대해 인사하고, 그리고 어제 말씀 드린 대로 출근하였다고 샤프로드 박사에게 전화로 알렸다. 샤 박사(우리 사무실 구성원 셋이서 붙인 호칭)는 미리 주문해 두었던 듯 커다란 꽃다발을 들고 들어왔다. 아직 젊은 나이로 얼마 살지 않은 시절이긴 하지만 그토록 크고 아름다운 꽃다발을 받기는 처음이어서 나는 크게 감동 받았다.

2개월 계약으로 온 이 분의 짧은 작업 기간에 비해서 업무량이 넘쳤다. 전문가라 하나 이 年老하신 분이 짧은 기간 내에 임무를 완수해야 하는 상황을 안쓰럽게 여기고 있던 터여서 나는 최선의 노력을 다하였다. 밤늦게까지 혼자 일하는 날이 많아졌다. 원래 예상되든 문제점을 밝히고 나면 그 원인과 관련 부분 분석을 하여야 하기 때문에 샤 박사가 요구하는 자료 양이 넘쳐났다. 이 자료들을 그 분의 업무 속도에 맞추어 번역해내는 일이 내게는 살인적이었다. 샤프로드 박사의 임무가 곧 나의 임무이기도 하고, 나는 그분의 작업 진행 속도에 보조를 맞추어가야 할 의무가 있었기 때문이었다.

마침내 팽이 돌듯 바빴던 일들이 마무리되었다. 샤프로드 박사가 떠나는 날이다. 그런데, 그 분이 정리할 일이 좀 남아있어서 걱정되었다. 샤 박사는 그 날도 정상 출근하고 자리에 앉자마자 타이핑하기 시작했다. 출국 비행기 시간에 딱 맞게 일을 끝내고(그 시절에는 요즘처럼 공항이 붐비지 않았었다.), 이 원고를 정리하여 미리 서명해 둔 표지에 붙여서 서울 주재 아세아재단 사무국에 전하라 했다. 이 문서가 한국 사법제도 개선을 위한 〈SHAFROTH REPORT〉의 원본이다. 이 리포트는 한국사법부의 개혁 발전을 위한 기초 자료가 되어 크게 활용되었다. 리포트 마무릿말 말미에 "Miss Sun-joo OH의 협력 노고에 감사한다." 고 써 주신 그 한 줄은 내게 훈장을 달아준 것 같았다. 그의 Report는 각급 법원을 비롯 행정부 중요 기관에도 보내졌고 일반 공무원들도 읽을 수 있게 대법원 도서관에 비치 보관되었다.

지금도 잊지 못하는 것이 노신사 샤프로드 박사의 생활신조이다. 단한 시간도 헛되이 쓰는 일이 없고 모든 업무를 정한 시간에 맞추어 완성해 가는 기획 능력과 철저한 자기 관리와 공직자로서의 사려 깊은 자세 등은 진정으로 존경스런 추억으로 남아 있다. 출근부에 도장 찍어 놓고 이발소나 사우나에 다녀오는 우리 법원 일부 고위급 공무원과는 너무도 대조적이었다.

내가 가장 고생한 것은 샤프로드 박사의 악필(惡筆)이다. 처음에는 도저히 읽어 낼 수가 없어서 마치 암호를 푸는 기분으로 필체를 연구하며 해독하였다. 그의 메모 글자를 직접 물어보는 것은 업무 밖의 일이어서 삼가야 한다고 생각했고 한편으로 골탕 먹는다는 생각이 들 정도로 난감했었으나 나의 자존심 때문에 본인에게 물어보고 확인할 생각은 아예 없었다. 오죽하면 사법부에서 드물게 영어를 잘 하시는 조진만 대법원장께서도 샤 박사의 친필 메모를 읽어낼 수 없어 나의 도움을 청하셨을까.

세월이 흘러 그로부터 10년이 지난 1974년, 나는 미국 국무부와 미국 여성유권자연맹 해외교육재단(ALWV/ OEF)의 공동 초청을 받아 3개월 여정으로 미국을 방문하게 되었다. 출국 전에 샤 박사에게 미국 수도를 방문한다는 편지를 띄웠다. 공식 일정이 없는 주말에 Shafroth 박사와 再會하였다. 80을 넘긴 고령임에도 샤프로드 박사는 매우 건강해 보였다. 그 분은 당신께서 서울 체류 중에 받은 너의 협력을 기억한다며 나를 극진히 환대해 주셨다. 손수 운전 하시면서 미국의회 의사당에 가고 그 유명한 국회도서관을 보여주었는데 한마디로 황홀하였다. 샤프로드 박사의 직장이었던 미국연방대법원에 가서는 외부인 출입 제한 구역까지 여기저기 의미 있는 곳을 안내하며 미국 사법제도와 그 역사를 상세히 설명해주었다. 대법관 회의실은 짙은 자주색 벨벳 커텐이 높은 천정에서부터 드리워져 있어 그 분위기만으로도 미연방 대법원의 위엄이 느껴졌었다. 미국 국가문서보관소(National Archive)에도 데려가 주셔서 미국 건국에 관련된 귀중한 문서 자료들을 견학할 수 있었다. 또 나의 다음 휴일에는 미국 상류층 회원 전용 클럽(Club)에서 마담 샤프로드와 재회하고 저녁 식사를 함께하는 기쁨도 주셨다. The National Gallery Washington에 데려가서 미술품을 감상할 기회를 주시고, 기념으로 서양화 도록(圖錄) 한 권을 사서 그 안 표지에 사인까지 해 주셨다. 그 때 미국 수도 워싱톤 D.C.에서 이루어진 10년만의 재회의 기쁨은 지워지지 않는 추억으로 남아 있다.

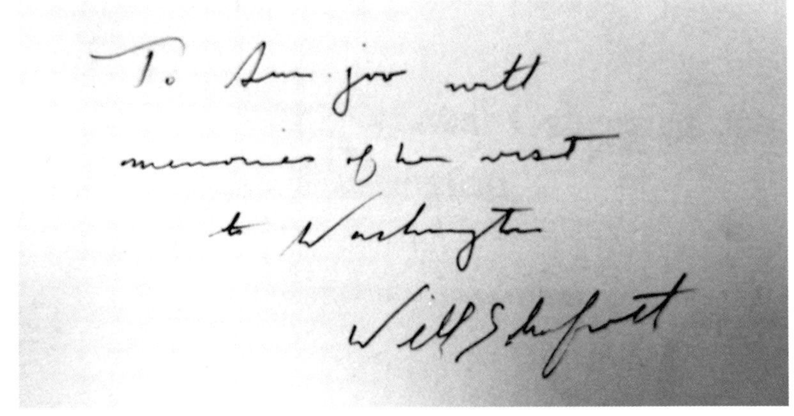

샤프로드 박사의 친필 사인

To Sun joo with
memories of her visit
to Washington
Will Shafroth

내 나이 90을 바라보며 뒤돌아보니 수많은 기회에 온갖 모양의 아름다운 꽃들을 받아왔지만 아직도 우리나라 대법원에서 함께 모시고 일

할 그 때 샤프로드 할아버지로부터 받은 問病의 꽃다발처럼 고맙고 아름답게 마음에 남는 꽃은 없었던 것 같다.

이미 58년이나 흘러갔건만 그 때 그 꽃에서 풍기던 은은한 향기가 아직도 내 코끝에 맴도는 듯 그립다.

샤프로드 박사의 명복을 빌면서 그 분에게 내 마음의 꽃을 보낸다.

미국 공무원은 근무시간을 국가 재산으로 본다.

저항의 역사

—유관순 열사 이야기

이화여자대학교는 내 입학 당시 학생 4천명이 정오가 되면 대강당에 모여 예배를 올린다. 8천여 명 전교생이 동시에 대강당에 입장할 수 없어 6개 단과대학이 번갈아 일일 간격으로 참석하였다.

나의 이화 입학 첫 채플은 3월 1일, 삼일절을 기념하는 예배였다. 그 당시 학생처장이었던 서은숙(徐恩淑) 선생님께서 "이화의 긍지"라는 제목의 특강을 하였다. 1900년생이신 서은숙 선생은 이화학당 고등과에 들어가서 선배 김활란 선생과 후배 유관순 열사와 같은 기숙사에서 한 방을 썼다고 한다. 서은숙 처장님은 미국 뉴욕 컬럼비아대학에서 아동교육학 석사학위를 받으셨고 이화여대 총장서리까지 지내셨는데 강의보다는 학교 행정과 재정을 보살피는 일을 더 많이 하고 계셨다.

그 분의 특강 내용은 애국 선배에 대한 이야기였다. 천안 아우네 장터에서 3·1 독립만세운동을 주도하던 유관순이 일제 경찰에 체포당하고 재판에 넘겨져서 7년 징역형을 받아 서울 서대문형무소에 수감됐다. 유관순은 갖은 고문에 피를 흘리면서도 "나라를 위해 바칠 몸이 하나 밖에 없는 것이 원통하다."며 옥중에서도 밤마다 대한독립만세를 외쳤다

한다. 이로 인해서 유관순은 일제의 苛酷한 고문을 받다가 처참한 죽음을 맞았다. 이 소식을 들은 이화학당 측에서 시신 인도를 요청하였으나 거부당하였다.

日帝는 유관순 시신 인도를 완강히 거부하였다. 당시 이화학당 교장이었던 월터(Janette Walter) 선교사가 "만약에 유관순 시신을 인도하지 않으면 이 만행을 세계만방에 알리겠다."며 저항하자 마침내 형무소 측에서 유관순의 시신을 인수해가라 했다. 월터 교장이 유관순의 시신을 인수하러 갈 때 다른 선교사 한 분과 이화학당 기숙사 사감이었던 서은숙 선생이 동행하였다. 서은숙 선생은 형무소에서 내준 유관순의 시신을 보고 혼절할 뻔하였다. 시신은 무참하게도 토막 내어져서 미국제 석유궤짝 여섯 개에 나뉘어 담겨 있었다. 유관순 열사의 시신을 물로 깨끗이 씻고 인간의 본 모습으로 꿰매고 수의를 입혀주면서 서은숙 선생은 평생 쏟을 눈물을 그때에 다 쏟은 것 같다고 말했다.

나라는 형체(形體)이고 역사는 精神이라 했다. 일본이 우리나라 삼천리강토를 짓밟았어도 민족의 얼마저 빼앗아 갈 수는 없었다. 일본이 대륙을 향한 야망을 버리기 전에는, 한국을 필요로 하는 저들 국내 사정이 사라지기 전에는 끊임없이 한국 침탈의 꿈을 버리지 못할 것이다.

유비무환(有備無患)이라 했다. 열여섯 어린 나이에 국권(國權)을 회복하려 목숨 바친 유관순 열사의 고결한 애국정신을 기리며 이 역사적 사실을 후세에 길이 전해 가야 할 의무가 우리에게 있다.

이를 기억하여야 하는 까닭은 자주 독립을 지켜가기 위함이다.

우리나라를 탐하는 검은 그림자

일본이 일어난다.
조선 사람 조심하소.
　미국이라 믿지 말고
　소련에 속지 말자.

6·25 직전 내가 중학교 1학년 때였다. 정부에서 사상 교육한다고 강사를 파견하여 우리는 운동장에 나가서 한 시간 넘게 선 채로 강의를 들었다. 위에 적은 4행문 서두(序頭)는 멋있게 들려서 나의 관심을 확 휘어잡기에 충분하였고 강사의 달변(達辯)으로 하여 사상교육이라는 무거운 주제 강의를 열심히 경청하였었다.

연합군 개입으로 2차 세계대전이 끝나고 조선이 독립하였어도 일본은 조선의 농수산물을 비롯한 광석물(鑛石物)까지 모조리 약탈하던 그 재미를 못 잊어 앞으로도 기회를 엿보고 있을 것이니 우리 모두 조심해야 한다고 강사는 주먹을 불끈 불끈 쥐어 치켜 올리며 열변을 토하였다. 일본은 역사가 이어지는 한 조심 대상이라 하였다.

현대에 들어서 몇 가지 짚어 볼 사항이 있다.

2019년 3월 1일, 3·1절 남북 공동기념식이 계획되어 있었는데 미국 트럼프가 2월 27~8 양일간을 하노이회담 날로 잡아서 위 기념식이 무산되었다. 또 대한민국 100주년 기념식을 성대히 계획했었는데 트럼프가 〈4월 11일〉 당일에 단독 회담하자고 문 대통령을 미국으로 불러 단독 회담이랍시고 〈단 2분짜리〉 만남을 가진 후 헤어졌다. 미국이 우리를 우롱한 것이고 언론에서는 일본 아베 외교의 꼼수가 먹힌 것이라고 분석 보도하고 있었다.

일본의 총리 하도야마(鳩山)와 기무라(木村)와 고노 료헤이 등이 일본의 한국 침탈에 사과하였으나 약소 정당이어서 그들 담화의 전파력은 미미하였다. 거만한 아베를 낳은 가문의 기시(岸)노브스케는 白人의 지배로부터 아시아를 보호하기 위하여 대동아전쟁을 일으켰다는 궤변을 늘어놓고 있다. 말 같지도 않고 이치에 닿지도 않을 이유를 내걸고 언제 전쟁을 일으킬지 모르는 것이 일본 정치꾼들이다.

르윈스키 스캔들로 체면을 구긴 클린턴, 미국 최초의 흑인대통령 오바마, 재벌 트럼프, 노회한 바이든 등 역대 미국 대통령들이 일본 친화적이고 일본 이익을 먼저 고려하고 한국에는 그때그때 원칙 없이 대해왔다. 믿어서 되겠는가. 아프간에서 손 떼듯 한국 안보유지가 자기네 이익에 부합하지 않으면 언제 돌아설지 모르는 것이 미국이다. 우리 스스로 국방 경제 등 부강국(富强國)이 되어야 한다. 朴正熙 〈새마을 운동〉 이후 20년도 안되어 경제 부국으로 발돋움한 우리를 일본은 질투어린 눈으로 바라보며 기회마다 골탕 먹일 방법을 연구하고 있다.(최근의 고순도 불화수소, 포토레지스트, 플루오린폴리아미드 등 한국에 수출 금지) 그런 가운데서도 서방세계는 우리의 국력을 인정하기 시작하였다. 지금은 우리들의 자긍심을 돋우는 K-문화가 세계적 물결을 이루고 삼성 반도체산업 발전 등 저들도 이 흐름을 인정하지 않을 수 없게 되었다.

오래되어서 어떤 계기로 그랬는지 잘 기억나지 않지만 UN총회에 나가서 연설하면서 자기 구두를 벗어들고 휘둘러서 참석 위원들을 경악해마지않게 한 소련의 공산당 서기장 흐르시쵸프. 그가 한국에 오면서 그들이 약탈해 간 우리 문화재를 반환한다고 상자 하나를 들고 왔었다. 이 상자를 열어본 관계자는 입을 다물지 못하였다. 〈빈 상자〉였다. 그들은 밝은 하늘 아래에서 우리를 농락한 것이다. 우리를 언제라도 속일 수 있는 어리석한 민족으로 업신여기고 있는 것이다. 지금 U.S.S.R.이 해체되고 러시아로 거듭났지만 미련한 "북극곰"은 여전히 한국을 삐딱하게 속일 수 있는 민족으로 보고 있다. 현 러시아 대통령 블라디미르 푸틴은 그 유명한 KGB 첩보기관 출신이다. 우리 외교관들을 비롯하여 국민 전체가 조심하여야할 대상이다.

우리가 남북통일을 이루어 더불어 지혜를 모으고 발전한다면 세계열강이 긴장하여야 할 것이다. 그래서 저들은 항상 한국이 뒤안에 있기를 바라고 그리 행동하고 있다. 남북통일을 방해하는 저들이다.

유비무환(有備無患). 저들의 야심을 경계할 일이다.

우리가 믿을 것은 오로지 우리 힘 뿐이다.
—도산 안창호

여성의 人權을 찾아서

―兩性 평등법 쟁취에 헌신하다

대한민국 헌법 제11조 1항에 〈모든 국민은 법 앞에 평등하다. 누구든지 성별에 의하여 차별 받지 아니한다.〉고 명시하고 있다.

그러나 오랜 관습에 의하여 개인적으로나 사회적으로 차별 받아온 여성에게는 이 아름다운 헌법 조항이 문자 그대로 그림의 떡이었다. 헌법이 국법 중 기본법이긴 하지만 사실 헌법은 국회에서 국회의원들에 의하여 재정된 역사가 일천(日淺)한 법이고 또 그 성격상 사회 구성원들의 평균적 가치관에 부합하는 선에서 이루어지지만 관습법은 역사가 있어온 이래 면면히 이어져 내려온 사회적 가치관에서 뿌리를 내려온 법이기에 그 價値나 思考를 바꾼다는 것은 태산을 옮기는 일에 버금가게 어렵고 힘든 役事일 수밖에 없었다.

1958년에 재정되고 1960년에 반포되어 효력을 발생한 우리 민법은 物權 債權 편에서는 현대적 이론을 수용하고 있지만 財産 相續 편은 역사적 배경을 많이 유지하고 있고 특히 身分法에서는 慣習을 그대로 수용하고 있었다. 1948년의 우리 헌법 제정보다 10년이나 지나서 제정된 우리 민법상 신분법은 면면히 이어온 관습 앞에 〈헌법 제11조〉는 힘을 쓰지 못한 것이다.

오랜 동안 여성계 여기저기서 산발적으로 논의되어오던 성차별 문제가 본격적으로 논의되기 시작한 것은 1970년대 초반이었다. 당시 여성단체협의회 산하 63개 여성 단체가 모여 유교사상에 뿌리를 둔 가부장제도를 그대로 수용한 민법을 개정할 것을 결의하였다. 지금은 몇 차례의 민법 개정을 거치면서 여성계의 요구가 거의 수용되고 있으나 그 당시로서는 가히 계란으로 바위치기 같은 난공사의 시작에 불과했었다.

여성단체협의회(女協)에서 채택한 개정 내용은 호주제도 폐지, 친족범위 조정, 동성동본 결혼제도 시정, 이혼배우자의 재산 분활청구권, 부부 동거 장소와 입적 규정, 적모 서자관계 계모자 관계의 시정, 입양제도의 시정, 유류분제도 신설 등 열 개 항목이었다.

이 입법 개정안은 국회에 상정하기도 전에 여론의 매를 맞으며 회오리바람을 일으켰다. 특히 여성은 특별한 경우를 제외하고는 거의 부동산 등을 소유하고 있지 못했기에 재산 상속은 남편의 사망 후에 개시하게 되어 있었다. 필연적으로 남편 사후 논의되는 재산 상속 문제에서 전제되는 '남편 사별 후 개념'을 논하는 재산 분할 상속 문제에 이르러서는 안동 유림들이 대거 궐기하여 '서방 돼지기를 바라는 요망한 것들의 용서할 수 없는 패륜적 짓거리'라고 국회 앞까지 나와서 시위를 벌였다. 여협 쪽에서도 크고 작은 강연회를 열면서 국민들에게 법 개정 기본 취지 설명하기를 이어나갔다. 당시 법률전공 여성이 귀하던 시절이어서 여성단체협의회의 이숙종(李淑鍾) 회장께서 임원회의에서 오선주(吳宣姓)를 법 개정 운영위원회 사무국장으로 임명하기를 승인하였다. 다음날 아침 나는 어이없는 전화를 받았다. 李ㅌㅇ 여성 변호사가 "네가 네임 벨류가 있니? 자가용이 있어 기동력이 있기나 하니? 감히 사무국장

직을 수락하다니." 가히 모욕적인 언사이다. 나는 효자동 10번지에 있는 이숙종 회장을 찾아가서 사무국장 자리를 그만두어야겠다고 말씀 드렸다. 이숙종 회장은 "吳 선생, 나는 찰싹 소리만 안 날 뿐 매일 그 사람한테서 뺨을 맞고 산다오."라며 나를 달래고 만류하셨다. 죄송하다는 말을 남기고 자리에서 일어섰다. 그러나 법학 전공자가 희소하던 시절이어서 나는 가족법 개정 강연에 수없이 동원되었다. 나는 의욕적으로 사명감을 갖고 강연을 시간 닿는 대로 수락하였다. 청중이 400명 넘는 곳도 있었고 마을 단위부녀회의 소수모임에도 갔었다. 공무원 연수원에서는 그 회기가 바뀔 때마다 나를 초청해 주었다. 여성금융노조 "미네르바 모임"은 내 한 달 봉급에 맞먹는 강사료를 주기도 하였고 초등학교 자모회에서 제시하는 강사료 3만원에도 기꺼이 가서 열강하였다. 그 횟수가 쌓여가니 나는 기록하기 시작하였다. 충청지역은 기본이고 남양주 평택 서울까지 간 그 강연 횟수가 300여 회를 넘고 있다.

복병(伏兵)은 의외의 곳에서 나타났다. 남편이 봉직하고 있던 성균관대학교의 유교학과 柳承國 교수가 나의 남편을 불러 "남편이 근무하는 대학의 유교 이념을 훼손하는 夫人을 들어앉히시오."라고 자못 명령조로 항의하였다. 나의 사명감이 그런 일로 흔들릴 리가 있을 수 없다. 다른 한편으로는 내 안방에서 반란이 일어났다. 내가 봉직하는 청주대학교 법대 안에서 사건이 일어난 것이다. "吳 교수가 학교 밖에서 민법개정 운동하는 것까지 간섭할 수는 없으나 적어도 내가 민법을 강의하고 있는 청주대학교 안에서만은 용납할 수 없다." 고(故) 어인의 교수가 공언하고 나섰다. 魚寅義 교수는 청주대 총여학생회가 주최하는 〈민법개정을 설명하는 강연회〉에 법대 학생은 물론 총학생회 간부에게 연락하여 참석을 엄금하였다. 청대 출신 선배인 어 교수의 명령은 잘 먹혔었다. 나는 강사로서 초대 받은 이상 강연을 그만둘 수 없었고 청중은 여학생회 간부들과 魚 교수의 눈총을 무릅쓰고 참석한 법대 학생 100여 명 정도가 모였다. 비록 소수 청중이었으나 반응은 뜨거웠다. 특히 졸업을 앞두고 사회에 나가려는 고학년 여학생들은 "法이 여성을 그렇게 차별하고 있는 줄을 미처 몰랐다"며 분개하기도 하였다.

충북 간호대학 梁仁實 학장은 시대를 앞서가는 분이었다. 학생들을 위하여 나를 특강 강사로 초청하였고 민법상 성차별 철폐를 위한 내 강의를 경청하던 양 학장은 크게 공감한 것 같았다. 당시 충북여성유권자연맹 회장 직에 있던 그 분은 각 지역 연맹과 도내 각 여성단체를 위해 강연해 주기를 청하고 일정을 마련해 주었다. 오지에 혼자 다니기가 나쁘다며 당시 인기 강사 李振榮 청주대 인문대학장을 엮어주었다. 이진영 학장은 개인주의 이기주의적 사고에 빠져버린 신세대를 향하여 인의예지(仁義禮智)를 주제로 인성교육에 힘썼고 나는 법률상 性差別 철폐를 위해서 유권자인 여성들의 법률지식을 펴고 권리 의식, 주인의식 함양을 외쳤다. 이러한 우리 노력을 전해들은 당시 南相宇 청주시장은 크게 공감하고 산간 오지로 강연 갈 때 차를 내어주고 동행해주시기도 하였다. 단양에 강의가 있는 날이었다. 새벽 5시에 청주 하숙집을 나와 기차를 타고 단양에 도착하였는데 간신히 예정 시간에 닿았다. 기차역이나 열차 안에서 뭘 먹을 수 있다고 기대했는데 매점이 문 열기 전이었고 기차 안에도 이른 시간이라 판매하는 사람도 없었다. 점심(아점) 먹을 시간적 여유가 없어 허기진 채 강단에 서서 90분 강의를 하는데 시장 끼 때문에 정신이 나가버릴 것 같은 아찔함을 견뎌내느라 애썼다.

1976년 동경여자대학 연구원으로 일본에 체류 중일 때, 일본대학부인협회(日本大學婦人協會 —우리 여학사협회에 해당하는 단체) 초청으로 특강을 하게 되었다. 주제는 자유로 선택하되 가급적 양국 간 공통 관심사이기를 주문 받았다. 주저함도 없이 나는 우리 민법개정안에 관하여 원고를 작성하였다. 청중들의 이해를 돕기 위하여 모조지 온지 열 장에 붓글씨로 법 개정안을 요약하여 써서 들고 나갔다. 일본어를 쓸까 영어를 쓸까 잠시 망설였으나 내용을 충실히 전하고 이해시키는 것이 목적이니 일본어를 사용하기로 했다. 같은 유교문화권(儒教文化圈)을 배경으로 하는 家父長制度 관습에서 탈피하려는 그들의 공감이 뜨거웠다. 마련해 간 원고도 주최 측의 요청으로 협회장에게 주고 돌아왔다. 다음 회기에 그들끼리 이 주제를 토론할 계획이라 했다.

민법 개정에 가족법학자 裵慶淑 교수의 노고가 컸다. 배 교수가 한국여성유권자연맹 회장일 때 우리는 타 여성단체의 법개정 운동과는 달리 조용히 학술적으로 공헌하기로 하고 『家族法 改正의 諸 問題 論集 — 1985년』을 발간하였다. 여기에 나는 The Legal Status of Women in the Civil Code of Korea. —Amendment of the Family Law & Women's Movement— 라는 글을 기고하여 힘을 보탰다. 裵 교수는 정년퇴임 후에 인천에 亞細亞女性法學硏究所를 설립하고 민법개정에 계속 기여하였다. 배 교수는 연구소장 후임으로 서울 법대 朴恩正 교수를 추대하였고 이후 박 교수는 국민권익 위원장직을 수행하면서 이 연구소를 성실하고 진지하게 운영하고 있다.

1994년 9월, FIDA(세계여성법률가협회)의 총회가 프랑스 파리에서 열렸다. 한국에서는 학기 중이어서 교수들이 자리를 비울 수 없고, 참가비와 왕복 여비도 만만치 않게 비싸서 선뜻 참가하려는 학자가 없었다. 당시 FIDA 한국담당 부회장으로 있던 裵慶淑 교수가 한국이 불참할 수 없으니 꼭 참석해 달라고 간곡히 요청해왔다. 아들이 적립해 두었던 KAL 마일리지를 내 주어서 파리로 떠났다. 회의 규모가 엄청났다. 나이제리아는 여성 변호사 40여 명이 와서 떼지어 다녔고 대만에서는 법관 다섯 명이 참석했는데 그 대표가 대만 대법원장이었다. 쟈크 시락 파리 시장(후일 대통령)이 주최하는 마지막 송별회에 그 대법원장이 중국 전통 드레스를 입고 입장하는데 그 위엄이 좌중에 뻗쳤었다. 나는 이 회의에 참석하기 위해서 우리 가족법개정에 관한 영문 원고를 쓰고 세계를 향하여 우리의 성차별 탈피노력을 피력하고 그들의 관심과 응원을 촉구하였다. 말레이시아 인도네시아 태국 대만 등 참가자들이 나를 동남아세아권 소모임 회장 직에 추대해 주었으나 자율적 시간 관리가 가능한 변호사가 맡는 것이 옳다고 나는 사양하였다. 영문 원고 50 카피를 들고 갔는데 주최 측에 7부 제출하고 남은 것도 요청하는 이가 많아서 다 뿌리고 오니 마음이 홀가분하였다. 내가 영어문화권으로 유학한 적이 없어 나의 영어는 자수성가(自手成家)형이었으나 내 리포트「일본 東京女大 비교문화연구소 기관지 게제. —1978년」에 담긴 그 내용과 뜻만큼은 정확히 전달되었을 것으로 믿고 있다. 나는 裵 교수의 바통을 이어 FIDA 한국 담당 부회장(1997. 06.~2000. 05.)이 되어 회원국으로써의 권리를 지키고 의무를 계속 수행하였다.

몇 번에 걸친 민법 개정을 통하여 지금은 우리 여성의 법적 지위가 상당한 수준에 이르렀다. 2005년도에 호주제도가 완전히 폐지됨으로 해서 그로부터 파생되는 많은 차별이 사라졌고 대신에 〈가족부〉 같은 개인별 등록부가 마련되었다. 친족범위에서도 평등을 이루어 혈족 8촌 이내, 인척 4촌 이내로 정하고 있다. 서양자제도(壻養子制度)는 폐지되고 여성도 입양 가능하게 되었는데 이 부분 아직 법 해석상 문제가 남아 있다. 이혼과 관련해서 재산분할 청구권이 보장되었다. 특이한 것은 선진제국에서 이미 폐기해서 거의 사라져가는 유류분(遺留分) 제도가 우리 민법에 신설된 것이다. 李태영 변호사가 "남편이 妾을 두고 정신 나가서 재산 모두 다 주어버리는 불상사가 발생할 우려가 있음으로 이를 미연에 방지하기 위하여서이다"라고 제안 설명하고 관철해 낸 것이다.

나는 공청회에 나갔을 때 유류분 제도를 신설하려면 스칸디나비아제국의 법제도 즉 대학 졸업시킨 큰 아들보다 앞으로 대학 가야 할 초등학생 아들에게 더 많은 비율의 재산을 물려주는 제도를 도입하자고 제안했었으나 채택되지 않았었다. 장남에게 모든 재산을 몰아서 물려주는 관습에 익숙해진 사고방식에서 이해하기도 수용하기도 어려웠던 것 같다. 현재 우리 민법상 유류분 제도는 폐지되어야 할 악법이다. 부모에게 아무리 불효해도 법률적으로 부모 재산 상속분의 2분의 1을 받는 권리가 내게 보장되어 있다는 생각이 독버섯처럼 자라고 있음을 나는 서울가정법원 가사조정위원 시절 알게 되었었다. 몹쓸 불효자 양성법으로 전락한 "유류분 법"이다. 현 유류분 법은 반드시 폐지되어야 한다.

여기서 2020년 10월에 97세를 일기로 타계하신 李 李效再 선생님께 감사와 존경의 뜻을 올리고자 한다. 이효재 선생님은 경남 마산 출신으로 1947년 이화여대 영문학과 3학년 시절에 일찌감치 미국으로 건너가셔서 콜롬비아대학교에서 사회학 석사를 하신 여성계의 선구자이시다. 선생님은 10여 년에 걸친 미국유학을 마치고 이화여대 교수로 취임하면서 한국에 사회학(Sociology)을 도입하고 여성학과 개설을 주도하는 등 여성권익 향상에 크게 이바지하셨다. 선생님은 법학전공도 아니시면서 가부장제 타파를 위해서 호주제도 폐지를 강력하게 주장하셨다. 여성들의 정계 진출 길을 트기 위해서 여성 할당 제도를 마련하고, 양성 평등의 취지로 부모 양성(兩姓)을 사용하기로 하고 말년에 스스로 "이이효재"라 칭하셨다. 아래(사진) 편지 말미에 "이이효재"라 쓰셨다.

선주선생,
장마철 무더위에 힘든 수술까지, 무사히 치료중이라니 감사하군.
나도 소화불량으로 조심중이에요.
사제지간의 인연으로 만나 우리의 정을 이렇게 이어가는군. 기쁘고 기쁘다.
2016년 칠월8일. 진해에서 이이효재.

92세 이효재 선생님께서 보내주신 친필 편지

또 한 가지 기록하고 싶은 것은 선생님께서 〈한국정신대문제대책협의회〉를 구성하시고 UN과 아시아 관계국 등과 협력하여 일본의 만행에 대한 규탄과 사과를 받아내려 노력하신 일이다.

사회적 의식과 생활 방식은 저만치 앞서 변해 가는데 법은 최소 50년이나 뒤떨어진 채 허덕거리며 따라와 제정 적용되고 민법 같은 기본법 개정은 더욱 쉬운 일이 아니어서 그 어렵고 느린 법 개정 현상을 대법원 판례가 매워가며 해결하는 것이 현실이다.

일반 시민들의 정의에 대한 합리적 사고력이 향상되기를 바라 마지않는다.

자연환경 훼손에의 경고, COVID-19의 습격

인간의 일생은 生老病死의 역사라 할 수 있다. 生老死는 누구에게나 공평한 만고불변의 진리이지만 病은 환경과 섭생에 따라 사람마다 나라마다 달리 한다. 전염병은 개인은 물론 국가의 운명을 좌우하는 큰 고비가 되기도 했었다. 우리 역사에 기록된 첫 전염병은 백제 온조 왕 4년, BC 15년으로 거슬러 올라간다. 국보 제28호 백률사 약사여래는 전염병 치료를 비는 기도의 대상이었다. 인구 감소로까지 이어지는 역병 Cholera는 인도에서부터 전파되었는데 호열자(虎列剌)라 불리게 된 까닭은 호랑이 이빨에 찢겨 죽는 것 같이 아프다 하여 붙여진 이름이라 한다.

나의 기억에 남는 사건으로 우리나라에 큰 타격을 안긴 역병 호열자가 있다. 1946년, 해방 후 동남아에서 200만여 명이 귀국하면서 유입된 것으로 보이는 이 병 코렐라는 그 전파성이 워낙 빨라서 기존 주민이나 귀국자들이나 사회적 혼란 속에서 굶주리고 면역력은 바닥이었고 치료약도 없었고 국가가 할 수 있는 것은 고작 병에 걸린 자를 학교 등 동떨어진 건물로 이송하는 것과 발병지역 간 통행금지 뿐이었다. 그 해 10월 12일 〈동아일보〉는 14,909명 감염자 중 9,632명이 사망했다고 보도하고 있다. 엄청난 가공할 치사율이다. 지금 30～50 세대가 겪었을 2002

년의 SARS(중증 급성 호흡기 증후군)이나 2015년의 MERS(중동 호흡기 증후군) 감염자도 1860명 중 치사율 20.4%란 엄청난 기록을 남겼다.

"에고, 에고. 역병 귀신이 왕관같이 생겼다니 이 무슨 해괴한 일인지?"

"고령자를 먼저 골라 잡아간다니 무서워서 살겠나."

"우리 나이에 코로나 귀신이 하나만 붙어도 세상 끝이라네."

"무슨 속 편한 소리! 코로나 바이러스가 코끝에 스치기만 해도 우린 저 세상 사람이지."

우리 동년배 친구들 사이의 대화이다. 어쩌면 2020년 코로나19 세태를 대변하는 말들일 수도 있다. 고령자들이 코로나에 취약하여 희생자 중 가장 많은 비중을 나타내고 있기 때문이다. 지난 정월 경부터 이 역병이 번지는가 했더니 지금은 우리 사회가 국가 비상사태 수준에 든 것 같다.

가족을 피해서 혼자 자기 방에 콕 처박혀 있는 사람을 "방콕"이라 일컬어 이상한 사람으로 여겼더니 지금은 "집콕"이 국가 권력 행정 지침으로 강요되다시피 하고 있다. 밤 9시 이후는 모든 시민들의 일상생활에 제약이 많아 도시 기능이 잠든다. 12월 24일부터 다음 해 1월 3일까지 5인 이상 모임이 금지되었다. 피할 수 없는 결혼식이나 장례식도 50인 이하로 치르도록 요구되고 어길 시에 벌금도 부과하겠다고 한다. 그렇게 해서라도 코로나19 유행이 잠잠해진다면 오죽이나 좋을까. 마스크 쓰라, 마스크가 백신이다, 손 씻어라, 청결이 예방이다, 사람 사이에 거리를 두라, 감염 기피는 몸 간 거리 두기가 제일이다. 심리적 안정을 위해, 몸은 멀리하되 마음은 가까이 하라. 이런 권고 사항들은 이제 사람들의 상식이 되었다. 국가 지침을 어기면 치료비에 구상권을 행사하겠다는 협박성 정책도 나왔다.

“코로나 우울증(Corona Blue)” 이라는 병증(病症)까지 나타났다. 코로나는 일반 질병과 달리 전염성이 강하고 65세 이상 고령자나 고혈압 당뇨 등 기저질환이 있는 사람들에게는 치명적인 질환이라 한다. 젊은이들 사이에서는 본인이 감염된 줄도 모르고 대인관계를 하는 경우가 30%를 넘는다니 더욱 조심스럽다. 코로나는 단시일 안에 죽음에 이르기까지 하고 치유된다 해도 후유증이 심각한 경우가 많다 하여 사람들은 불안 분노 공포를 안고 사니 이는 재앙적 트라우마라 아니할 수 없다. 오죽이나 지긋지긋하면 코로나 확산 현상을 두고 사람들이 미친 무당 쌍칼춤 추듯 한다고 할까. 코로나 우울증 보다 더 무서운 것은 “코로나 피곤증” 이다. 벌써 일 년 가까이 조심조심 하다 보니 피로감이 누적되고 마치 만성병에 치료를 포기하는 사람처럼 일부 종교인들 사이에 코로나 전파 방지대책을 소홀히 하는 현상마저 일고 있다.

사람들이 세계 제3차 대전을 치르고 있는 것 같다고 한다. 전쟁이라면 분쟁지역 내에서 속전속결 해결이 가능하지만 이 코로나 병은 전 세계 지구촌 어디든지 예외 없이 공격하고 있으니 국가 간 교류가 중단되고 국내에서도 1단계, 1.5단계, 2단계 등 예방대책을 세우다 보니 대인 교류는 뜸해지고 생산 활동에도 주름이 간다. 일일 노동자나 소상공인들을 비롯하여 생산품 물류 분야 등 경제적 타격마저 이만 저만이 아니다. 언론 매체들도 코로나와의 싸움에 온 힘을 집중하고 있다. KBS 아침 9시 반 정규 뉴스가 〈COVID-19 통합 뉴스 룸〉이란 타이틀로 바뀌었고, 오후 2시에는 코로나 상황을 뉴스와 더불어 의학전문기자와의 대담으로 편성하여 코로나 상황을 자세히 전달하면서 국민들의 경각심을 고취시키려 노력하고 있다.

코로나 발원지로 알려진 중국 우한에서는 한 때 코로나에서 완전 해방되었다고 폭죽을 터트리더니 다시 감염자가 확산되고 있다는 소식이다. 코로나는 우리보다 앞서 이태리 스페인 독일 영국 등 유럽지역에서 맹위를 떨쳐 수많은 희생자를 냈고 미국에서는 12월 1일 이후 9일 째 하루 감염 확진자가 3천만 명을 넘고 있다는 보도이다. 그에 따른 사망자도 엄청나다. 미국에 있는 딸의 안위가 내 가슴을 조여 온다. 하느니 "집콕이 제일이다."란 말 밖에 해줄 것이 없다. 일시 귀국을 고려해보았지만 대학 강의 사정상 자리를 오래 비울 수도 없단다.

12월 16일, 아침 뉴스에 한국 내 코로나 바이러스 감염 확진자가 1,078명을 넘었다 한다. 통계 작성 이래 가장 높은 수치이고 이대로 놔두면 통제 불가능에 이를 수도 있다 한다. 정부는 현재 2.5단계 예방책을 실시하고 있는데 이를 3단계로 올릴 것을 심각하게 고려 중이라 한다. 실업자는 늘어만 가고 불안은 극에 달하고 있다.

이 와중에 국민의 사랑을 독차지하고 있는 인기절정의 젊은 가수 이찬원 군이 코로나에 감염되었다는 보도가 떴다. 그에게서 위로 받던 많은 시민들과 함께 그가 무사히 회복되기를 안타까운 마음으로 빌었다. 다행하게도 이찬원군은 12월 13일, 11일 만에 완치되었다는 기쁜 소식을 전해 주어서 그의 팬들은 가슴을 쓸어 내렸다. 그의 천부적인 재능을 남김없이 발휘할 수 있도록 흥행 업계도 코로나 예방과 연예인 보호에 각별히 힘써 주기 바란다. 역설적이긴 하지만 이찬원군의 코로나 바이러스 감염 소식은 국민들의 경각심을 높여주는데 크게 공헌하였다.

때마침 오늘은 나의 하나 밖에 없는 아들의 생일이다. 코로나 창궐에 놀라서 주말마다 어미 집을 찾아오는 아들네 가족을 코로나 사라질 때까지 오지 말라고 며칠 전에 당부했었다. 어린 손녀들 건강을 위해서 모질고 독하게 마음먹고 결심한 일이었는데도 막상 이름 있는 날이고 보니 아들을 못 오게 한 것이 슬그머니 후회된다.

"달나라에 가서 계수나무를 찍어다가 남산 위에 정자를 짓고 서울을 감상하며 산토끼가 옥토끼가 될 때까지 꿈을 키우며 희망을 가꾸며 행복하게 오래오래 건강 누리세용." 하고 축하 메시지를 SNS으로 띄웠다. 그래봐도 서운한 마음이 가셔질 리가 없다. 아들이 군 복무할 때를 제외하고는 아들 얼굴 못 보는 생일은 처음이다. 사람이 밥 먹는 시간을 지나치면 배가 알아서 고프다는 신호를 보낸다. 이를 자연의 현상으로 이해하고 있었는데 이러한 생리현상뿐만이 아니고 사람의 마음도 정규적으로 이루어지던 일을 지나치면 고파진다는 사실을 이번에 깨닫게 되었다. 정기적으로 오던 아이들이 나타나지 않으니 마음이 고파지는 것이다. 생리적으로나 정신적으로나 사람은 그렇게 길들여지는 가보다.

아무튼 코로나의 피해는 개인 국가 할 것 없이, 이루 나열할 수 없이 크고 많다. 많은 연구진들에 의해서 코로나 예방 백신이 개발되고 이제 보급 단계에 들어 영국 미국 등은 이미 접종을 시작했다는 소식이다. 인구 70~80%가 접종해야 감염 전파를 잠재울 수 있고 2021년에 효과 못 보면 2022년까지 간다는 소식에 마음이 다시 어두워지고 씁쓸해진다. 우리나라에서도 전 국민 상대 접종을 서둘러 주기 바랄 뿐이다.

문외한의 생각이지만 COVID-19는 인간이 자연을 무서워하지 않고 온 갖 화학물질을 양산해 내면서 강과 바다를 하늘과 땅을 오염시킨 죄과(罪過)로 맞이한 자업자득(自業自得)이 아닐까 한다. 인간은 자연 앞에 좀 더 겸손해질 필요가 있다. 나무를 많이 심어 공기를 맑게 하고 오염된 폐수를 함부로 버리지 말아야 한다. 비가 많이 내리는 날 우리 동네 하수구에서 올라오는 화학물질 폐수 냄새를 맡게 될 때마다 공분(公憤)을 느끼지만 누가 어떤 유해 폐기물을 언제 어디서 얼마나 버리고 있는가를 입증할 능력이 없어 스스로 비참해진 때가 한두 번이 아니니다. 맑은 환경을 조성하고 보존하는 것이 최선의 바이러스 감염병 예방책이라 믿는다.

당장 마스크 착용 외에는 나를 보호할 수 없는 현실이 서글프지 않는가. 12월 24일 뉴스에 보니 정부에서 얀센 백신 600만명 분과 화이자 백신 1,000만 명분을 들여온다고 발표하고 있으나 국민이 얀센 접종 받을 시기는 내년 2/4분기(4월) 이후에나 이뤄지고, 화이자 백신은 내년 3/4분기(7월)에 가서야 가능하다 한다. 미국 같은 나라는 연구 자금을 대고 물질적 지원도 하고 백신 구매 선금을 납부하기도 했다 한다. 대만이나 일본까지도 자국민 백신 접종에 우리나라보다 훨씬 앞서 가고 있다는 뉴스를 볼 때마다 집권욕(執權慾)에 사로잡혀서 싸움질에만 열올리고 있는 고관들과 여의도 한량들이 한심하기만 하다. 국민의 생명과 재산을 지키는 것이 현대국가의 존재 이유라는 사실을 위정자들은 명심하며 이 코로나 팬데믹 퇴치에 최선을 다해 주기 바란다.

—2020. 12. 25.

암울한 한 해를 넘기고 이미 2021년 6월도 하순에 든다. 만개했던 벚꽃이 진지도 오래고 가로수가 싱싱하게 푸르다. 정부에서 고령층의 사망률이 높은 것을 감안하여 정책으로 75세 이상 고령자 우선 접종한다는 뉴스가 뜨고 실제로 백신 접종일을 정하였다는 통보를 받았다. 비교

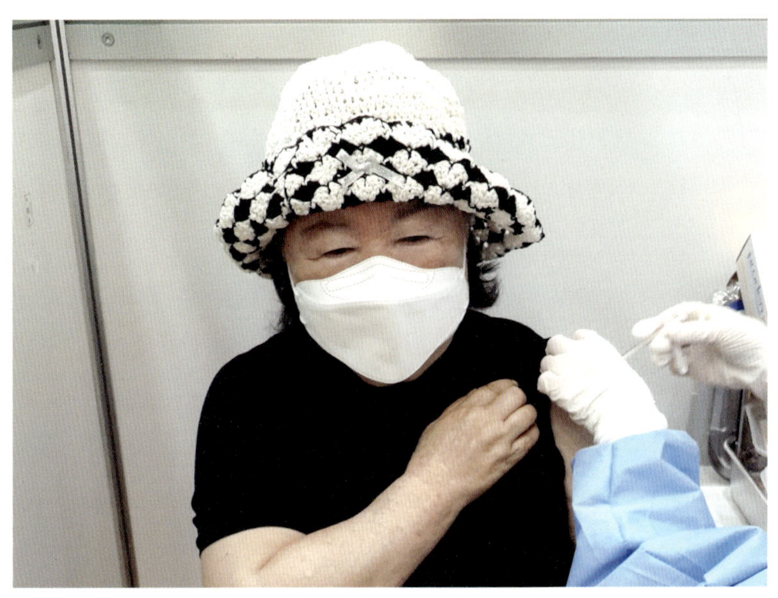

화이자 백신 접종하는 오선주. —2021년 5월 11일.

적 상대적으로 부작용이 없는 화이자를 접종한다고 공표되었다. 주민센터에서 지정한 장소에 가서 1차 접종을 하였고 3주 후 2차 접종을 마쳤다. 주민센터 직원이 총출동한 것 같은 현장에서 질문 확인 절차 등도 정밀하고 엄격하다. 국가에 세금 낸 보람을 느꼈다. 나는 두 번 모두 후유증 같은 것을 느끼지 않았다. 기분이 좋아졌다. 비록 마스크를 쓴 상태이긴 하지만 열일곱 달 만에 헤어숍에 가서 머리도 다듬었다. 그 간 예약을 연기해 왔던 아산중앙병원 치과에 가서 깨져서 불편했던 윗니를 치료 받고 왔다. 인구 70% 정도가 예방 접종하면 사회적 예방이 이루어진다니 인내심을 갖고 느긋하게 기다리려 하는데 또 날벼락 같은 소식이 들려온다. 영국 변이 바이러스가 국내에 상륙하였다는 뉴스다. 인도 발생 델타 변이란 것이 무서운 전파력으로 우리나라에도 들어오고 있다고 한다. 본인 무감각 상태에서 코로나에 걸린 줄도 모르고 지내다가 죽음 직전에야 병원에 가서 손 쓸 겨를도 없이 눈 감는 경우도 있다 한다.

속히 치료약이 나타나기를 바랄 뿐이다. 1950년대에 만병통치약으로 등장한 페니실린 같은 약이 만들어지길 재촉해 줄 수는 없을까. 페니실린도 쇼크死 사례가 많아 역사 속으로 사라져 갔지만 당시엔 기적 같은 약이었다.

코로나는 치료약이 개발 되어야 사라질 것 같다. 누군가가 COVID-19 치료약 개발한다면 특허 내어 자기 이익에 몰두하지 말고 인류 구원 차원에서 저가 대량 공급하기를 간절히 바란다.

구원(救援)의 약 발명 소식은 언제 즈음 들려올까?

—2021. 6. 18.

코로나 예방 접종자 수가 급격히 늘어나더니 2차 접종한 자가 77% 넘었다는 보도가 떴다. 코로나 전파력을 잠재운다는 수치이다. 정부는 2021년 11월 1일을 기하여 모든 규제를 풀고 With Corona 시대를 열기로 하였다. 나는 그 사이 코로나 예방 추가접종도 하고 독감예방 접종도 하였다. 정부에서 기저질환이 있는 사람들에게 더불 감염을 피하라는 권고를 내린 대에 따른 것이다. 집단 감염 등 전파력이 강한 유행병에는 정부나 의료계의 권고에 따르는 것이 상책이란 것을 나는 오랜 경험을 통하여 잘 이해하고 있기 때문이다. “코로나와 함께” 시대가 열렸다 하더라도 코로나가 아주 사라진 것이 아닌 이상 외출 자제, 마스크 쓰기, 손 씻기 등 예방 수칙을 나는 계속 이어갈 생각이다.

100세 시대에 90의 9자 구경도 못하면 억울할 것 같아서라고 친구들에게 농반 진반 말을 건네면서 나는 오늘도 조심을 한다.

—2021. 11. 12.

부대찌개
—그 슬픈 역사

얼마 전 아들이 퇴근길에 전화하고 언제나처럼 그 날의 일과를 이야기 해 주면서 낮에 대학 동창들 셋이서 점심으로 부대찌개를 먹었다고 했다. 나는 아직 부대찌개란 걸 먹어보지 못했고 더러 텔레비전 화면으로 보아서 대강 어떤 요리인지 짐작은 하고 있었다. 아들이 먹었다니 호기심으로 재료가 어떤 것들이냐고 물어 그 설명을 들으면서 입맛을 다셨다.

옛날 나의 고교시절 대구에는 피난민들이 얽혀 사느라 어느 곳이나 시끌벅적 거렸고 소매치기 조심은 기본이었다. 물이 부족해서 동네 공동 수도 앞에는 양동이 줄이 길게 늘어서 있었고 수압이 낮아서 물줄기가 애기 오줌줄기만도 못해서 언제 내 차례가 올지도 몰라 하염없이 기다려야 했다. 심심치 않게 새치기 했다며 멱살잡이 싸움이 벌어지곤 했다. 요즘 물을 펑펑 쓰는 세대는 물 귀한 줄 알았으면 하는 마음이 간절해지기도 한다. 전기도 한 가정에 60와트 짜리 전구 하나 쓰기가 행정지침이었다. 물 전기뿐만 아니라 먹을 것도 귀하여 허기진 사람이 많았다.

나는 오빠가 육군대령으로 전사하여 국가 보훈으로 배당 받아 살고 있는 친구의 육군 관사 방 하나를 얻어 살게 되었다. 주거용 주택이 모자라니 그 큰 관사가 여러 방으로 나뉘어져서 한 지붕 아래 여러 세대가 살고 있었다. 내 바로 옆에 대구 칠성동 양키시장에서 달러 장수하는 아주머니가 살고 있었다. 뙤약볕에 새까맣게 그을려진 얼굴 때문에 "깜둥이 아줌마"로 통하는 억척 부인이었다. 하루는 깜둥이 아줌마가 시장에 같이 가자고 해서 따라 나섰다. 김칫거리 산다더니 채소가게 앞을 지나 저만치 시장 끝자락에 있는 곳으로 나를 데려갔다. 건물이 있는 곳도 아닌 노천 가게였다. 가게라야 미군부대에서 쓰다 버린 기름에 전 레이션 박스에 먹을 것을 담아 널어놓은 골목이었다. 깜둥이 아줌마는 그 앞에 쭈그리고 앉더니 물건 고르는 척하면서 뭔가 이것저것 집어먹으면서 그 뒤에 선 나에게도 뭘 집어주며 먹으라 했다. 물건 파는 아줌마가 쓴 소리하면 "아따. 골라야 살 것 아니야."라고 억센 평양 사투리로 되받아치며 여전히 먹어댔다. 상자 속에는 KAMG 등 대구 지역에 주둔한 미군부대에서 먹다 남긴 음식 찌꺼기들이 분류 나열되어 있었다. 튀긴 닭다리, 힘줄이 뻣뻣한 소고기 스테이크, 치즈, 햄, 소시지, 손가락만 한 튀긴 감자, 둥근 당근 등등이었다. 생소한 맛이지만 한국인들은 그 맛을 못 잊는 단골이 생기고 값도 싸서 그들이 분주히 드나들고 있다고 했다. 장보기 꾼들이 그렇게 입맛 따라 다 골라가고 나서 형체를 유지할 수 없는 찌꺼기들을 모아서 깡통 냄비에 끓이면 고달픈 지게꾼들이 그 죽 한 그릇 먹고 피로를 달래며 기름종이 등으로 얽어 지은 쪽방인 〈하꼬방〉 집으로 돌아간다. 그들이 허겁지겁 감지덕지 먹던 그것이 이른바 〈꿀꿀이죽〉이었고 부대찌개의 슬픈 원조(元祖)이다.

전쟁이 끝나고 새마을 운동이 번지면서 우리도 잘 살게 되었다. 통일

벼가 보급되면서 배부르게 먹게 되었다. 우리 양돈업도 발달하고 미제와 같은 맛을 내는 햄도 소시지도 우리 기술로 생산해 내게 되면서 "꿀꿀이 죽"이 개량되어 〈부대찌개〉로 새로 태어났다. 옛 맛을 그리워하는 사람들이 많아서 의정부나 동두천 등 미군 기지촌에는 싱싱한 야채를 깔고 위에 햄 소시지 등 듬뿍 얹어서 끓여내는 부대찌개라는 것이 일반 요리처럼 자리 잡았고 이젠 많은 사람들의 사랑을 받는 한국 고정 메뉴가 되었다.

풍요를 맞이한 도시 요정에는 음식이 넘쳐나고 있다. 배고픈 시절을 경험한 내게는 음식점에서 남아나서 버려지는 음식이 아깝기 그지없다. 내가 강단에서 일하면서 NGO 활동을 할 때 〈남은 음식 싸가기〉 계몽을 했다. 음식점에 남은 음식 싸 갈 수 있는 그릇을 비치하도록 행정지도하기를 청주시 당국에 협조를 요청했었다. 당시 청주시 남상우 시장은 매우 긍정적으로 도와주었다. 남은 음식 싸갖고 갈 그릇은 마련되었는데 소비자 시민들은 오히려 남은 음식 싸가는 것을 체면 구기는 일 정도로 여기는 것 같았다. 가난의 설움에 주눅이 든 탓이었을 것이다. 각종 강연에서 미국 같은 부자 나라도 남은 음식 싸가는 사례가 얼마든지 있고 실제 목격담을 소개하며 나는 열을 올렸었다. 한 동안 〈남은 음식 싸가기〉가 잘 되는 것 같았었는데 남 시장이 퇴임하고 나도 퇴임하고 나니 흐지부지되어 버린 것 같다. 애석하다.

문제는 한국 음식이 주로 물기가 많다는 것이다. 닭백숙도 맛난 청국장도 시원한 나박김치도 모두 물기가 많아서 식객이 싸가기도 어렵다. 따라서 남은 음식 모아서 시장에 내다 팔기는 더욱 어렵다. 찌꺼기 음식 처리에 드는 국가 예산이 만만치 않다 한다. 남은 찌꺼기 음식 처리 과정에서 발생하는 이산화탄소는 지구 온난화에 큰 악영향을 미친다.

오랜 전통 음식의 조리법을 바꾸는 것은 매우 어려울 것이다. 차선책으로 음식상 차리기 간소화를 고려해 볼 수 있다. 손님도 남은 반찬 두고도 자기 입맛에 맞는 음식만 추가로 달래서 먹다 보니 음식 쓰레기가 늘어만 간다. 이웃 일본처럼 단무지 하나만 추가해도 추가 주문한 것만큼 계산을 올리도록 하는 것도 한 방법이다. 일본 상인들은 올림픽 치를 때는 물 한 컵도 추가 요금 받을 것이라 한다. 물자 절약만 이루어진다면 일본에서 배울 것은 배워두는 것이 옳다.

지금은 바야흐로 지구 온난화 방지에 세계가 협조하여야 하는 시대이다. 2050년대에는 인구 증가 대비 기후 탓으로 곡물 생산량이 줄어 기아 인구가 속출할 것이라 한다.(KBS. 2021. 03. 15. "쌤과 함께"). 자원 낭비를 줄여야 지구가 살고 사람도 산다. 덜 쓰고 덜 먹으며 후세를 위하여 좋은 환경을 물려주어야 한다.

이젠 부대찌개도 계량화하여 먹을 것을 고르게 먹을 만큼 만 담아서 끓여먹는 기본 기준의 본보기로 되었으면 한다.

저녁노을 고와라

"사돈 가시라고 가랑비가 오니더~."

보릿고개에 가난한 양반이 밥술께나 먹는 딸네 집에 가서 묵는데, 이를 못 마땅히 여긴 딸의 시아버지가 말했다.

"웬걸요. 더 있다가 가라고 이슬비가 내리잖닛껴."

食口의 입 하나 덜기 위해 체면불구하고 나누는 사돈지간의 대화이다. 흉년의 가슴 아픈 이야기가 아닐 수 없다.

돌이켜 보면 가난하고 힘든 것이 슬픈 것만은 아니었다. 일본 동경에서 태어난 나는 1946년 부모 따라 귀국하며 5월 11일에 아버지의 고향 경북 영양에 도착하였다. 그 해가 丙戌年 흉년이라 했다. 다음날 아침밥상에 오른 것은 쌀알은 보이지 않고 불그스레한 송기(松肌) 가루와 일본이 강탈해 간 쌀 대신 만주에서 들여와 배급해주었다는 콩깻묵으로 채워진 밥그릇이었다. 반찬은 야산에 막 싹이 튼 산나물들을 뜯어다 삶아서 간장으로 무친 것 하나뿐이었다. 동경에 살 때는 전시(戰時) 식량 감자가 주식으로 배급되어 나는 감자에 물렸었고 "이바라기현(茨城縣)"으로 피난 갔을 때는 만주에서 들여온 메밀가루를 주식으로 배급 받아 한 달 내내 먹고 나니 메밀 냄새만 맡아도 헛구역질이 났었다. 日帝가 한국을 차별하여 썩어서 까맣게 변한 滿洲産 콩깻묵을 식량이라고 배급해서 그 때까지 할아버지네 부엌에 남아 있었다. 나는 이걸 도저히 먹을 수 없었고 점점 야위다가 온 얼굴에 '주근깨'가 까맣게 솟았다. 영양실조로 하루 걸이 학질 말라리아에 걸려 두 달 넘게 앓았다. 말라리아 치료약이 없어 극약으로 알려진 "키니네"를 치료약으로 먹고 살아난 예가 드물지 않았다. 오죽하면 "학(학질)을 뗀다."는 말이 나왔을까. 나는 아버지가 철이 지난 복숭아 한 알을 겨우 구해 주셔서 이를 달게 먹고 간신히 죽을 고비를 넘겼었다. "제발, 살아만 다고"라며 우시던 아버지의 눈물이 뜨거워서 그 감동이 약이 되었었다고 믿어진다.

한 살 위 사촌 언니가 나를 데리고 강가 자갈밭에 나가 무성하게 넝쿨을 이룬 찔레 숲에서 새 순 꺾어 먹는 걸 가르쳐 주었다. 땅에서 솟아나 15cm 정도 자란 것 중에서 통통하게 물 오른 것을 꺾어서 먹곤 했다. 덤불 속에 손을 들이밀어야 찔레 순이 손에 잡히기 때문에 손등은 가시에 긁혀 피 맺힌 상처가 아물 날이 없었다. 그럼에도 불구하고 고픈 배를 채울 수 있는 그 시원한 찔레 순 쥬스 때문에 강변에 살다시피 했었다. 풀 섶 속에 똬리를 튼 뱀과 마주칠 때는 기절하게 놀라서 다시는 강변에 나가지 않으리라 다짐도 했었다. 친구들과 함께 참꽃(진달래) 따먹으러 산언덕을 헤매다가 서로 얼굴을 마주칠 땐 그 입술이 보랏빛으로 물든 것을 보고 서로 손가락질하며 크게 웃곤 했었다. 초여름에 들어서 보리 이삭이 밭이랑에 파도 칠 무렵에는 야산에 지천으로 열린 산딸기를 따 먹고 배가 불러 행복했었다. 산딸기가 시들 무렵에 보리수가 빨갛게 물들어 간다. 작은 씨가 먹기 나쁘긴 하지만 한줌씩 따서 몇 번 만 입에 넣으면 배가 불렀다. 보리수 열매가 사라질 때쯤엔 뽕나무에 오디가 까맣게 익어 주었다. 부지런하기만 하면 허기는 면할 수 있게 해준 자연의 섭리가 아닐까, 후일 그런 생각이 들었었다. 가끔 고향에 가서 나의 건강을 지켜준 그 山野를 향하여 “그 때 고마웠노라”고 절이라도 하고 싶은 마음이 일 때가 있다. 강변 널찍한 바위 위에 누워 파란 하늘에 두둥실 흘러가는 흰 구름을 바라보며 쌀밥이 그리워 서러워했던 그 시절을 아련한 그리움으로 회상한다. 양치할 치약도 칫솔도 없어서 학교 가는 길에 건너는 여울목 돌다리 밑에 고인 고운 모래 한움큼 퍼들고 인지 손가락에 모래를 발라서 입 속 구석구석을 문질렀다. 모래 양치할 때마다 코끝에 살짝 맺히던 골뱅이 비린내가 후각을 스치는 듯한 착각을 지금도 가끔 하곤 한다.

귀국 후 처음 일 년 반 가량을 할아버지의 흙 토담집에서 함께 살았다. 할아버지가 사시던 집을 작은아버지가 노름빚에 날려버려서 할아버지는 친척이 살던 농막을 빌려서 개조하여 사신다고 했다. 뒷간이 굵은 싸리나무로 엮은 사립문 밖에 있었다. 어른들은 밤에 뒷간 가지를 않고 요강을 쓰는데 나는 이 요강이 익숙하지 않아서 뒷간 가기를 고집했었다. 하루는 저녁 먹고 마당 한 가운데에 마르지 않은 삼(麻) 이파리에 불을 지펴 슬슬 피어오르는 연기로 모기를 쫓으며 가족 모두 여름 땀을 식히면서 낮에 낙동강 상류 반변천(半邊川) 개울가에서 주워 온 살찐 골뱅이 (다슬기)를 삶아서 까먹고 있었다. 할아버지가 다급하게 “큰 짐승이 온다.”라고 소리 죽여 말하시고 우리 모두 집 안으로 들어가라 재촉하셨다. 황급히 방으로 숨어들어갔으나 호랑이가 어떻게 생겼는지 궁금하여 견딜 수가 없었다. 어른 몰래 문살무늬 조각 한 칸에 붙여 둔 유리를 통해서 밖을 내다보니 신작로 행길 따라서 배구공만 한 노란 불덩이 두 개가 나란히 포물선을 그리며 마을로 다가오고 있었다. 몸채를 보지도 못하였는데 그 활활 타는 듯한 커다란 불덩이만으로도 겁에 질렸었다.

산신령이 나타난 줄도 모르고 어른 몰래 담배 피우러 골목길에 나간 젊은이가 사라져버리는 일도 가끔 있었다. 어른들은 간밤에 호환(虎患)이 있었다고 마을에 경고를 보낸다. 알고 보니 그 시절 요강은 진실로 안전을 보장해 주는 고마운 생활필수품이었다.

호랑이가 밤마다 마을로 내려오는 것은 아니어서 아련한 그리운 추억도 많다. 서민들은 삼베를 짜서 옷을 지어 입는 자급자족 시절이어서 집집마다 삼(麻) 농사짓고 삼베 짜기에 온 정성을 기울였었다. 삼이 다 자라면 강변에 돌 구들을 만들고 불을 때서 삶고 강물에 담가 식혀서 지게에 지고 집안으로 날라 온다. 이때부터 여인네는 바빠진다. 삼 껍질을 벗기고 가늘게 찢어서 그 머리끝과 꽁지 끝을 3~4센티 정도 갈라서 서로 얽히게 무릎 위에 놓고 비벼 삼는다. 한여름 짧은 농한기에 이 일을 다해놓지 못하면 여러 의미에서 낭패스럽다. 혼자 하면 힘들고 졸려서 이웃끼리 모여 넓은 멍석을 펴놓고 이슬 맞아가며 밤새 베를 삼는다. 동쪽 하늘에 삼태성 오리온 별이 뜰 무렵이면 각기 집으로 돌아간다. 나는 어머니 엉덩이 뒤에 고양이처럼 붙어 잠들기도 하고 가끔 삼 삼는 흉내를 내기도 했었다. 언니들은 얼마나 많이 삼았는지 오른 쪽 무릎이 닳아서 반질반질해 지기도 했었다. 자연 속 밤하늘이 그리워지는 추억이다.

나의 아버지는 선각자(先覺者)셨다고 믿는다. 우리 역사상 다시 있을 수 없는 1946(병술) 흉년의 모진 가난 속에서 나를 학교에 보내주셨다. 집안 어른들이 식구가 밥 굶는 판에 딸아이 중학교 보낸다고 성화를 하셨다. 아버지는 나를 중학교에 진학시키려다 문중 회의에 불려 나가셨다. "내 집안이 번성하려면 며느리가 잘 들어와야 하는 것이라면 내 딸도 잘 가르쳐서 내 보내야 한다."는 아버지의 소신이 마을 참견을 잠재웠다. 아버지는 새집을 지으시려고 선산에서 자란 나무를 베다가 다듬어 둔 석가래 목재를 팔아 중학교 입학금을 마련해 주셨다. 이후 장학금(수업료 면제)이 주어진 것은 행운이었다. 현재를 완벽한 수준으로 다져두지 않으면 다음으로 이어질 발판인 장학금을 잃는다는 사실을 나는 뼛속으로 깨우쳤었다. 무엇보다도 공부하는 것이 즐거웠고 선생님들의 칭찬 듣는 것이 기뻤다. 여름에는 물론 초겨울 무서리가 내린 날도 맨발로 등하교 하였다. 발바닥에 굳은살이 베겨도 고생인 줄 몰랐었다. 온갖 고난 속에서도 여자도 교육 받아야 한다는 아버지의 소신이 어린 나에게 고생을 물리칠 정신적 힘이 되었고 나의 평생을 보장해 주는 의지로 살아났었다. 참으로 고마우신 아버지였다.

아버지가 가족의 생계를 위해 기술을 배워서 〈금은방〉을 차리시면서 우리는 겨우 가난에서 벗어날 수 있었다. 금제품 주문은 어쩌다 있었고 주로 은제품으로 은비녀 은반지 귀잠 나비잠 꽃잠 등 혼수용이었다. 아버지 덕에 가난을 면했었고 아버지의 이 일은 6·25 후 대구로 나와서 정식 직장을 잡을 때까지 이어졌었다. "고맙습니다. 아버지! 존경하고 사랑합니다." 생전에 왜 이 말을 못해 드렸을까. 이제야 가슴속으로 눈물 흘리며 외치듯 말씀 드린다. 아아, 아버지! 아버지! 사랑합니다.

〈딱 한 글자의 恨〉이 있다. 지금도 아쉬워 꿈결에서조차 분해하는 사건이다. 중학교 국어담당 鄭輝滿 선생께서 三一獨立宣言書를 칠판에 가득 쓰시고 나서 누가 읽어 보라 하셨다. 여학생 20명에 남학생 40명으로 60명 중에 아무도 손드는 이가 없었다. 나는 딱 한 글자를 몰라 손들지 못하였다. "선생님, 한 글자를 모르는데 읽어도 되겠습니까?"라고 여쭈어보았다면 흔쾌히 읽을 기회를 주셨을 것이었다. 진실로 아쉽고 억울한 기억은 따로 있었다. 고교 진학을 못하고 실의에 빠져 있을 때 경북대학교 농과대학 부설 양잠교사 양성 과정에 학생 모집한다는 공고가 있었다. 안태석(安泰錫) 영양(英陽) 군수의 추천으로 입학하고 3개월 교육기간이 끝나고 졸업시험이 있었다. 50대로 보이는 農大 李○○ 교수가 칠판에 농업과 경제발전에 관한 글을 가득히 쓰고 나서 읽어보라 했다. 이 때 역시 딱 한 자를 몰라 손들지 못했다. 그런데 그 교수의 뜻밖의 말이 떨어졌다. 이걸 읽지도 못하면서 이미 모든 학과에서 최고 성적을 기록하고 있는 학생은 커닝한 것이 틀림없다고 했다. 나를 두고 하는 말이었다. 나는 억울하다. 내 한문 실력은 일본 초등학교 시절 많이 배웠었기 때문에 스스로 생각해도 또래의 수준을 넘고 있었다. 후일 법학을 전공하면서 〈의심스러운 때는 피고인에게 유리하게 * in dubio pro reo〉를 배우고 나서 그 때 그 李 교수 생각을 다시 하게 되었다. 법대 교수가 된 후에도 이 사건은 내게 반면교사로 남아 학생들을 우선 믿고 격려하기를 먼저 하게 되는 역설적으로 깨우침 같은 경험을 준 사건이었다.

위 언급 양잠학교에 다니게 된 것이 행운의 열쇠가 될 줄은 미처 몰랐었다. 그 당시 경북도청 내 별관에 미국의 〈한국전후복구지원단〉이 상주하고 있었다. 약식명칭은 K-CAC였다. CAC의 경제과장 Mr. Guy E. Mabie는 한국농촌 경제부흥을 위해서 다방면으로 지원하고 있었는데 한국산 Silk의 품질이 우수한데 착안하여 누에치기를 장려하면서 경북대학교 농대 부속 양잠(養蠶)학교를 후원하고 자주 강의하러 왔다. 이 때 Mabie 씨의 통역인이 후일 내무장관을 거쳐 주 일본대사를 역임한 嚴敏永(엄민영) 교수님이었다. 엄민영 선생님과 당시 申鉉敦 경북도지사가 나란히 추천해 주어서 KCAC의 장학금을 받게 되어 나는 경북여자고등학교에 진학할 수 있게 되었다. 이후 메이비 님과 엄 선생님은 나를 친딸처럼 보살펴주셨고, 경북여고 재학 중 대구 생활은 하숙 대신 엄 선생님 댁에 맡겨졌다.

Mr. Guy E. Mabie(1908~1987)
KCAC의 경제과장

아버지 같았던 엄민영 선생님
(1915~1969)과 따님.
왼쪽이 오선주(1935~)

나는 어수룩한 시골뜨기에 지나지 않았지만 입학 두 번째 학기에 우등생이 되었고 다음 학기에는 경북여고 최대 영예인 大望의 특대생(特對生)이 되었다. 위 두 분에 대한 報恩은 공부 잘하는 것이라 여겨 열심히 공부한 결과였다. 경북여고 시절이 내 일생에서 가장 열심히 공부한 것 같다. 고교시절 몸에 익힌 학문이 내 일생의 큰 밑거름이 되었다. 고맙게도 KCAC의 장학금은 대학 진학 후에도 이어졌었다. 나의 석사과정 학비는 겨우 안정을 찾은 부모님이 감당해 주셨다. 미 국무성 공무원 직에서 은퇴 후 미국 메릴랜드에 거주하시는 Mabie 씨를 1974년 여름에 찾아갔었다. 신선처럼 머리가 하얗게 희어 버린 할아버지가 눈에 들어온 순간 달려가서 포옹하고 싶은 생각이 솟았으나 부인의 눈초리가 무서워 벌리려던 팔을 내리고 천천히 다가가서 한국식으로 허리 굽혀 인사하였다. 그렇게 연로하신 분을 위로와 감사와 격려의 표시로 안아드리지 못한 채 돌아온 것이 깊은 후회로 남았다. 날이 갈수록 후회는 커져서 슬픔으로 변해간다. 가끔, "하늘이여!" 하는 외침이 솟는다. 요즘 같았으면 그 분의 볼이 닳도록 뽀뽀해 드렸을 것이다. 그 분의 生年月日이 나의 친 아버지와 같았다. 우연치고는 믿기 힘들고, 우리 인연이 전생부터 이어져 온 것인가 여겨졌다.

아버지가 대구로 나와서 직장에 다니시게 되면서 우리 집안은 경제적으로 정서적으로 안정을 찾았다. 나는 이화여자대학교 법정대학 법률학과에 들어갔다. 아버지는 신학 철학 법학 의학 경제학만이 진정한 학문이고 다른 분야는 예술이거나 기술이라고 보셨다. 고3 여름방학 때 교통사고로 입원한 딸을 넉 달씩이나 간병하신 어머니가 의사 생활이 고달프다고 의대 진학을 반대하셨기 때문에 법학을 택했었다. 법 해석학(法解析學)은 나의 기질에도 맞는 것 같았다. 판사 출신 李英燮 선생님의 민법총론 강의를 즐기면서 그 분을 존경해 마지않았고 검사 출신 李太熙 학장님의 형법강의도 열심히 공부했다. 이영섭 선생님은 그 무렵 고시 합격자를 한 해에 대여섯 명 밖에 뽑지 않는 현실을 감안하셔서 여자는 혼기라는 것도 있어서 고등고시에 무한 도전하기에는 한계가 있으니 외국어 하나를 깊이 공부하라 하셨다. 대학원 졸업 후 대법원 법원행정처의 영어통역관으로 사회 첫 출발할 수 있었던 것은 어려서부터 열심히 영어 공부한 나의 노력과 이영섭 선생님의 先見之明이 있는 조언 덕택이었다.

당시엔 노처녀란 소리 듣는 서른 둘 늦은 나이에 결혼을 하게 되었다. 남편은 강원도 천석꾼으로 이름난 집 둘째 아들이었다. 시어머니는 아들은 금싸라기로 키우신 양 유세가 대단하셨고 서울 법대 나오고 영국

Oxford에 유학한 것을 매우 자랑스럽게 여기고 계셨다. 대지주 안방마님으로 사셔서 기세가 하늘이었다. 며느리가 당시엔 드문 석사 출신이란 사실을 애써 외면하셨다. 내가 결혼해서 아들 딸 각 하나씩 얻은 것이 내 인생 최고 최대의 축복이다. 아들은 단란한 가정을 꾸렸고 며느리는 아이 셋을 낳아 기르는 사이 인간적으로 훌쩍 성숙해졌다. 딸은 The University of Chicago에서 박사학위 받았고, 관련학과 교수가 되어 수준급 논문들을 계속 내어놓으니 자랑스럽다.

아이들 키우는 사이 사건도 많았다. 그 때 그 아찔한 순간이 떠오를 때면 지금도 숨이 멈춰버릴 것 같다. 70년대 초에는 서울 시내버스 거의가 남대문시장 앞에서 섰다. 언제나 버스로 연결된 기차 정거장 같은 곳이었다. 시장이나 백화점에 가는 이들은 여기서 줄줄이 내렸다. 다섯 살 된 아들을 먼저 내려주고 내가 내리려는데 버스가 문을 열어 둔 채로 슬슬 가더니 아예 달리기 시작한다. 나는 기사를 향해 차 세우라고 소리소리 질렀으나 소용이 없었다. 아기가 혼자 저기 있다고 발악을 쳐도 버스는 달려갔다. 보다 못한 승객들이 가세해서 정지하라 소리치니 기사가 마지못해 차를 세웠다. 나는 미친듯 뛰면서 아이를 찾았다. 얼마나 달렸는지 사람들이 빙 둘러선 곳을 보니 내 아이가 하늘을 치받듯 길길이 뛰면서 울고 있었다. 아이를 안기는 커녕 그 자리에 털썩 주저앉아 겨우 "진우야~" 소리쳤지만 내 쉰 목소리는 온갖 소음에 뒤섞여 묻혀버렸다. 짐승처럼 기어가서 간신히 아이 손을 잡을 수 있었다. 그렇게 무모한 버스 운전기사 때문에 부모 잃고 고아가 된 사례가 신문에 많이 보도되던 시절이었다. 四柱 八字에 우리 모자 이별 수가 없었던 듯하다. 이 짧은 그러나 긴박하고 아찔한 이별 후의 만남보다 더 감사한 일이 또 있을 수 없다. 아들을 새로 얻었다 해도 그렇게 감격 같은 기쁨은 없었을 것이다.

결혼 후 7년을 시집살이하다가 再起를 위하여 노력하였다. 이화여대 사회학과 李效再 선생님의 추천으로 자원봉사 단체인 한국여성유권자연맹 회원이 되었다. 다음 해, 1974년 봄, 미국 국무부와 미국여성유권자연맹 해외교육재단의 공동초청으로 3개월간의 아세아여성지도자육성 세미나에 참가하게 되었다. 아세아 5개국에서 7명이 선발되어 참가했었다. 풀뿌리(Grass roots) 민주주의 사상은 新鮮하게 다가왔다. 이 교육에 참가한 빚(도의적)을 갚는 심정으로 나는 우리 유권자연맹 일이라면 밤낮 가리지 않고 열심히 봉사하였다. 가치관의 차이와 오해 등으로 인간관계가 어려운 일도 있었지만 사회성을 배운 매우 값진 활동의 경험이었다.

비록 NGO(Non Government Organization) 활동이 사회적 기여가 크다고는 해도 내 마음 한구석이 늘 허전하였다. 가족법학자 배경숙 교수가 덕성여대의 강좌를 물려주어서 열심히 강의하였다. 1975년 이후 덕성여자대학 교양학부의 〈女性과 法律〉 강의를 계속하고 있었다. 마땅한 후임을 찾을 때까지 강의를 계속해 달라는 대학 측 요청을 의리상 거절할 수 없어 청주대학교 전임 발령 이후에도 강의를 계속했던 기록(옆 월급 봉투 사진)이 발견되었다. 1982년 8월부터 9월 사이 한 달 강사료

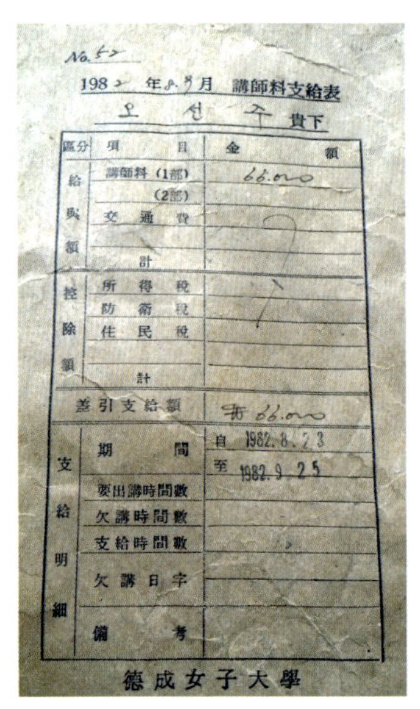

No. 52

198 2 年 8. 9月 講師料支給表

오 선 주 貴下

區分	項目	金額
給與額	講師料 (1部)	66.000
	(2部)	
	交通費	
	計	
控除額	所得稅	
	防衛稅	
	住民稅	
	計	
差引支給額		66.000
支給明細	期間	自 1982. 8. 23 至 1982. 9. 25
	要出講時間數	
	欠講時間數	
	支給時間數	
	欠講日字	
	備考	

德成女子大學

₩66,000 지급 명세서 봉투이다. 감회가 새롭다. 위 강좌 강의는 1966년 결혼과 더불어 대법원 법원행정처의 영어통역사 직을 사임한 이래 7년 만에 공부가 재개된 셈이었다. 덕성여대 강의 경력이 청주대학교 전임 발령의 발판이 되었을 뿐만 아니라 법률 전반을 아우르는 여성과 법률이란 강의를 7년 가까이 한 것이 내 개인의 자질과 Legal Mind를 단단하게 다져 준 경험이었다. 또한 나의 새로운 삶이 열리는 架橋가 되어 준 고마운 이력이다.

1980년, 청주대학교 교원 초빙에 원서를 낼 때 당시 대법원장이셨던 李英燮 은사님과 모교 법대 학장이시고 형법 담당이셨던 李建鎬 교수님이 추천서를 써 주셨다. 人的 보증서이다. 청주대학교 총장서리로 계시던 金振穆 교수님이 이를 수용해 주셨다. 〈해직 교수〉 마누라라고 채용 반대 의견도 있었으나 김진목 총장께서 "현직 대법원장이 보증하는데 무슨 명분이 따로 필요하냐!"며 임용을 가결시켜 주셨다. 남편 탁희준 교수가 몇 년 전에 김 총장 박사학위 논문 지도 교수였는데 김 총장은 이 때의 은혜를 생각하고 의리를 다한 것이었다. 첫해는 잠을 거의 못 자고 죽기 살기로 공부하며 강의 준비에 몰두하였다. 형법의 그 역사적 철학적 이론적 배경을 이해하고 터득하는데 꽤 오랜 시간이 걸렸다. 첫 강의에 나갈 때 은사 金鍾源 교수님께서 나를 "종로서적"으로 데려가셔서 일본 吉川經夫(기쯔가와 쯔네오) 교수의『刑法總論』한 권을 사주시면서 강의 준비하라 격려해 주셨다. 1982년, 성균관대학 재직 중이시던 김종원 선생님은 박사학위 과정에 등록하라 하시고 스스로 지도교수가 되어주셨다. 김종원 교수님은 하늘이 내려주신 나의 평생 은인이시다.

내가 청주대학교로 첫 출근하는 1981년 3월, 어머니는 노환으로 매우 쇠약해 계셨다. 기억력마저 희미하신 데도 나를 오라 손짓하시고는 치마 속 호주머니에서 돈 〈6만원〉을 꺼내주셨다. 당시 남편이 하루아침에 역사에 남은 〈해직 교수〉로 직장에서 쫓겨났고 어머니는 그 충격 때문에 마치 치매환자처럼 정신적 혼란에 빠지셔서 정신이 오락가락 하시면서도 내게 차비가 없을 것을 염려하신 것이었다. 어머니를 병들게 한 그 해직사건을 잊을 수 없고, 병든 어머니로부터 차비를 받아들고 집을 나선 일이 지금은 가슴을 저미는 슬픈 恨으로 남아있다.

청주에 가보니 나는 청주대학교 법학과의 첫 여성 교수였다. 내가 한국 나이로 마흔 여섯이었는데 동안(童顔)이라 나이보다 더 어리게 보인다고들 했다. 학생들 특히 군 제대 후 복학생들은 모두 늙은 영감처럼 느껴졌었다. 강의 준비하느라 화장은 커녕 세수조차 변변히 못하고 다녔는데도 나를 호기심으로 바라보는 학생이 많았다. 학생들을 의식해서 의복이며 구두 등 조신한 차림새로 다녔는데도 가끔씩 날아오는 연서(戀書 —Love Letter)에 정신이 번쩍 나서 강의 외에는 학생들과의 대화조차 삼가 하였었다. 내가 나이 들고 학생들과의 나이 격차가 벌어지면서 이런 민망함은 자연스레 사라졌다.

헌법에 "姓別에 의하여 차별 받지 아니한다."고 兩姓간 평등이 보장된 지가 30 몇 년이 지나고 있었음에도 남자 교수들, 명색이 법학 한다는 분들의 여자 차별 분위기가 법대 안에 노골적으로 깔려 있었다. 이 분위기를 극복하려 무진 노력하였다. 학생들의 신뢰가 높아지면서 내 입장이 호전될 무렵 나는 청주대 역사 50년만의 첫 여성 학장이 되었다. 이 때 교내 교수님들 사이에서는 축하 일색인데 정작 법대 내에서는 상식적으로 이해하기 어려운 반발을 하는 P와 U, 두 교수가 계셨다. 나는 그분들의 극단적인 견제를 참아내면서 업무 수행에 정성을 다하였다.

교수 생활 중에 또다른 유익한 일들도 있었다. 李元鐘 충북지사는 각종 위원회 위원으로 나를 위촉해 주었다. 행정심판위원회, 충북지방노동위원회 심판담당 공익위원, 충북분쟁조정위원회 위원장 등등의 회의에 참여할 때는 청주 사회에 기여하는 보람이 컸고 충북지역 名士들과의 친분도 쌓게 되었다. 李지사님과는 지금도 그 시절의 신뢰와 우정을 유지하고 있다.

나의 정년을 몇 달 앞두고 남편 탁희준 교수가 타계했다. 서울 법대 대학원시절 유진오(兪鎭午) 선생께서 부르주아 출신이 아니면 사상적으로 의심 받아 해낼 수 없으니 大地主 아들 卓 군이 맡아 하라 하신 것이 시초가 되어 그는 평생을 두고 노동·사회정책을 연구테마로 삼게 되었다. 卓 교수는 朴正熙 대통령의 국가재건최고회의 위원으로 위촉되었었다. 학문의 성격상 그는 어느 정권에서도 눈엣가시 같은 존재가 되어 평생 핍박을 받으며 살아야 했다.(『불행한 시대의 不幸한 知識人』 붕어빵 하나의 행복. 책나라. 2017년. P.P. 159~223 참조). 그런 가운데서도 남편의 정권에 대한 평가에는 사심(私心)이 없었다. 그는 朴正熙 대통령은 학자들 앞에 겸허한 사람이었다고 회고하고 있었다. 분야별 전문가를 불러서 회의를 할 때 박 대통령은 자기는 군인이라서 아는 것이 없으니 잘 가르쳐 달라는 말로 회의를 시작하고 보통 5~6시간이 걸리는 회의에서도 자리를 뜨는 일 없이 참모들과 함께 경청하고 메모하고 회의가 끝나면 의문사항은 再確認하였다 한다. 사회적 민감한 노동문제를 다루다 보니 본의 아니게 박 대통령과 날카로운 對立角을 세우게 되었지만 탁 교수는 이를 원망하지 않고 박정희 대통령의 나라 발전 기반 다지기 노력을 높이 평가하고 있었다.

내가 사회적으로 배신감을 감출 수 없는 아픈 기억을 여기에 밝히려 한다. 더러 매스컴에서 "이제는 말할 수 있다"는 제하에 진행되는 프로가 있는데 내가 딱 〈이젠 말하고 싶은 것〉이 있다. 남편은 해직 교수에서 복직한 후 4년여 만에 정년퇴임하고 이후 〈한국노사관계임의중재협의회〉를 설립해서 열성을 다하였다. 보통 한 달 길게는 몇 달을 걸려서 노사간 분쟁을 조절하였다. 분쟁의 원인을 파악하기 위해서 회사 설립 초기의 임금, 노동시간, 단체협약 등을 조사하다 보면 시간과 노력이 많이 걸린다. 최선의 노력으로 양 당사자들을 설득하고 합의를 도출하고 조정합의서를 작성해 놓고 다음 날 양 당사자를 사무실로 조인(調印)하라 부르면 양 당사자는 언제 분쟁이 있었느냐는 듯 〈우리끼리 잘 해결하였다〉고 대답하였다. 요즘 말로 오리발 내미는 격이었다. 물론 조정 비용 줄 생각은 아예 하지 않고 있었다. 일을 착수할 때의 계약서 같은 것은 휴지인 양 무시하기 예사였다. 이런 경우가 너무 많았고 이런 소문이 퍼져서 너도 나도 공짜로 해결하려는 분위기로 이어져서 협의회 운영 측면에는 치명적이었다. 분쟁 많은 인천 지역의 소규모 사업체와 노조가 특히 비양심적이었다. 남편은 직원들 월급을 지불할 수 없어서 나의 지원을 요청하다가 마누라가 비축해 둔 저축이 바닥나자 마침내 두 손 들 수밖에 없었다. 지금도 매우 아프다.

내가 무사히 정념퇴임을 맞이하게 된 것은 참으로 감사한 일이다. 權泰鎬 검사장을 비롯한 나의 박사 제자 여덟 명이 나의 정년 퇴임식을 준비하면서 퇴임 기념 논문집 발간도 기획하였다. 성균관대학교 석학 鄭盛根 교수님께서 몸소 발간 위원회 회장을 맡으시면서 珠玉 같은 논문

51편이 모여 학계에 공헌할 논문집이 발간되었다.

정년퇴임식은 모두 애써주신 덕택으로 성대히 진행되었다. 뜻밖으로 역대 형사법학회 회장들 중 두 분만 못 오시고 은사 金鍾源 선생님을 비롯하여 모든 분들께서 멀리 청주까지 왕림해주셨다. 이보다 더 감격스럽고 영광스런 일이 평생에 다시없을 것이다. 23년을 봉직한 교단에서 물러나와 앞일을 생각하고 있을 즈음 한국항공대학교 법학과에서 형사법담당 겸임교수 발령을 받았다. 퇴임하는 나를 위하여 민법 金選二 교수가 자리를 마련해 둔 것이다. 그의 배려에 감동했었다. 이화여대 민법 崔錦淑 교수는 대학원 학생들을 위한 원서강독을 設講해서 나를 강사로 초빙해 주었다. 의뢰 받은 教材는 일본 東京대학 大村 敦志(오오무라 아쯔시)의 〈民法總論〉이었다. 이 강의를 8년간 되풀이 하면서 나는 大村 교수의 해박한 민법이론에 심취했었다. 또 여성개발원에서는 국제교류 원활화를 위하여 간부급 직원들에게 외국어 교육을 실시하였는데 나에게 일본어 회화 강좌를 배당해주었다. 대학 교수직 수행 때보다 더 바빠져서 세월이 많이 흘러가는데도 늙는 줄도 모르고 일을 즐겼었다. 참으로 복된 노후 인생이다.

청주 법대에 언제부턴가 81학번 崔秉錄 군을 중심으로 〈오선주를 사랑하는 모임(오사모)〉가 구성되고 오사모 회원들은 지금까지 나를 女王처럼 받들어주고 있다. 해마다 스승의 날에 잔치를 열어주다가 2014년에는 81·84 학번 졸업생들이 주축이 되고 여덟 명의 박사 모임인 〈刑友會〉가 맞들고 청주 법대 여학생회장 출신들이 자진 참여하여 나의 팔순 잔치를 화려하게 열어주어 나를 감동케 했다. 清州大 역사에 前無 한 일(현재까지도 後無)이라 한다. 내가 청주대에 취임하기도 전에 법대를 졸업한 吳顯鎭 명예교수는 내가 120세 될 때까지 매년 나의 생일잔치 비용을 부담하겠다고 公言하였다. 그 자리에 있던 애교쟁이 장정숙 사장이 냉큼 이를 녹음, 녹화하여 일동이 박장대소하였다. 吳 회장은 財福이 크신데다 마음 씀새도 넉넉하셔서 이 일은 꿈이 아니었다. 이 후 오사모 회원들이 해마다 나의 생일잔치를 열어주는 때 그 만찬 비용을 약속대로 오현진 회장님이 감당하고 계시다. 정말 고마운 일이다.

나의 인생 제2막은 감화 감동의 날들이었다. 허공장(虛空藏) 석지명(釋之鳴) 큰스님과의 만남 이후의 일이다. 비록 하숙생 같았을지라도 33년을 함께 한 남편의 명복을 빌러 속리산 法住寺에 갔을 때 巨軀이신 스님의 등 뒤로 돌아가서 울고 싶은 감정이 솟았었고, 예불 올릴 때 불경을 奉頌하시는 모습에 敬畏心이 일었다. 스님은 1960년대 초에 드물게 미국 템플대학에서 종교학 Ph.D를 받으신 學者 高僧이시다. 스님은 제망찰해(帝網刹海)를 깨닫기 위해 일엽편주로 북태평양 횡단 항해를 하셨다. 조선일보 명칼럼니스트 李圭泰 선생은 이를 "신라 불교사상의 재현" 이라 극찬해 마지않았다. 스님 하명으로 열반도(涅槃圖)를 그리고 진천 영수사에 모셔진 보물 제1551호 靈山會괘불탱을 模寫해 낸 것은 佛恩이었다. 필사해 두었던 금강반야바라밀경을 안면암 地藏大願7層大塔 상륜부에 복장하게 되어 기쁘고, 光明眞言 등을 필사하면서 스님의 無量光壽를 빌었다.

석지명 큰스님께서 어느 날 남자 제자 하나 데리고 오라시며 나를 안면암으로 초대해 주셔서 나는 갓 졸업한 조일희 군을 데리고 갔다. 큰스님께서는 안면암 앞 밤바다에 배를 띄워주셨다. 천수만 潮流가 멈춘 곳 보름달이 휘영청 밝은데 금빛 파도가 잔잔히 빤짝이는 황홀경을 보면서 난생 처음으로 아름다운 낭만을 누렸다. 피아노 소리로만 상상했던 그 金波 銀波가 눈앞에 춤추고 있었다. 영혼마저 취한 듯 금빛 파도를 보면서 새벽을 맞이했다. 지명 스님께서 남겨주신 이 추억은 아스라이 꿈결 속에서도 여울져 흐른다. 저 바다에 저 파도가 빤짝이는 限 잊을 수 없을 것이다.

지난날들을 정리할 시점에 이르렀다 여겨 써놓고 보니 이 글이 나의 미니 自敍傳이 되었다. 살아 온 길은 숨을 몰아쉬며 허덕인 오르막길도 있었고 정신없이 직진하며 달려왔다고 생각해도 돌아보니 속리산 말팃재 고개처럼 구비구비 휘어져 있기도 하다. 놀랍게도 젊은 날에 겪은 좌절감이나 원망스런 것들이 거의 잊히고 있다. 나이듦에 따라 성숙해진 德일까. 불교에 귀의한 후 부처님의 智慧와 慈悲를 깨달아가기 때문일까. 相互 고르게 작용하고 있을 것 같다.

내 인생 한 삶이 비록 미미하였지만 나의 작은 노력들이 우리 사회를 받치고 있는 단단한 벽돌 한 개가 되었기를 소망한다. 나는 오늘의 대한민국을 만들어낸 세대로서의 긍지를 갖고 노년을 맞이하니 비록 치병장수(治病長壽) 중이지만 내 삶이 행복하다.

한강 변 〈하늘 공원〉 언덕 위에 서서 바라보는 서쪽 하늘의 저녁노을이 곱다.

뜻이 있는 곳에 길이 있다.

5부

단편소설

비정(非情)의 계절

칠석이 가까워 올 즈음이면 농가도 한숨 돌리는 계절이다. 해질녘에 앞산을 감싸 돌며 내려오는 강가에 나가 골뱅이를 주워온다. 잘 씻은 골뱅이를 가마솥에 푸욱 삶아서 은하수에 별똥별이 흐르는 이슥한 시간에 가족들이 앞마당에 모여 앉아 도란도란 지껄이며 까먹는다. 마을의 유일한 他姓 宋씨네 며느리 달천댁이 하지(夏至) 지나 캔 감자 삶았다며 소쿠리에 가득 담아와서 함께 먹었다.

달천댁 시아버지, 고집불통이라 소문난 宋씨 영감은 우리 문중 門客이었는데 처가살이 왔다가 상처하고 吳씨 집성촌 우리 마을에 눌러앉아 살고 있다. 달천댁은 딸 넷 낳은 딸 부자였으나 아들 못 낳는다는 단 한 가지 이유로 시아버지로부터 받는 구박이 이만 저만이 아니었다.

어느 무더운 여름날 해질녘 우리가 마당에 깔아놓은 멍석에 뒹굴며 저녁 밥상을 기다리고 있었는데 한 무리의 한센(hansen)인들이 "밥 좀 주이소"라고 합창하듯 하며 열린 대문 앞에 섰다. "으와! 뭉디이가 왔다아~." 소리치면서 사촌 아이들은 기겁을 하고 잽싸게 방으로 달려가서 숨었다. 나도 놀라서 뛰어가려는데 다리가 움직여 주지 않았다. 선

채로 '아~앙' 울음을 터뜨리고 말았다.

그 무리들은 원래 흰 천이었을 옷이 회색이 되도록 빨래 한번 한 적이 없어 보이는 낡고 헤진 옷들을 걸치고 있었다.

어른들은 기회마다

"뭉딄이는 얼라들 잡아다가 간지려서 아이가 웃다가 숨이 넘어가면 간(肝)을 빼 먹는다."

"절대로 문딕이 따라가면 안된다."고 가르치고 있었다.

문둥병은 어린이의 신선한 간을 먹어야 낳기 때문이라는 설명까지 듣고 나면 한센인들은 더 없이 무서운 존재가 아닐 수 없었다. 그들은 사람들의 발길이 닿지 않는 깊은 산 솟을바위 건넌골에 집단 거주지인 움막촌을 이루고 있었다.

비극이 시작되었다. 흉년 탓이었다. 송영감댁 머슴이 지난해 새경(私耕) 못 받은 데 앙심 품고 주인 집 셋째 손녀 필녀(畢女)를 한센인 마을 대장에게 팔아넘기고 도망가 버렸다. 필녀는 영문도 모른 채 느닷없이 커다란 마대자루에 담겨졌다. 어린 필녀는 발버둥 치다 제풀에 지쳐 숨죽이고 있었다. 필녀가 누군가의 도움으로 풀려 나와 보니 코끝이 문드러지고 손가락도 두 개 밖에 없는 남자가 빙그레 웃고 있었다.

"닌도 나이 들었시이 알건 다 알제?"라며 그 남자가 말을 계속 했다. 필녀는 겨우 열세 살 나와 동갑내기 친구였다. 그 남자는 얄궂은 웃음을 띠며

"나아이 여기 대장이고 남정네만 열일곱이나 있시이 누구 한나라도 장개를 가야할거 아이가. 니를 보고 서로 탐내고 있다 카이."

"그래도 우웨겠노. 볍대로 해야제."라면서 말을 이어갔다.

그 집단의 불문율은 각자 밥 빌어먹는 바가지를 깨끗이 씻어서 개울가에 놓아두고 여자가 골라 집어 든 바가지 임자가 바로 서방이 되는 것이 라고 설명했다.

덧붙여서

"절대로 도망칠 궁릴랑 하지 마래이. 도망가다 잡히는 날에는 니 간을 내서 우리끼리 농궈 먹을끼다."라고 협박까지 했다.

다음 날 아침, 바가지 고르기가 시작되었다. 손발이 덜덜 떨리고 눈물 콧물이 흐르는데 대장의 재촉에 시달려 바가지 하나를 가리켰다. 얼굴이 썩어서 밀가루 바른 것처럼 하얗게 분이 핀 늙은이가 달려와서 필녀를 꽉 껴안았다. 잔치 차린다고 그들이 법석을 떠는 틈을 타서 영리한 필녀는 죽을힘을 다해 도망쳐 나왔다. 간신히 빠져나와 젖먹던 힘을 다해 집에 도착했는데 식구들은 대문을 굳게 잠그고 필녀를 내쳤다. 송 영감의 지시였다. 이미 문디이가 되어왔다며 집안에 들여놓지 못하게 한 것이다. 울며불며 이 사람 저 사람 붙잡고 호소하던 필녀는 며칠 후 망가진 시체가 되어 거적때기에 쌓인 채 宋씨네 집 앞 골목길에 버려져 있었다.

달천댁은 땅을 치며 통곡했다. 가엾은 딸의 주검을 강가 아카시아 숲속에 묻고 돌더미를 쌓았다. 달천댁은 그 길로 잎담배 말리는 토담 집 이층에 올라가 목을 메었다. 필녀의 연년생 언니 분희(粉姬)는 이 꼴을 보고 머리카락 수집상에게 머리를 잘라 팔고 그 돈을 노잣돈 삼아 다시는 돌아오지 않겠다며 도시로 떠나가 버렸다.

이후 아무도 그 집과 내왕을 하지 않게 되었고 마을에도 찬바람이 불었다. 이웃이 하나 둘 떠나가서 마을이 썰렁해지고 있을 무렵 정부에서 나병환자들을 집중 치료하는 요양원으로 데려간다 했다. 그들이 가는 곳이 소록도라고 했다.

나는 고교에 진학하기 위해서 고향을 떠난 이후 40년 가까이 고향을 찾지 않았다. 가족 모두 함께 도시로 이사했기 때문에 구태여 고향 갈 일도 없었다. 나는 법학을 전공해서 교수가 되었다. 어느 해였는지 유명 인사의 강연회에 초대 받아 참석했다. 강연이 끝난 후 강사로 초빙된 닥터 J의 환영 파티가 열렸다. 나는 집안 어른들의 엄격한 교육으로 여자는 술 마시면 안 되는 줄 알고 자랐지만 와인 잔을 멋으로 들고 다니며 사람들과 어울려 이야기를 나누는 중이었다. 낯선 한 여자가 나를 유심히 눈여겨보는 것이 느껴졌다. 시선이 마주치자 그녀는 조용히 다가와서 고향이 어디냐고 물었다. 선뜻 대답할 마음이 없어서 “그건 왜요?” 라고 다소 퉁명스럽게 반문했다. “실례가 되었다면 용서하세요. 선생님 말씨가 우리 고향 말과 닮아서요.”라며 돌아서는 그녀를 나는 놓칠새라 황급히 불러세웠다. 그녀를 어디선가 언젠가 본듯 아른거리던 기억이 번개처럼 뇌리에 살아났기 때문이었다. “혹시, 달천댁을 아세요?” 내 직감이 맞았다. 그녀는 화들짝 놀라 술잔을 놓칠 것처럼 비틀거리더니 이내 정신 차리고 나를 응시했다. 그녀가 필녀의 작은 언니라는 것을 확신 할 수 있었다. 그녀가 명함을 주며 다시 만나기를 청했다. 명함에는 Bunhee P. Song, MD 라고 적혀 있었다. 가운데 “P”는 필녀를 기억하려 쓰는 이니셜이 아니었을까?

조선호텔 〈Dolls House〉에서 조용히 커피 향을 즐기며 닥터 송을 기다렸다. 그녀는 아래 위 검은 비단 옷으로 단정하게 차려 입고 내려 왔다. 야무진 입매와는 달리 눈에는 깊은 우수(憂愁)가 서려 있었다. 이미 서로의 정체를 인식하고 있었음에도 둘은 새로 정식으로 인사를 나누었다. 분희는 긴긴 인생 여정을 풀어내듯 이야기하기 시작했다. 가발 공장에 취직시켜 준다던 머리카락 도매상 경리 직원이 분희를 용산 뒷골목 양 색시집 포주에게 팔아 넘겼다. 분희의 가능성을 알아본 주한 미군 중령이 그녀를 양딸로 삼아 미국으로 데려가서 학교로 보냈다. 그녀는 이를 악물다시피 하며 열심히 공부해서 의과 대학에 진학하였다. 세균학을 전공하고 교수가 되어 "풍토병 연구 프로젝트" 자료 수집을 위해 잠시 서울에 머무는 중이라고 했다.

우리 말이 막히면 영어로 설명해가며 지껄였으나 차분하게 말을 이어가던 그녀는 갑자기 훌쩍거리기 시작했다. 아버지만 일찍 돌아가시지 않았다면 할아버지가 그렇게 고집불통이 되지는 않았을 것이 라며 가난을 원망했다. "달천 양반"은 사람들이 영양실조에 빠진 흉년에 불어 닥친 콜레라 유행에 희생되었다.

"아들 못 낳은 채 먼저 가니 미안하오. 아버지를 부탁하네."가 아내에게 남긴 아버지의 유언이었단다.

분희는 부모 山所를 찾을 길 없다고 어깨를 들썩이며 소리 죽여 울었다.

송 박사와 함께 고향 가는 시외버스를 탔다. 고향산천은 여전히 아름다웠다. 본 마을보다 약간 동쪽으로 나 있던 우리 고향 구감천 작은 마을은 허리 키에도 못 미칠 만큼 주저앉아버린 흙돌담과 집터 주춧돌들만 남은 채 잎이 시든 마늘쫑이 솟은 밭이거나 감자 꽃이 핀 들로 변해 있었다.

나는 필녀를 묻었다는 소리를 듣고 가 보았던 내 기억을 더듬으며 분희를 언덕 아래 아카시아 숲으로 안내했다. 오랜 세월 탓인지 장마 때

홍수로 쓸려간 탓인지 반이나 허물어져 납작해진 돌무덤 사이로 빨간 찔레꽃이 흐드러지게 피어 있었다.

恨 많은 필녀의 원혼(冤魂)이 마디마다 가시로 돋아나 저렇게 핏빛으로 환생(還生)하였나 보다.

—2015년 제1회 경북일보 문학대전 入賞 作

* 내 고향 경북 영양 감천 마을에서 내 어릴 적 보고 듣고 느꼈던 그대로를 적은 100% 實話.

논 서마지기와 바뀌진 일생

청량리에서 중앙선을 타고 남행하며 먼 산을 바라보다가 강을 건너고 태백산맥 "따베굴" 도 빠져 나왔다. 들판에 잘 익은 벼들의 누런 물결이 치는가 하면 철길 옆 과수원에 탐스럽게 익은 사과들이 손에 잡힐 듯 스쳐 지나간다. 안동 역에서 기차를 내린다. 벌써 목적지에 다 온 것 같지만 다시 한 번 버스를 타야 고향이다.

악명 높은 임동 가랫 재를 넘으며 긴장한다. 지금은 도로가 확장되고 경사도도 낮아졌지만 한 때 가랫 재는 공포의 고갯길이었다. 6·25 동란 직전에 공비토벌을 위해 그들의 은신처를 없애야 한다는 명분이면 안 되는 것이 없는 시절이 있었다. 군부와 결탁한 목재상들이 울창한 나무들을 베어내고 벌목한 나무를 가득 싣고 이 재를 넘는 수많은 트럭들이 이 고갯길에서 굴러 떨어져 운전자가 목숨을 잃었다. 구불구불 오르내리기 아홉 고개를 넘고 나면 안도의 한숨이 나온다. 마지막 고개를 내려오면 바로 청송군 진보 읍 장터에 이른다.

여기서 부모님 산소에 간략하게 예를 올릴 주과포(酒果脯)를 산다. 서둘러 기착시간이 끝나가는 버스에 다시 오른다. 비교적 논밭이 많은 고을을 지나가다 왼쪽을 바라보면 연당 鄭씨 마을 입구에 남이(南怡) 장군이 악당 '아롱이 자룡이'를 물리쳤다는 전설이 전해오는 탑 두 개가 하늘 높이 솟아 있다. 굽이치는 강물 따라 버스는 달리는데 깎아지른듯 바위 병풍을 친듯 높은 벼랑에서 폭포수가 떨어지고 있다. 한여름 삼복지간에 아낙네들이 점심거리를 싸들고 하얀 무명 치마를 입고 그 폭포수로 물 맞으러 가는 풍습이 있었다. 집안일에 묻혀 지내는 여인네의 피로감 해소의 절호의 기회였겠으나 가끔은 폭포 아래 사는 뱀들이 사람에 놀라 도망치는 꼴을 보고 까무러치는 여인네도 있었다.

그 〈직소(直沼) 폭포〉에서 영양 읍네 쪽으로 5분쯤 더 달리면 아담한 한 마을에 이른다. 마을 한가운데는 잘 가꿔진 푸른 잔디에 둘러싸인 입향조(入鄉祖)의 山所 십여 기가 있고 이를 중심에 두고 약 200m 둘레에 밖으로 기와지붕이 이마를 맞댄 오(吳)씨 집성촌(集姓村)이 있다.

마을 입구로 들어서니 병술(1946)년 보릿고개에 온 마을이 배곯고 있을 때의 곗골 아지매(桂洞宅)네 이야기가 떠오른다.

"아부지요오! 저녁 잡수이소오."

행낭 채에서 새끼 꼬는 아버지를 향해 어린 아들이 소리친다.

"씩콰라." 으레 죽을 끓였을 것이라 짐작한 곗골 어른이 죽을 식히라고 맞받아 소리쳤다.

"웬걸요. 밥 했니더." 아들은 의기양양하게 말한다.

"얼레도!" 곗골 어른은 밥이란 소리에 기분이 좋아졌다.

"영메리도 지졌어요." 모처럼의 생선 반찬이 자기 공인 양 아들은 자랑스럽게 외친다.

"이이~ 후후우~!" 곗골 어른은 괴성을 지르며 얼른 일손을 놓고 안채로 향한다. 담 너머 골목을 지나가던 짓궂은 이웃이 이 광경을 보고 단박에 소문을 퍼트려 한동안 마을에서는 이 이야기가 웃음거리로 입에 오르내렸었다. 나는 영화 한 토막 광경 같은 이 가슴 저미는 배고픈 역사 이야기를 잊을 수가 없다.

온 동네가 겨우 하루 한 끼 죽으로나마 행복해 하며 연명하는 가운데 마을 몇 집만이 하루 세끼 아궁이에 불을 때는 집이 있었다. 그 중 하나가 "걸음뫁"에 있는 고래 등 같은 큰 기와집에 사는 지산댁(芝山宅) 오경식(吳慶植)씨네 집이다. 집을 둘러싼 돌담에도 기와가 얹혀 있어서 측간에만 기와 이으면 이 고을 제일 부자로 보일 것이라고 소문난 집이다.

대문 왼쪽에 머슴들이 사는 토담방 두 칸이 나란히 있고 오른쪽에는 마구간과 측간이 있다. 넓은 앞마당을 지나면 중문이 있고 그 중문 오른쪽 사랑채에는 지산 어른이, 그 왼쪽에는 맏아들 정현(政鉉)이를 비롯한 아이들 공부방이 있다. 중문을 열고 들어서면 넓은 마당 한가운데 깊은 우물이 있다. 여름에는 물이 차고 겨울에는 물이 따뜻해서 강물을 길어다 먹는 집들의 입장에서는 부럽기 그지없는 시설이었다. "ㅁ"자로 지어진 이 집 제일 큰 안채 안방에는 지산 아지매가 위세 좋게 살고 있었다. 대청마루 건너 큰 방에는 갓 결혼한 장남 정현 내외가 거처하고 있다. 안채 측간이 있는 뒤뜰과 통하는 사잇문 옆에는 지붕만 뻗어 나오고 추녀가 없는 작은 방이 있었는데 이곳은 정실부인이지만 네 번째로 시집오신 분이라 대우도 못 받는 가엾은 금천(錦川) 할매의 거처였다.

지산 어른 선친이 아들 경식이를 낳고 상처(喪妻)하여 재혼하였는데 어쩐 일인지 불행하게도 또 상처하였다. 아들 하나만으로는 불안했던 경식이 아버지는 또 새 장가를 간다. 아무리 부잣집이라 해도 자꾸만 상처하는 사람에게 딸을 주겠다는 사람이 없었다. 가세가 기울고 살기 힘들지만 양반 족보 하나로 겨우겨우 버티는 선비집 딸을 얻어와 아들 둘 딸 하나를 더 낳았다. 소원을 이룬 선대 어른이 연로하여 세상을 떠나고 보니 경식이에게는 이 새로운 금천 할매네 네 식구가 군더더기 식구로 여겨졌다. 문중 체면 때문에 할 수 없이 밥이나 먹인다는 식의 경식이네 천덕꾸러기로 전락한 금천 할매네 네 식구는 그렇게 이 작은 방에서 불편을 견디며 지내고 있었다. 금천 할매 딸은 일찌감치 면사무소 서기에게 시집보내져서 잘 살고 있고 아들 을돌이와 병돌이는 집안 농사일을 거들며 지내고 있었다.

큰 제사가 드는 날에는 지손(支孫)들이 모두 모여 일손 보태는 것이 吳씨 집성촌의 법도였다. 지산댁에서 고조 할배 제사 모시는 날에는 우리도 가야 했다. 겨우 열 한 살이었던 나는 두 언니에게 묻혀가서 일은 대충하고 집안을 이리저리 구경하고 다녔다. 지산 아지매는 키가 크고 체격도 우람하여 급히 걸어가면 치맛자락에 바람이 일어 무섭게 느껴지기도 했다. 게다가 허리춤에 찬 절겅 거리는 열쇠꾸러미가 마치 훈장인 양 보는 이들의 기를 죽이고도 남았다. 지산댁은 제사 음식이 마련되는 대로 고방 열쇠로 문을 열고 갖다 감춘다. 나는 어린 마음에 저 전 하나 따끈할 때 먹어보는 것을 소원했었다.

제사는 亥時에 들어 올린다. 모든 준비를 마친 아낙네들은 일단 초저녁에 쪽잠을 청하는 중이었다. 이때 난데없이 안채 대청마루 건너 큰방에서 다급한 통곡 소리가 터져 나왔다. 시집와서 두 달도 채 안된 지산댁 큰 며느리가 대청마루로 구르다시피 뛰어나와 "아이고오~ 이 일을 우엣꼬오. 아이고 아이고" 울부짖는다. 정현이가 죽었단다. 집안이 발칵 뒤집어진 건 물론이다. 마을 잔칫집에 가서 술 마시고 놀다가 기분 좋게 들어온 정현이가 아니었던가. 사람들이 까무러친 지산댁을 안고 들어가 얼굴에 물을 뿌리고 삼릉침으로 십선(十善)을 따는 등 온통 이런 난리가 또 있을 수 없었다. 사람들이 이 집 큰아들이 복상사(腹上死)했다고 수군거렸다.

화불단행(禍不單行)이란 말이 진실이었을까.

그 해 여름 경북 일대를 휩쓸고 간 호열자(虎列剌), 콜레라 역병이 지산댁을 그냥 지나치지 않았다. 그 덩치 큰 지산 아지매가 죽었다. 콜레라는 걸렸다 하면 죽은 것이나 다름없는 무서운 병이었다. 약도 없어 온 동네 이 집 저 집에서 이는 곡성이 한 달을 지나도 끊이지 않았고 환자들은 군청 보건담당자들의 감시 하에 학교 교실로 격리 수용되었고 애꿎게도 약이 된다며 똥물만 퍼 마시다가 사흘을 못 넘기고 흰 설사 똥을 싸면서 죽어나갔다.

위생 관념이 철저했던 우리 아버지는 마당에 큰 가마솥 두 개를 걸고 한쪽은 마시는 물을 24시간 계속 끓였고 또 한 쪽에는 사람 입과 손이 닿은 그릇 행주 등 무엇이던지 삶아내고 있었다. 어머니는 식구가 측간에 가면 아궁이 한편에 모아둔 마른 재를 들고 나가 기다리다가 즉시 대변 위에 뿌려 병을 옮긴다는 파리 접촉을 차단했다. 통행을 제한하기 위해 이장댁에 주둔하고 있던 경찰들이 이 소식을 듣고 우리 집에서 밥 먹기를 청했다. 그들이 가져 오는 곡식 덕택으로 우리 식구들은 밥을 배불리 먹을 수 있었다. 우리 가족이 이렇게 밥을 잘 먹은 것이 병마의 피해를 면하게 된 또 하나의 요인이었다고 나는 지금도 믿고 있다.

호열자 회오리 바람이 지나간 후, 지산 어른은 혼이 나간 듯 실성해 보였다. 늙은 금천 할매에다 아직 빨강 치마 녹색 저고리 웃의도 벗지 못했던 청상과부 며느리와 어린 자녀 4남매 등 어찌 이 가정을 꾸려가야 할지 골머리를 썩히고 있었다. 사방에 매파(媒婆)를 놓아 안살림을 맡아 줄 사람을 찾았지만 이미 흉가로 소문난 집에 딸을 주려는 사람이 없었다. 얼마 지나서 한 줄기 희망 같은 소식이 전해졌다. 강 건너 방정 마을에 참한 여인이 있다는 것이다. 소문에 의하면 그 여인이 시집을 갔는데 친정 엄마가 무당이라는 사실이 알려져서 쫓겨난 새댁이라 했다. 경식이가 줄을 놓았지만 색시 엄마로부터 퇴짜 맞았다. 집안에 원혼이 득실거린다는 이유에서였다. 어쨌거나 마음을 굳힌 경식이가 그 쪽 동네로 시집 간 이복동생으로 하여금 가서 살피게 하니 색시는 아담하고 살결이 하얀 미인이라 했다. 경식은 숱한 공을 들인 끝에 〈논 서 마지기〉를 사주고 새로 장가가는데 성공했다. 새로 들어온 아내도 관습에 따라 첫 부인의 택호(宅號)를 따라 지산댁으로 불리었다. 새 지산댁은 당찬 데가 있어서 집안을 정리하기 시작했다. 금천 할매는 웃어른이라 잘 섬기기만 하면 되는데 자기보다 나이 위인 과부 며느리는 감당이 되지 않았다. 전처 자식 사 남매에다 금천 할매네 삼모자까지 대 식구의 먹새도 이만저만이 아니어서 곡간은 날로 줄어들고 친정에 퍼 돌린다는 억울한 소리마저 참으며 사는 사이 지산댁은 딸 지영이를 낳았다.

경식씨네 그 큰 집 뒷담 언덕 위에 있는 사파 종택에 오현택(吳賢澤)씨가 살고 있었다. 다소 안정을 회복한 경식이 돌담이 허물어진 틈새를 기어올라 사파 종택으로 자주 놀러가게 되었다. 두 사람은 바둑을 두며 세상사 돌아가는 이야기에 열을 올렸다. 낮에는 경찰이 마을을 다스리지만 밤에는 일월산 공비 김달삼(金達三) 부대가 신출귀몰하며 사람들 포섭하기에 여념이 없었다. 저들의 공작이 이 종가에도 미치고 있었다. 사방 백리에 이르는 가운데 큰 부자 소리 듣는 경식이와 종손 대우 받으며 놀고먹는 현택이 어쩐 일인지 이들의 공산주의 선전에 심취하고 마침내 포섭되고 말았다. 그 해 여름 삼팔선이 터졌고 이 마을에도 인민군이 파죽지세로 몰려들었다. 마을의 큰 기와집들은 인민군 사령부와 야전병원으로 접수되었다. 마을 처녀들은 야전병원 간호사로 징집되었다. "안몰"의 넓은 밭두렁에 줄 세워진 열일곱 살 안팎의 처녀들은 잔뜩 겁을 먹고 있었다. 우리 세 자매는 지붕 밑 방에 숨어 지내다가 누군가의 밀고로 잡혀나가게 되었다. 내가 대표로 나가서 그 대열에 나란히 섰다. 그들은 내가 아직 어리고 키가 너무 작다는 이유로 귀가 조치를 내렸다. 나는 살아남을 천운(天運)을 타고 났다고 해야 옳을 것 같다. 야전병원이 이동할 때 함께 끌려간 그 처녀들은 전쟁이 끝난 후에도 누구 하나 돌아온 이가 없었다.

인민군이 들이닥쳐서 온 동네가 우왕좌왕 하는데 마을 사람들이 보기에 참으로 기이하게도 경식이와 현택이 쌍수를 들고 저들을 환영하고 있었다. 인민군 야전사령부가 이동할 때 그 두 사람도 함께 가더니 월북했다는 소문이 돌았다.

지산댁 가족들은 제각기 흩어져 뒷산 하늘목 재를 넘어 몸을 숨기기에 바빴다. 우리 가족은 피난을 망설이다가 어느 날 밤 인민군이 쳐들어와서 곡식을 약탈하고 그들의 고장난 트럭에 불을 싸지르는 바람에 혼비백산하고 뒷담을 넘어 도망쳤었다. 청기면 댓두들 마을에 이르러 강을 건너려는데 국군이 진격하면서 대포를 쏘고 후퇴하는 인민군이 마지막 발악하듯 마주 포탄을 쏘고 있었다. 머리 위로 대포알이 날아가는 진퇴양난 상태에서 눈물이 마구 쏟아지는데 피난 행렬에 있던 이산 할매네 일곱째 아들 "무두리 아재"가 내가 들고 있던 작은 보따리를 휙 잡아 던져버리고 나와 나의 동생을 양쪽 겨드랑이에 끼고 강을 무사히 건네주었다. 우리는 어머니의 지시에 따라 강둑에 자란 아카시아 숲 속 돌무

더기 뒤에 숨어 교전이 끝날 때까지 숨죽여 엎드려 있었다. 포성이 멈추고 정신을 차리고 보니 어느덧 하얀 달이 떠 있었다. 어머니는 우리를 깊은 골짜기에 사는 어느 농가에 데리고 갔다. 어머니의 먼 친척이라는데 전쟁 통에도 우리를 잘 거두어주었다. 나는 굽이굽이 "무두리 아재" 소식을 궁금해 하며 나이 들었다.

지산댁은 사라진 남편을 걱정할 겨를도 없이 인민군들의 밥 하라는 재촉을 받으면서 도망가지 못하게 감시당하고 있었다. 지산댁은 어린 딸 지영이를 부엌 옆 골방에 감추고 그 문 앞에 소삽 나뭇단으로 가려두었다. 몸이 와들와들 떨려 걸음 걷기도 힘든데 지산댁은 종일토록 큰 가마솥에 밥을 삶아 대느라 눈코 뜰 사이가 없었다. 행여 저놈들이 몹쓸 짓을 할까 봐 머리카락에 연기 거스럼이 맺혀도 세수하지도 않았고 한여름 땀에 찌들어 냄새가 고약해도 옷을 갈아입지 않고 늙은이 행색으로 자기 보호를 도모했다.

가을이 다가올 무렵 인민군 부상병들이 구구장총을 질질 끌며 후퇴하는 모습을 연일 보게 되었다. 전쟁이 끝났다며 피난 갔던 마을 사람들이 하나둘 집으로 돌아오고 있었다. 지산댁도 다시 집안을 정리하기 시작했다. 친정으로 피난 간 손위 과부 며느리는 소식조차 없다. 금천 할매가 낳은 아주 선량한 이복 시동생 을돌이는 그나마 의지가 되었었는데 전쟁 중에 건넌 골 나무숲에 숨어 지내다가 읍내를 폭격하는 미군 전투기가 마치 자기 머리 위에 곤두박질치며 기관총을 쏘아댄다는 착각에 빠져 정신이상이 되었는지 종일 햇볕 아래서 부들부들 떨고 있다. 말벗이라도 되어주던 시어머니 금천댁은 시름시름 앓다가 전쟁 통에 죽는 바람에 장사(葬事)도 제대로 치러 드리지 못했었다.

전처 아이들 삼 남매는 제각기 안동으로 나가서 학교 다닌다고 학비며 하숙비 내어 놓으라고 하루가 멀다고 아우성이다. 머슴들도 다 가버리고 혼자 남은 지산댁이 혼자서라도 농사 지어보려고 소에다 쟁기를 메고 밭을 갈러 나갔는데 소가 꿈쩍도 않는다. 집에 들어가서 남정네가 입던 베잠뱅이를 걸치고 밀짚모자를 푹 눌러쓰고 나와 "이랴아!" 하고 목청껏 소리쳤더니 소가 슬금슬금 밭 고랑이를 움직여 나갔다. 지산댁은 눈물을 흘리며 밭고랑을 일궈냈다.

가무넷 골과 김막골 안 산등성이에서는 아직도 밤과 낮의 지배자가 경찰과 공비로 바뀌는 등 사회적 혼란이 여전히 이어지고 있었다. 지산댁은 혼자서는 도저히 살아 낼 재간이 없다고 기(氣)를 놓아버리게 되었다. "아이고~! 〈논 서마지기〉가 이렇게도 무서운 것이었나!". 논 서 마지기라 해 봤자 그 소출이 겨우 나락 여섯 섬이 그 전부인 것을! 지산댁은 이 때처럼 논 서 마지기에 팔려 온 신세를 깊이 한탄한 적이 없었다.

지산댁은 마음을 굳혔다. 목욕재계하고 흰 옷으로 갈아입고 하늘을 우러러 기도한다. "천지신명이시여! 죄 많은 이 한 몸 거두어주소서." 강 건너 편백나무가 우거진 벼랑 꼭대기에 올라서서 기도하고 몸을 던진다. 마을을 둘러 굽이쳐 흐르는 강 하류에 살고 있는 뱃사람이 새벽에 낚시 그물을 건지러 나왔다가 강 한가운데 보(洑)에 엎드려진 여인을 발견하고 기겁을 했다. 물을 토하도록 등을 두들기기도 하다가 이 여인을 들쳐 업고 집으로 와서 안방에 눕혔다. 뱃사람 아내는 이내 지산댁을 알아보고 온갖 정성을 다했다. 하늘이 무심한 건지 지산댁은 죽어서 편한 세상 가려던 소원도 이루지 못하고 또 다시 질긴 목숨 이어가야 할 운명과 마주쳤다.

지산댁은 식구들이 뿔뿔이 흩어져 사람 그림자 하나 남지 않은 그 큰 집을 버리기로 결심했다. 남편 기다리는 마음도 접었다. 한마디 말도 없이 사라진 남편을 이해할 수 없었고 같은 하늘 아래 숨 쉬고 있다면 그 사이 어떤 방법으로라도 기별이 왔어야 한다고 믿고 있었기 때문이다. 간단한 보따리 하나 챙겨서 부산으로 시집보낸 지영이를 찾아 나섰다. 지영이 내외는 지산댁을 반가이 맞이하고 조석 밥상도 정성들여 차려냈다. 지산댁은 딸도 자식이라 생각하며 여기서 손자와 놀아주다가 고달픈 인생 마감할 생각을 했다. 그런데 어느 날 사위가 지영이에게 "장모는 언제 가시노."라고 투박하게 묻는 것을 새벽 잠결에 들었다. 그들이 눈치채지 못하게 며칠 후 지산댁은 "인자 집에 가 볼란다. 큰 집 오래 비워둘 수 없잖나" 라고 태연스레 말하고 부산을 떠났다.

갈 곳이 없어 막막하던 지산댁은 "옛날 우리 집에 자주 오던 질녀(姪女)가 서울에 살고 있다 했었지"라며 나를 머릿속에 떠올렸단다. 질녀라고는 해도 우리는 재종숙질(再從叔姪)간이었다. 지산댁은 무작정 서울행 기차를 탔다. 그녀는 수소문 끝에 용케도 우리 집을 찾아 왔다. 꽤 유명해진 나의 남편 금(琴) 서방 이름을 기억하고 있는 그 총기(聰氣)가 그녀에게 길을 터준 것이다. 곱던 얼굴에 주름지고 많이 초췌해졌지만 지산댁의 그 정감어린 음성만은 여전하였다. 며칠을 묵으며 도란도란 옛 이야기를 나누는 사이 지산댁이 진지하게 말한다.

"야야, 금실(琴室)아. 니 아들은 용왕님께서 점지하셨시이 방생(放生)을 해 줘야겠데이".

아들 준혁은 내 나이 서른다섯에 얻은 첫 아이다. 내 정성이 부족해서야 되겠는가. 지산 아지매가 가르치는 대로 다음날 남대문 시장에 가서 등이 국 대접만 한 실한 자라 세 마리를 샀다. 그 다음날 좁쌀 한 되를

고두밥 짓고 자라와 함께 들고 나섰다. 흑석동 앞 버스길로 가면서 한강 둑이 끝나는 미사리 가까이에 이르러 강변 모래사장에 내려섰다. 향을 피우고 술을 따르고 그리고 노란 조밥을 물에 풀어놓은 다음 자라 세 마리를 차례로 물에 띄워 보냈다. 자라는 하나같이 가다 말고 돌아와 삐끔 내다보고 다시 물속으로 사라져 갔다. 지산 아지매는 "자레가 고마워하면서 갔시이 용왕님이 준혁을 아주 오래도록 잘 보살펴 주실걸세." 라고 덕담을 남겨 주었다. 이 일로 나는 지산 아지매를 고마워하게 되었다.

"아지매. 친정어머니도 돌아가셨는데 그때 그 논 서 마지기는 어찌 됐겠노?"라고 궁금증을 불었다. 지산댁은 "그라이라도 나도 그 생각 안 한 게 아이데이…. 마카 귀찮은 생각이 들어서…" 라며 말 꼬리를 흐렸다. 며칠 후 지산 아지매는 아침 식사를 끝내고 "그래. 금실 말 들으이 용기가 나네." 라며 고향 다녀오겠다고 길을 나선다. 나는 약간의 노잣돈을 쥐여 주고 "단디이 하고 오소."라며 격려하였다.

어찌된 일인지 아지매 소식이 없다. 궁금한 날들이 이어지고 달포가 지나갔다. 무료한 날들이 지나가는데 무심코 본 신문에 엽기적인 살인 사건이 일어났다는 기사가 대서특필로 떴다. 하루가 멀게 그와 관련한 기사가 이어졌다. 나는 피해자를 가엾이 여기는 마음과 호기심 반으로 계속 기사에 관심을 쏟았다. 살인범으로 구속된 남자는 원래 착한 농부였기에 아무도 그가 살인할 거라고 생각지도 못했다는데 사연은 크게 얽혀 있었다. 어느 날 난데없이 어떤 안 노인이 옥답으로 가꿔진 논을 찾아와서 누가 이 논을 부치고 있는지 수소문하고 나섰다. 그 안 노인은 그간 논 부쳐 먹은 값으로 소출의 4할을 요구하고 내가 이 논을 팔아야겠으니 그리 알라고 말했다. 농부는 내가 20년 넘게 이 논을 갈아 먹었는데 세무서에서 내가 이 논 임자라고 지목하고 세금도 또박또박 걷어 갔다고 했다. 부동산 취득 시효가 적용된 것을 이해하지 못하는 이 안노인이 "하늘이 두 쪽 나도 그 땅이 그 땅이지. 내 몸 잽히고 받은 땅인데. 세상에 그런 법이 어데 있노." 두 사람 사이에 격한 언성이 오고 갔다고 신문은 이웃 목격자의 진술을 싣고 있다. 여기까지 읽었을 때 나는 그 안 노인이 지산 아지매라고 직감했다. 그리고 "성난 농부가 낫을 들고 나와서 안 노인을 향해 마구 휘둘렀다"는 목격담이 보도되고 있다. 그 남자는 출동한 경찰에 의해 현행범으로 즉석에서 체포되고 기소되었다는 기사까지 읽고는 나는 그 사건에 대한 관심을 버렸다. 지산댁의 죽음을 애통해 줄 아무도 없는데 그 사건 재판은 곧 시작될 것이다. 내가 지산 아지매를 위해 해 줄 일이 아무것도 없었다. 이 보다 더 파란만장한 인생이 또 있을까 하는 가엾은 생각에 홀로 눈물 지울 뿐이었다.

나는 지산 아지매에게 그 논 찾으라고 말한 것을 혀를 깨물고 싶으리만큼 후회하였다. 그러나 그 논 서 마지기가 지산 아지매 일생과 바뀌진 역사를 생각하면 그리 말하지 않을 수도 없었다고 나를 위한 변명도 해 보았다.

그 논 서 마지기 때문에 운명처럼 일생을 구속 받더니 지산 아지매의 저승길 문턱에도 그 〈논 서마지기〉가 깔려 있었다.

살아남은 까닭은

유지원(柳智媛)은 체격이 여성으로서는 우람하다 여겨질 만큼 크고 튼튼하여 평소 감기 한 번 앓은 적 없이 건강을 자랑하며 살았다. 직장에서 무사히 정년퇴직하고 이제 한숨 쉬려나 할 즈음 언제부터인지 소화가 안 되고 위가 아파서 병원 처방에 따라 약을 먹기 시작하였다. 의식하지 못하는 사이 체중이 계속 감소하더니 대여섯 달 지나는 사이에 14kg이나 빠지고 있었다. 어느 날 자리에서 일어서다 갑자기 쓰러져서 119의 도움으로 가까운 병원으로 실려 갔는데 의사는 당장 큰 병원으로 가라 했다.

연고가 있는 서울 H대학 부속 병원에 입원했다. 위장에 퍼진 암을 잘라내면서 의료진은 암이 여러 곳에 퍼져 있는 것을 발견하고 다급한 나머지 큰 결단을 내린다. 위를 봉합한 후 의료진은 유지원의 배꼽을 가로지르게 커튼을 치고 머리 쪽에서는 유방암 수술을 아래쪽에서는 대장암 수술을 동시에 진행하였다. 수술은 기술적으로 완벽하게 마무리 되었다면서도 의료진에서는 환자가 과연 소생할 수 있으려는지 장담할 수가 없다고 했다. 중환자 회복실에서 유지원은 3일 넘게 혼수상태로 지내다가 아들 내외가 지켜보는 가운데 마침내 실눈을 떴다. 이후 20여 일이 지나도록 진통제를 맞으며 지냈지만 그 고통이 이만저만이 아니었다. 다행하게도 그녀는 당뇨 고혈압 등 성인병이 없었던 덕으로 회복이 빨랐다 한다. 그래도 너무나 쇠약해져서 항암주사를 감당할 수 없다는 판단 하에 의료진은 그녀에게 항암 치료를 주사 대신 먹는 약으로 처방하였다. 가장 순한 치료법이라는데도 그 약을 먹으면 위에서 불이 타는 듯한 괴로움 때문에 지원은 그 때마다 아이스크림을 한 사발씩 퍼먹곤 했었다.

유지원은 안동 하회 유씨 가문의 지손(支孫)으로 재력과 권력을 겸비한 집안의 무남독녀로 태어나 금지옥엽으로 아쉬운 것 하나 없는 유년기를 보냈다. 아버지는 원산 항만청의 고위직에 근무하다가 광복 후 서울에 정착하고 동남아 일대를 무대 삼아 무역업을 하였다. 어머니 또한 대범한 성품이어서 남편 못지않게 사업을 일으켜 사회적 혼란을 겪는 사이에도 그녀의 사업은 재벌급 기업으로 발전해 갔다.

한여름이 가까워지는 어느 저녁 나절에 미아리고개 쪽에서 포성이 울리고 유지원이 사는 돈암동 집 앞으로 피난 행렬이 줄을 이었다. 지원의 아버지는 일본을 상대로도 무역을 하다 보니 본의아니게 주위 사람들에게 친일파로 알려져 있어 불안한 나날을 보내고 있는 중이었다. 어느 날 명륜동 성균관대학교 앞 광장에서 인민군과 마을 주민에 의해 진행되는 인민재판을 목격하게 되었다. 누군가가 반동분자라는 판결을 받더니 총을 겨누고 있던 민병대들이 약간의 망설임도 없이 소나무에 묶여 있는 그에게 총을 발사하였다. 이 꼴을 본 지원 부모는 즉시 서울을 탈출해야겠다는 결심을 한다.

"얘, 지원아! 함께 못 가서 미안해."

“넌 어떤 경우에도 살아남아야 한다.”는 말을 남기고 부부는 저들의 반동분자 색출을 피해서 부랴부랴 야반도주하였다. 지원은 겨우 아홉 살이었다. 집안일을 보는 가솔들이 하나둘 자취를 감추기 시작하고 행낭 채에 불이 켜지는 일이 없어 그 큰 집에 적막이 감돌았다. 가장 신임받던 찬모(饌母)마저 고추장을 항아리 채 이고 사라져 버렸다. 그런 가운데 서울을 점령한 인민군이 경찰서를 접수하고 그 곳에 〈내무반〉이란 간판을 내걸고 동네를 감시하고 통제하기 시작하였다. 인민군들이 지원이네를 골수 반동분자의 집이라며 날마다 대문을 박차고 들어와 곡간에서 식량을 퍼나르고 귀중품을 찾아 집안을 헤집고 다녔다. 이런 일이 거듭되니 그나마 남아 있던 지원이네 식솔들이 겁에 질려서 한 밤 어두움을 타고 차례로 도망갔다.

아들 낳기를 소원한 지원의 외할아버지는 후실(後室)을 셋이나 들였으나 줄줄이 딸만 낳았다. 아들 낳지 못하여 주눅이 든 후실 부인들이 오로지 하나 적통(嫡統) 따님이 낳은 손녀 지원을 귀히 떠받들어 주면서 그들의 존재감을 살리려 노력하는 분위기가 형성되고 있었다. 이런 상황이 지원을 살려내는 구원의 손길이 될 줄을 그 당시에는 아무도 알지 못하였다.

“아가야, 아무리 생각해도 너를 엄마에게 데려다 줘야겠다.”

“오늘 밤 엄마 찾으러 가자꾸나.”

서열이 낮아 별로 대우도 못 받던 서(庶) 외할머니 임실댁(任實宅)이 자기 딸 셋을 어딘가에 맡기고 지원이를 부모에게 데려다 줄 결심을 굳힌 것이다. 임실댁은

“노잣돈이 없어 네 엄마가 숨겨놓은 폐물하고 여우목도리랑 낙타코트 들을 팔았으니 노여워 말아라.” 라며 지원이의 양해를 구하였다.

난리통에 제대로 값을 치르려는 사람이 없어 헐값에 팔 수 밖에 없었던 사실도 말해 주었다.

그날따라 비가 억수로 내리는데 서 외할머니는 지원에게 고운 비옷을 입혀 둘러업고 어둠이 짙은 길을 나섰다. 한참을 걸어 서울 시가지를 벗어날 즈음 앞뒤 분간도 할 수 없는 어둠 속에서 어떤 남자가 불쑥 나타나서 지원이를 받아 업고 냅다 달리기 시작한다. 밤새 달려온 것 같다. 얼마나 멀리 달려왔는지 물이 도도히 흐르는 어느 강가에 이르렀다.

"아가야, 한강 다리가 폭격 맞아 끊어져서 이 물길 따라 한강을 건널 수밖에 없어."

"누구한테 들키면 곤란해지니까 조용히 잘 참아야 해"라며 庶 외할머니는 지원이를 이해시켰다.

그곳에는 석유 드럼통을 반으로 갈라 만든 배(舟)라는 것이 있었다.

"아가야, 잘 들어."

"우리가 함께 이 배를 탈 수 없어 너 먼저 태워 보내는 거야."

"저쪽 기슭에 내려 주거던 누구 눈에 띄지 않게 납작 엎드려 내가 갈 때까지 조심하고 소리내지 말고 기다려야 해."

임실댁은 그렇게 신신당부하고 지원이를 배에 태웠다. 어떤 남자가 웃옷을 훌랑 벗어 던지고 물속으로 첨벙 뛰어들어 드럼통을 두 손으로 밀며 강 한가운데를 발로 물을 차며 건넌다. 지원이는 온몸이 와들와들 떨리고 어금니까지 딱딱 맞히는데 죽을힘을 다하여 꾹 참았다.

강을 건너고 희미한 달빛에 비친 주위를 보니 그 곳은 풀섶만이 우거져 있었다. 풀벌레들이 우는 소리가 갑자기 고막을 찌르듯 요란하게 들려서 온몸이 오그라드는 것 같은 두려움을 느꼈다. 눈물이 마구 쏟아지는데도 할머니 당부대로 숨죽여 할머니가 건너오기를 기다렸다. 그 때처럼 외롭고 무서웠던 적이 없어 평생토록 그 때의 기억을 지울 수 없었고 그녀는 후일까지 이 일이 뇌리에서 사라지지 않았다고 회상하였다.

나중에 들으니 그 곳이 물이 깊어서 인적이 드문 남양주 덕소(德沼) 강가였고 임실댁이 그쪽의 기름진 땅을 맡겨 주었던 소작농을 통해서 뱃사람에게 미리 거금을 주고 예약을 해두었다고 했다. 이 뱃사공이 딴 마음 먹을까 염려된 할머니는 집에서 챙겨온 금반지 등을 한 움큼 쥐여 주며 그의 수고하는 마음을 달래가며 지원을 한강 남쪽으로 옮기는데 성공하였다. 충성스럽고 빈틈없는 임실댁 덕택에 지원은 무사히 대구 가까이에 이르렀고 딸을 버려두고 떠난 지원 어머니는 부산에 자리 잡고 나서야 딸 챙길 준비를 하였다. 서로가 지혜롭게 수소문하며 다니다가 밀양 근처에 이르러 마침내 모녀가 재회하게 된다. 지원 어머니는

"천지신명이시여! 부처님이시여! 조상님이시여! 감사합니다. 감사합니다." 연신 손을 비비며 기도한다. 그녀는 딸을 얼싸안고 하늘을 우러러 수없이 감사 기도를 올렸다.

6·25 동란이 끝나고 부산으로 피난 갔던 서울 시민들이 정부와 함께 서울로 돌아왔다. 남대문시장은 억척스런 이북 피난민들이 상권을 거머쥐고 있었다. 서울 본토 배기들의 틀어진 심기가 담긴 '삼팔따라지'라는 폄하성 별칭 따위는 들은 척도 하지 않고 끼리끼리 똘똘 뭉쳐 미군부대에서 흘러나오는 군수품들을 암암리에 팔고 있었다. 온 세상이 난리 북새통으로 돌아가는데 지원이 부모는 남대문에 크게 차렸던 점포들을 되찾을 엄두조차 내보지 못했다. 그러나 다행하게도 돈암동 집이 용케도 폭격을 맞지 않고 그대로 남아 있어서 지원이네는 곧바로 안정을 찾을 수 있었다.

지원 어머니는 외동딸 교육에 온갖 정성을 기울였다. 국영수(國英數) 과외는 기본이고 피아노 무용 그림 등도 배우러 다니게 했다. 하루 24시간이 모자랄 지경이었는데도 지원 어머니는 공부에 관한 한 냉혹하여 딸에게 조금도 쉴 틈을 주지 않았다. 지원은 집에서 가까운 명문 S대학교에 진학했다. 가업을 이으려 경영학과에 들어갔다. 당시 경영학과는 S대 최고의 인기학과였고 그녀는 그 반의 홍일점이라 여왕 대접을 받으며 졸업하였다. 가문끼리 통혼하는 세속적인 풍습에 따라 지원은 권문세도가 막내아들의 아내가 되었다. 결혼 직후 그녀는 아들 준식(俊植)을 낳았다. 친가 시가 할 것 없이 내리는 축복이 넘쳐서 지원은 사람의 삶이 이런 것인가 하며 온 세상이 자기 것인 양 행복에 겨운 날들을 보내고 있었다.

지원의 행복을 시샘하는 잡귀가 침범한 것일까. 사관학교 교관으로 복무하던 남편이 10월 1일 국군의 날 행사 중에 사고로 세상을 떴다. 하늘이 무너진들 이보다 더 참담할 수 있을까. 지원 어머니는 청상과부가 된 딸이 안쓰러워 물조차 삼킬 수 없어 자리에 눕더니 일 년을 못 넘기고 눈을 감았다. 의사는 지원 어머니의 위가 아예 다 쪼그라들어 있었다고 했다.

옛날 어른들이 화불단행(禍不單行)이라 했다. 지원을 절망케 하는 사건은 이어졌다. 어느 날 그녀가 안채 뒤뜰 한편에 있는 측간에서 나오려는데 시부모 내외분이 도란거리며 측간 쪽으로 걸어오고 있었다. 새 아씨 지원은 시아버지 앞으로 측간 문을 열고 나가기가 민망스러워 잠시 머뭇거리는 사이 자연스레 그들의 대화가 귀에 들어왔다.

"아이들에게 재산을 고루 나누어 줘야겠는데 준식이 애비 몫은 어떻게 해야 할지?"

시아버지가 고민을 털어놓는다.

"애미가 아직 새파랗게 젊은데 상속 재산 받고 딴 데로 시집가버리면 곤란하잖아요. 당분간 준식이네 몫은 큰 아이(장남)가 관리하도록 하면 어떨까요?"

시어머니는 지원을 못미더워 하는 속내를 드러냈다. 지원은 들어서는 아니 될 말을 들은 듯 하늘이 새하얗게 느껴졌다.

시아버지는 죽음을 예견이라도 했던 듯 다음해 이른 봄에 세상을 떠났다. 재산 상속을 받은 시숙(媤叔) 5형제는 준식이 몫까지 챙겨서 앞서거니 뒤서거니 모두 미국으로 이민을 떠났다. 지원에게 남겨진 것은 재산 물려주기를 반대했던 늙은 시어머니뿐이었다. 살던 집에서도 이 집을 샀다는 문서를 들고 온 남자에게 비워줘야 해서 남겨진 허접스런 가재도구를 싣고 친정어머니가 살던 돈암동 집으로 이사를 했다.

지원은 시어머니와 어린 아들을 데리고 살아갈 일을 생각하니 앞이 캄캄했다. 그 와중에서도 재력가인 친정아버지와 세도가인 시아버지가 주름잡던 상류사회의 인맥이 그녀를 품어주었다. 시아버지와 친교가 있는 사립대학 이사장이 지원에게 도서관 사서 직을 마련해 주었다. 이 경력이 뿌리가 되어 그녀는 경북 최고 명문대학 문헌정보학과 교수직에 발령받게 된다. 지원은 돈암동 집을 팔아 대학 근처에 아파트를 사서 이사하였다.

인연이 닿았음인지 몇 년 후 유지원 교수와 나는 같은 대학에 봉직하게 되었다. 어느 날 유 교수가 내게 뜻밖의 말을 건넸다.

"고(高) 교수님! 내가 아침에 출근할 때 시어머니가 매일 베란다에 나오셔서 손을 흔들어 주시는 게 나에겐 큰 축복이에요."

유지원 교수의 가정사를 대충 알고 있던 나로서는 놀라운 생각이 들었다. 아들 5형제가 버리고 간 시어머니를 극진히 모시는 유 교수의 모습에서 천사의 마음을 보아왔는데 나는 축복이란 그녀의 말을 듣는 순간 유지원 교수가 새삼 존경스러워졌다. 그녀는 시어머니에게 항상 깔끔한 한복을 입혀드렸고 머리는 기름을 발라 곱게 빗어 넘기고 비녀를 단정하게 질러 드려서 집안에 늙은 선녀 한 분이 계시는 듯 했다.

이 선녀같이 우아했던 어른이 노쇠해지면서 정신줄을 놓은 듯하였다. 하루는 아파트 주민으로부터 빨리 오라는 전화를 받고 지원이 급히 집에 당도하니 복도식 아파트의 창문 앞에 사람들이 모여 웅성거리고 있었다.

"며느리가 밥을 안 줘서 배고파 못살겠어요." 라는 아우성 소리가 들리는 가운데 주민대표라는 남자가 나서서

"당신이 명색이 대학 교수라는데 이럴 수가 있소?" 라면서 삿대질을 해댔다. 기가 막힐 지경이었지만 유지원은 침착하게 그들을 안으로 들어오게 했다. 거실 식탁에는 점심이 차려져 있고 시어머니 방에는 과일과 빵과 주스 병들이 여기저기에 잔뜩 놓여 있었다. 아파트 주민들이

"이 노인이 망령 부렸군."

멋쩍고 미안한 마음을 털어내며 돌아갔다.

"이웃 사람들이 사라지자마자 통곡이 터져 나왔어요."

"어깨가 들썩 거릴만큼요."

그녀는 난생 처음으로 그렇게 많이 서럽게 울었다고 했다.

시어머니는 착한 며느리의 극진한 보살핌 속에 102세에 소천(召天) 받으셨다.

세월이 흘러 나는 정년을 맞이해서 서울 본가에 돌아왔고 7년 후 유지원 교수도 정년퇴직 했다. 젊은 날의 긴장이 풀어진 탓일까. 유 교수는 정년 후 몇 해를 보내는 사이 유방 위장 대장 등 암 수술을 동시에 받고 겨우겨우 안정기에 들었다고 말했다. 나이를 이길 장사가 없다더니 최근에는 유지원도 요통으로 고생하고 있다 했다. 얼마 전 그녀는 척추유착 치료 차 서울로 와서 입원 전 검사 기간에 잠시 내 집에 묵게 되었다. 두 사람 모두 건강이 바닥에 가라앉아 있음에도 불구하고 우리는 재회를 크게 기뻐하였고 자정을 넘기면서까지 도란거려도 그 간 살아온 이야기는 끝없이 이어졌다.

지원의 아들 준식은 잘 자라주었다. 컴퓨터 공학을 전공하고 어느 아담한 소도시 대학의 교수가 되었다. 시골 면사무소 말단 공무원의 사 남매 중 맏딸을 며느리로 맞이하였다. 유 교수는 혼사(婚事)에 준식 가문의 위세를 내세울 처지가 못 되어 서글프기 짝이 없었고, 사라진 영광에 연연하고 있을 형편도 못되었지만 사돈 집안 형편이 너무도 기운 것이 못내 아쉬웠다. 지원이 착잡한 심정을 달래려 애쓰는 사이 지원에게 며느리가 벼락부자가 되었다는 소리가 들렸다. 조상이 남긴 쓸모없는 그러나 광활한 토지가 도시 확장 계획에 포함되어 받은 보상금이 사돈댁을 돈방석에 올려놓았다 한다. 돈 감당을 못한 사돈이 아이들 4남매에게 균등하게 현금을 나누어 주었다. 금새발복이란 이런 경우를 두고 하는 말인가 보다. 어쨌든 이 일로 지원은 아들 걱정에서 해방되었다. 준식은 분가한지 얼마 지나지 않아 지원의 손자를 낳아주었다. 지원은 한국 땅에서 곽(郭)씨 집안 대를 이어준 아들이 대견하고 고마웠고 그녀 자신도 곽 씨 집안 며느리로서 할 일 다 했다는 자부심 같은 것이 일었다.

지원은 정년을 맞이하여 그렇게 모처럼의 걱정 없는 날들을 누리고 있었다. 그리고 불운처럼 따라온 3종 암도 이겨냈다. 잔잔한 행복이 이어지는 어느 날이었단다.

“세상에!”

“내가 너무나 무심히 지냈나 싶어 가슴이 내려앉는 줄 알았어요.”

유지원 교수가 진지하게 말을 꺼냈다.

어느 날 오후 고층 아파트 유리창문으로 들어오는 햇살을 즐기고 있는데 예기치 않는 뜻밖의 방문객이 있었다. 그 손님은 비록 가난 때문에 유행이 지난 낡은 옷을 입었지만 가난으로 해서 정신마저 찌든 것 같지는 않고 겸손한 태도 속에도 품위가 베어나 있었다. 그녀는

“구태여 주장하고 싶지는 않지만 그래도 촌수를 따지자면 나는 그 쪽 이모가 되요.” 라며 자기를 소개했다.

“이모라니요 ?”

지원은 혼자 입속으로 뇌어보지만 도무지 아무 생각조차 떠오르지 않았다. 외할아버지가 정식으로 들인 소실만도 셋이나 되었고 모두 딸들만 잘도 낳았었지. 여기까지 정리가 되니 느긋한 웃음이 입가에 돌았다. 그러다가 갑자기 지원이 소파에서 벌떡 일어섰다. 앞머리가 다소 흐트러진 손님 옆모습에서 임실댁 얼굴을 본 것이다.

“임실 할머니 !”

“맞지? 맞잖아요!”

“할머니 딸이지? 할머니는?”

답이 나올 틈도 주지 않고 지원은 속사포처럼 질문을 해댔다. 손님은 연신 고개를 끄떡거리며 내가 바로 임실댁 셋째 딸 인희(仁姬)라 했다. 인희는 죄송한 듯한 몸짓을 이어가며 그녀가 살아온 이야기들을 줄줄이 엮어 쏟아냈다.

자기 어머니가 지원이를 남쪽으로 피난 간 부모에게 데려다 주려 무작정 집을 나설 때 자기네 세 자매는 별로 친하지도 않는 이웃에 맡겨졌다. 전쟁이 길어지자 주인집도 피난가야겠다 해서 엉거주춤 따라 나섰다가 대구에서 떨궈졌다. 살 길이 없어진 인희는 간호장교 모집 광고를 보고 응모했다. 나이 어리다고 퇴짜 맞았는데

"이 몸이 죽어서 나라가 선다면 아~ 아~ 이슬같이 죽겠노라" 라고 그 당시 온 국민이 애창하던 군가를 열창했더니 단박에 군속 간호조무사로 채용되었다. 대구가 함락되고 경주 안강전투가 치열할 무렵 인희는 대열에서 낙오되었다.

천지간에 의지할 곳 없는 신세가 되었을 때 얼굴이 희끔하고 키 큰 청년이 다가와 결혼하고 아들을 얻었다. 그 이듬해 샛바람이 불 무렵 폐결핵을 앓던 남편과 아들을 동시에 잃었다. 인희는 실성하여 거리를 헤매다가 누군가의 도움으로 어느 작은 병원에 취직이 되었다. 의사는 늙었고 그의 아내는 일본여자였다. 군대 간호조무사로 배운 의료 지식이 있어서 의사에게서는 대 환영을 받았지만 인희의 젊음을 시샘한 일본인 아내가 한밤중에 인희를 깨워서 보따리를 안겨주며 당장 나가라 했다.

얼마만큼이나 헤매었을까? 거리를 떠돌다가 인적이 드문 길거리에서 쓰러졌는데 새벽 예불을 올리고 귀가 중이던 어느 노 보살이 인희를 일으켜 세워 집으로 데리고 가 주었다. 산비탈에 겨우 기둥을 세운 듯한 오두막집에서 인희는 노 보살의 자비심에 의지해서 살기 시작했다. 무슨 일이라도 해서 노 보살의 살림에 보태고 싶다고 생각할 무렵 인희의 배가 불러왔다.

"어쩌면 옳아~?" 잠시 머문 직장 늙은 병원장의 유혹에 넘어가버린 하룻밤 탓이었다. 눈물이 펑펑 쏟아졌다.

"관세음보살, 나무아미타불 관세음보사알"

노 보살은 부처님께서 점지하신 아이니 잘 키워야 한다고 인희를 다독여 주었다. 아이가 태어나자 노 보살은 아이에게 근태(根泰)라 이름 지어주고 마치 자기 손자인 양 애지중지 잘 보살펴주었다. 아이가 초등학교에도 들어가기 전에 노 보살은 수(壽)를 다했다. 눈 감기 전 노 보살은

"이 작은 집이나마 없는 것보다 나을 테니 비바람 피해가며 근태 데리고 잘 살아라"고 유언처럼 말해주었다.

"조카님! 근태가 이제 열아홉 살이 되었어요."

인희는 유지원을 향해 애원이 스민 말을 시작했다.

"내가 온갖 풍상 겪는 사이 늙고 병들어 도저히 아이를 돌 볼 수가 없게 되었어요."

"내가 언제 죽을지도 모르고요."

"생각다 못해 조카님 생각했어요."

한숨을 푸욱 쉬고 나서 그녀는 말을 이어간다.

"수소문 하니 조카님은 성공한 인생 살고 있다 하데요."

"그런데 근태 장래를 부탁하려 망설이는 사이 조카님이 많이 편찮으시다는 소식도 들었어요."

"우리 근태를 옆에 두고 심부름도 시키고 거두어주세요."

인희의 눈에는 간절함이 가득 서려 있었다.

"지금 내 한 몸 건사하기도 힘든데 어떻게 딴 식구를 거둘 수 있겠어요." 라고 지원은 냉정하게 첫 마디에 딱 잘라 말했다.

두 사람 사이에 민망하고 어색한 침묵이 꽤 오래 흘렀다. 시선을 둘데가 없어 지원은 높은 아파트 유리창 넘어 흐르는 구름을 바라보고 있었다. 순식간에 하늘이 어두워지고 굵은 빗줄기가 유리창을 때린다. 지

원은 무엇에 홀린듯 온몸에 소름이 끼쳤다. 덕소 강가에서 나를 드럼통에 태워주고 강기슭에 선채로 지원이 보이지 않을 때까지 허공에 대고 휘이휘이 두 팔을 가로젓던 임실댁 모습이 가슴 속을 섬광처럼 스치고 지나갔다.

"이모! 근태, 당장 데려와요! 이모!"

근태는 아이가 비쩍 말라 있었다. 말랐다기보다 아예 살이 쪄 본적도 없는 발육 상태가 형편없는 소년이었다. 돈이 없어 겨우 중학교 문턱만 넘었다는 근태는 인희 말대로 다소 산만하고 공부에는 관심이 없어 보였다. 한 가닥 희망은 아이가 선량해 보이는 것이었다. 저이 엄마가 시키고 간대로 설거지와 청소를 열심히 한다. 집에 걸려온 전화는 빠트리지 않고 메모를 남겨 준다. 쓰레기 분리수거도 도와주고 문단속도 책임성 있게 잘 해준다. 병약해진 지원이가 어느 결에 이 아이의 존재를 의식하게 되고 밤에도 가위 눌리는 일 없이 편히 잠 잘 수 있게 되었다.

"근태를 잘 키워야지."

지원이는 근태의 미래에 무지개 그림을 그렸다. 학원에 보내서 검정고시를 치르게 하고 3년제 대학의 실용적인 학과에 보냈다. 근태도 차츰 공부에 취미를 붙이고 친구도 사귀게 되었다. 용돈을 넉넉히 주어도 그 씀새가 야무져서 지원에게 믿음을 주고 있다.

지원은 새롭게 마음을 다진다. 요즘 세상에 의술이 발달해서 암은 극복되었고 병도 아닌 시대가 되었다고들 하지만 그래도 아직까지 우리나라 사망률 가운데 암이 차지하는 통계 수치는 항상 꼭대기에 있다. 이런 현실에서 나처럼 면역력 떨어진 노년기의 환자가 죽지 않고 살아남은 까닭은 근태를 잘 키워서 내 생명 지켜준 서 할머니 임실댁의 은혜에 보답하라는 하늘의 뜻이라 믿게 되었다고 지원은 담담하게 이야기를 마무리 한다.

유지원 교수는 찻잔에서 피어오르는 파란 녹차 향을 맡으며 먼 추억을 음미하는 듯 우리 집 작은 뜰에 활짝 핀 목련꽃을 그윽한 눈빛으로 바라본다.

—2020년 신문예 단편소설 신인상 수상작

글을 마무리하며 · 1

미국의 어느 수필가가 일반 노인들의 사는 모습을 "늙은 개와 모서리가 다 닳은 연금통장"으로 묘사한 바가 있다. 내 사랑하는 반려견 "렉스"는 4년 전에 나를 두고 떠나갔다. 남편이 떠났을 때는 오랜 투병생활이 불쌍해서 울었고, 부모님이 떠나셨을 때는 불효가 뉘우쳐 목놓아 울었었다. 렉스가 숨을 거두었을 때는 방바닥에 사지를 뻗은 채 대성통곡을 하였다. 사람 같았으면 14년의 정을 두고 죽음에 임박해서 하고 싶은 말도 많았을 것인데 말 못 하는 동물이 恨인들 왜 없었을 가하는 생각에 가엽고 가여워서 울었다. 렉스가 갔어도 나는 연금을 현금 카드로 찾아 쓰고 있고 오래되어 낡은 집이라도 나 혼자만의 자유를 누릴 안식처가 있다. 아들딸이 다시 개를 입양하라고 하지만 이젠 내가 먼저 갈 것이 확실한데 내가 죽은 사연을 모르고 엄마 찾아 헤매는 강아지는 누가 어떻게 감당하려나 하는 생각에 체념하고 아이들의 권유를 사양하고 있다.

내 앞에는 수많은 제자들이 있다. 한국 내 어느 곳에 가더라도 전화 걸면 단박에 차를 몰고 마중 나올 성공한 친구들이다. 어느 결에 모였는지 "오선주를 사랑하는 모임"이 생겨서 나를 행복하게 해주고 있다. 이들은 내가 여왕인가 환상에 잠기게 할 때가 있다. 아들 내외와 딸이 효성스러우니 더 바랄 것이 없다. 세월이 100세 시대이니 90은 살아보고 싶은 생각이 들기도 한다. 지금부터 3년만 더 살면 인생 막바지 같은 90 고지에 오를 수 있다. 하늘이 3년은 더 허락하실 것으로 믿으며 오늘도 나는 행복한 날을 보내고 있다.

내 나이 열한 살 때 닥친 흉년에 山野에서 꽃 피우고 열매를 맺어서 먹게 해주고 종다래끼를 들고 나가서 손길만 뻗으면 건져 올릴 만큼 넉넉한 골뱅이를 길러서 주린 배를 채워주던 그 江 "반변천" 에게 고마운 인사를 남기려 다시 한 번 고향산천을 가야겠다는 생각이 인다. 인간 생명을 지켜준 자연의 섭리에 새삼 고개 숙인다. 인간은 생각보다 강인하다는 사실을 철들면서 깨달았었다. 서울대학교 총장을 거처 국무총리에 오른 이현재(李賢宰) 선생을 만나 그 분의 어릴 적 이야기를 들으니 나와 똑같은 경험을 하고 있었다. 어쩐지 가난을 함께 이겨 낸 동지 의식을 느껴 나의 가난의 서러움이 반으로 줄었었다. 시대가 가난했어도 우리는 누굴 원망 않고 열심히 살아냈다.

현재 나를 슬프게 하는 것은 늙음 현상이다. 새로운 것을 기억하는 능력이 저하되고 아는 것을 떠올리는 순발력마저 현저히 鈍化되고 있다. 그래서 욕심이 늘어났다. 사라지기 쉬운 흩어져 있는 것들을 많이 엮으려 한다. 또 90 줄에 들어 이것이 나의 마지막 출간물이려니 하는 생각에 더러는 중복되는 바가 없지 않다. 미사여구(美辭麗句) 아름다운 문장을 추구하기 보다는 진실을 적어 남기려 노력했다. 우리 역사의 뒤안길로 밀려나서 잊혀져가는 우리가 견뎌온 모습을 글로나마 살려두고 싶었다.

지나간 모든 날들이 아름답다. 나의 모든 인연들이 고맙다.

나를 사랑해 주신 모든 분들이 건강하시기를 빈다.

2021년

서울 북한산 자락에서

瑞雲 吳宣姓

글을 마무리하며 · 2

"수필"하면 대개 200자 원고지 9장 혹은 12장으로 한 상념을 깔끔하게 文藝化 하는 장르라고 배웠었다. 수필은 知的 情的 깨달음이 있어야 하고 理智 論理 現實적 비판이 있어야 한다고 李應白 교수는 가르쳤다. 내겐 딱히 이런 가르침을 활용할 능력이 없을뿐더러 나는 文人이 아닌 법학자란 생각에 자유롭게 글을 써 내릴 수 있었다고 생각된다.

최근에 문필가 유재천은 "21세기는 퓨전수필시대"라고 했다. 고정된 사고에서 탈피하여 다양성을 지녀야 한다고도 했다. 나의 자유로운 글들의 설 자리가 여유로워진 것 같아서 반갑다. 고교시절 古文 담당 孫宗燮 선생님께서 나의 글을 읽으시고 故 양주동 교수는 오선주가 쓰는 문체를 古雅體文學이라 定型化 하고 계셨다고 격려해 주시었다.

〈글을 마무리 하며〉를 두 번이나 쓰게 되었다. 글을 쓰다 보니 책 한 권 분량이 모여서 출판사와 상의하는 중, 제자가 직장을 떠나면서 자서전을 낸다는 소식을 들었고 이어서 방대한 초고 뭉치를 받았다. 이 제자의 글을 읽으면서 나는 내 책 출판을 1년 가량 미루기로 결심하였다. 제자가 그의 一生一代記를 내는데 그 책이 널리 읽혀질 때까지 기다리는 것이 나의 도리란 생각이 들었다. 독자층이 겹칠 것이 예견되기 때문이다. 제자 崔秉錄 군이 교도관 생활 33년을 마무리하며 쓴 글 내용은 그가 얼마나 훌륭하게 임무수행을 하였는가를 알게 하고도 남았다. 그의 자서전 『사람이 寶物이다』에서 보듯 그가 교화의 가치를 알고 교정을 천직으로 여겨서 그가 성공적으로 영광스럽게 퇴직하게 되었음에 나의 이 책 출판을 미룬 것은 매우 잘한 일이다. "글을 마무리하며"를 두 번씩이나 쓰게 된 것이 처음이긴 하다.

이 책에 세 편의 단편소설을 실었다. 내가 가까이에서 보고들은 필녀, 지산댁, 유지원의 이야기는 혼자 알고 가기에는 뭔가 미안한 생각이 들어 글로 남기게 되었다. 단, 이름 장소 등은 가명이다.

필녀와 지산댁의 원혼을 위로해주고 싶었다. 그들의 극락왕생을 비는 마음으로 글을 썼다. 유지원의 파란만장한 一生도 누군가 알아주는 사람이 있으면 슬픔을 나눈 격이 될 것이다.

존경하고 사랑하는 사람들과의 인연을 기록으로 남기는 것은 기쁜 일이지만 언제나 글의 주인공에게 누가 되지 않을까 염려스러워서 쓰고 지우고 고치기를 몇 번씩 거듭했다.

내 나이 米壽에 이르기까지 큰 탈 없이 살도록 도와주신 모든 분들께 감사드린다.

辛丑 2021년 冬至節에

瑞雲 吳宣姓

오선주 수필집_ 강산에 지는 노을

초판 인쇄 | 2022년 4월 10일
초판 발행 | 2022년 4월 15일

지 은 이 | 오선주
발 행 인 | 이광복
편집국장 | 김밝은

펴낸곳 | 사단법인 한국문인협회 月刊文學 출판부
주소 | 서울시 양천구 목동서로 225 대한민국예술인센터 1017호
전화 | 02-744-8046~7
팩스 | 02-743-5174
이메일 | klwa95@hanmail.net
등록 | 2011년 3월 11일 제2011-000081호
ISBN 978-89-6138-474-2 03810

값 15,000원